人力资源管理理论与实务
系列教材

招聘管理

杨敏杰◎主审　　方雪晴◎主编

ZHAOPIN
GUANLI

上海交通大学 出版社
SHANGHAI JIAO TONG UNIVERSITY PRESS

内容提要

本书包含理论与实训两部分。理论部分以企业招聘工作的完整程序为主线,全面系统地介绍了招聘管理的理论、方法、过程和技巧;实训部分由 6 个实训项目构成,在理论知识的基础之上对重点技术技能的实战训练与应用指导,每个实训项目包含实训目的、实训步骤、实训报告、评分要点、实训资料等内容。

本书适合作为普通高等院校人力资源管理专业及相关经济管理专业教材使用,亦可作为企业的人力资源管理指导用书。

图书在版编目(CIP)数据

招聘管理/方雪晴主编. 一上海:上海交通大学
出版社,2023.12
ISBN 978-7-313-24477-2

Ⅰ.①招… Ⅱ.①方… Ⅲ.①企业管理-招聘 Ⅳ.
①F272.92

中国版本图书馆 CIP 数据核字(2022)第 152253 号

招聘管理
ZHAOPIN GUANLI

主　　编:方雪晴
出版发行:上海交通大学出版社　　　　　地　　址:上海市番禺路 951 号
邮政编码:200030　　　　　　　　　　　电　　话:021-64071208
印　　制:上海新艺印刷有限公司　　　　经　　销:全国新华书店
开　　本:710mm×1000mm　1/16　　　　印　　张:17.5
字　　数:252 千字
版　　次:2023 年 12 月第 1 版　　　　　 印　　次:2023 年 12 月第 1 次印刷
书　　号:ISBN 978-7-313-24477-2
定　　价:58.00 元

人力资源是推动社会经济发展的第一资源。近年来,党中央、国务院高度重视人力资源服务业的发展,人力资源和社会保障部按照人才强国战略和就业优先战略的部署,制定了促进人力资源服务业发展的系列政策措施,推动我国人力资源服务行业保持较高增速。目前行业规模更是跨越万亿元门槛,成为推动我国经济发展的重要引擎。

人力资源管理得到了企事业组织的高度重视,如何把握好人力资源规划、职位分析、招聘管理、绩效管理、薪酬管理、培训管理、员工关系管理等人力资源管理中的关键环节,已经成为企事业组织考虑的最重要的问题。随着以大数据、移动互联网、人工智能等为特征的新科技时代的来临,企事业组织对员工素质的要求大大提升,人力资源管理面临着更高的要求和更大的挑战。

无论是提高企事业组织的人力资源管理水平,还是建立具有中国特色的人力资源管理理论体系,都需要大批具有先进管理理念、掌握科学管理方法的人力资源管理人才。近年来,社会对人力资源管理专业人才的需求一直居高不下,旺盛的需求同样导致供给的增加。据统计,到目前为止,全国已有 500 多所高校开设了人力资源管理本科专业,这些专业不仅面向企业,也开始逐步面向政府公共部门。因此,提高人力资源管理人才的培养水平已经成为当务之急。

人力资源管理专业是实践性和操作性很强的专业，更注重应用技术型人才的培养，而应用技术型人才培养的本质在于实践。"人力资源管理理论与实务"系列教材立足于应用技术型人才的培养，充分体现了对实践的尊重。本系列教材的作者们系统总结、提炼和升华了多年的教学实践经验和企事业人力资源管理经验，聚焦中国本土企事业组织的招聘管理、绩效管理、薪酬管理、培训管理、员工关系管理等人力资源管理经典模块，以全球视野与互联网时代新思维，全面而立体地剖析人力资源管理的关键方法，对于快速提升学生的人力资源管理水平和技能，具有极大的参考价值。

在浩如烟海的人力资源管理类书籍中，针对人力资源管理入门者、应用技术型人力资源管理人才，围绕人力资源管理的工作流程，提供系统化业务知识指导与实践的书籍相对较少。本套系列教材与其他人力资源管理类书籍相比，有以下两个方面的特点：

其一，精炼化的管理理论。本系列教材包括《招聘管理》《绩效管理》《人员素质测评》《员工培训与开发》《薪酬管理》《员工关系管理》等。教材中提炼的管理理念，尽量不基于某一实践个例，而是对近年来解决实际管理问题的方法的系统性分析与归纳，较为科学、与时俱进；既可以满足人力资源管理专业学生系统学习人力资源管理知识的需要，也可以让非人力资源管理专业的学生根据需要选读。

其二，针对性的实践内容。本系列教材的下篇都为实践篇，这部分内容摒弃复杂难懂、高深莫测的枯燥学术性词汇，注重生动性和接地气；将人力资源管理前沿理论与应用实战经验高度融合，形成具有较高的可操作性的管理工具与方法。本套系列教材将理论与实践有机结合，内容新颖，题材丰富，既包含体系化的管理理念与知识，又收集了丰富的"实战工具"。

实践的力量是伟大的，源于实践、尊重实践、最终应用于实践的情怀与理念是值得推崇的。本系列教材的作者们充分发挥实践的力量，为解决管理中的实际问题提供理论方法与参考工具，为人力资源管理专业学生职业技能的提升指引方向、提供动力。

本系列教材由上海杉达学院人力资源管理专业教师编写，得到了上海杉达学院专项资金的资助，充分体现了学校对专业教学工作和教材建设的鼓励和支持。希望本系列教材能够成为人力资源管理专业学生以及人力资源管理从业者的良师益友。

（上海杉达学院副校长）

招聘是人力资源管理的第一道隘口，契合时代要求的招聘管理对企业发展的作用不言而喻。现代人力资源管理要求企业招聘工作从战术管理层次向战略管理层次发展。同时，人才招聘的环境不断发生变化，人才流动日益趋快，用工方式逐渐多元化，招聘技术不断革新等，使得企业的招聘工作面临着新的机遇与挑战，也对高校人力资源管理以及相关专业的教学提出了新的要求。

本书在全面阐释招聘管理理论的基础之上，辅以实用技能的训练，力求突出以下特色：

（1）体系完整。本书围绕招聘管理的流程，对招聘准备、招募、甄选、录用以及招聘评估等招聘过程中的主要环节进行了全面系统的介绍，对各环节涉及的基本技能与操作方法进行了详细说明，力求为读者展现一个完整的招聘管理知识体系，帮助读者对招聘管理形成较为全面深入的认识。

（2）实践性强。在系统介绍招聘管理的理论知识后，本书还对招聘管理的实训操作进行了梳理阐述。每个实训项目都包含了详细的实训内容与操作步骤，有助于读者充分理解招聘管理的实践操作知识，并能够应用教材中介绍的技能与方法。对于教师而言，具体使用时可以根据教学计划和实际情况选择部分或全部实训项目。

（3）以例释理。本书力求将招聘管理理论的知识点体现在案例和实训中。为激发读者的学习兴趣,在每章开始均设有引导案例,每章结尾均提供相应的课后案例和思考题,使读者在学习之后能运用理论知识去分析案例和问题,增强读者对理论的理解把握,提高其分析问题、解决问题的能力。本书在注重逻辑性阐述的同时,穿插丰富的小专栏,提供与知识点相关的应用实例,增加了实用性、趣味性,文字表述力求通俗易懂,简明扼要,更具可读性。

（4）与时俱进。本书在阐述经典理论与方法的同时,注重融入前沿动态、实验实践,并适当介绍学科的发展趋势,避免了知识陈旧、与实践脱节,充分体现了创新性、前瞻性、应用性的特点,侧重培养学生的创新能力与实际运用能力,有利于学生进入社会之后,快速融入相关岗位。

本书分为理论部分和实训部分。第 1 章《招聘管理概述》介绍了招聘的概念、意义和原则,梳理了招聘管理的流程,并分析了影响招聘的因素。第 2 章到第 8 章围绕招聘管理的流程,介绍了如何进行招聘准备、招募、甄选、录用及招聘评估工作。具体来说,第 2 章《招聘准备》介绍了人力资源规划、工作分析、制订招聘计划和招聘团队的组建。第 3 章《招聘渠道》阐述了内部招聘渠道和外部招聘渠道的概念、来源和方法,以及企业在选择招聘渠道时需要考虑的因素。第 4 章《初级资料筛选与笔试》主要介绍了简历及申请表筛选的方法和技巧,以及笔试的操作流程。第 5 章《面试》概述了面试的概念、类型、评价要素,介绍了面试准备、实施与评价的程序、技巧与方法以及面试的特点。第 6 章《评价中心》介绍了评价中心的主要形式、各自的优缺点和适用性,以及几种常用评价中心技术的设计和实施流程。第 7 章《员工录用》包括录用决策、背景调查、薪酬谈判、录用通知、新员工入职与培训。第 8 章《招聘评估》概述了招聘评估的概念、意义,介绍了招聘评估的内容与方法以及评估报告的撰写。实训部分涵盖了招聘管理重点技能的实训操作,包括招聘计划的制订、招聘广告的撰写、简历的分析与筛选、结构化面试的模拟操作、无领导小组讨论的模拟操作以及招聘评估报告的撰写共 6 个实训项目。

目 录

上篇　理论部分

下篇　实训部分

上篇

理论部分

1

招聘管理概述

○ **学习目标**

（1）掌握招聘的概念和原则；

（2）理解有效招聘的意义；

（3）掌握招聘管理的流程；

（4）理解影响招聘的因素。

○ **引例**

未来招聘趋势：从"战术"转向"战略"的招聘部门

趋势之一：人才招聘将成为企业成败关键

在自动化、机器人大行其道的今天，工作中机械重复的部分越来越少，自由创意的内容越来越多。这不仅表明工作会变得更有趣，还说明技能"出众"和技能"良好"的人的区别会越来越大。换言之，人才对企业会产生更大的影响。因此，人才招聘在未来很大机率会成为企业布局的一项首要任务。

趋势之二：人力资源规划将更灵活敏捷

调研表明，企业招聘部门未来5年的第一要务是与企业快速变化的用人需求保持同步。为了跟上这一节奏，招聘部门必须与业务部门保持紧密联系，与业务领导者保持一致。

企业还可以通过聘用和培养具备跨职能视野的招聘人员以迅速适应

新的需求,例如,熟悉编程的招聘者,自然能在招聘工程师时更加清晰地传递业务团队的要求,并能做出更加准确的判断,满足业务团队不断变化的需要。

趋势之三:招聘将需要协助业务决策

招聘团队的战略性角色会逐渐被承认。设计招聘计划是一个问题,执行招聘计划则是另一个问题。越来越多的企业希望自己的招聘部门能够两者兼顾。人们期待他们能够表明观点、据理力争、引领未来。这意味着,招聘团队不仅要与业务团队保持目标一致,而且还要为业务团队出谋划策,助力他们用最有效的方法实现目标。

未来的招聘人员将变得更全面、宏观,更善于数据分析,更像具备前瞻视野的商业人员。据调查,35%的现任招聘主管之前并不属于人力资源或人才招聘部门,而属于销售、运营或业务开发部门——而这些领域对企业的业务目标均有明确而直接的影响。

趋势之四:衡量指标将着重追踪成效

追踪"招聘所用时间",是最常用的招聘指标,原因很明确:容易衡量,可用于设定期望值。但这并非是最具战略眼光的指标。因为它虽然能揭示团队的招聘速度,但无法衡量质量。一个明显的事实:行动速度较慢但录用了10位高绩效员工的招聘人员,远比行动速度较快但录用了25位低绩效员工的招聘人员更有价值。

招聘时间、每个岗位的候选人数量、聘书接受率等战术性指标追踪的仅是招聘人员的直接行动,而招聘关注的重点是招聘团队能为业务团队带来多少成效,因此,战略性的衡量指标或许将主宰未来。在这之中,"招聘质量"最具价值。它能够衡量新员工对于业务的长期影响力。目前多数企业将招聘质量定义为以下三个核心指标的某种组合:留任率、参与度、绩效评分。

趋势之五:技术工具将释放招聘团队潜力

技术虽然不会取代招聘人员,但可以增强他们的技能,减少烦琐的工作,让他们把精力集中到与候选人互动、制定人才战略上。当前使用最广泛,也是未来最具影响力的技术是"用于寻找候选人并与其互动的工具"。

但有时,太多的技术也可能让人应接不暇。尤其是在不同工具无法互通有无时,即使每一项技术都很有用,在工具之间也会产生很多摩擦。

趋势之六:"互动、分析、谋划"将重新定义招聘

与被动候选人互动、分析数据、为领导提供建议,将成为招聘人员作为必备技能。

与被动候选人互动的能力在今后的招聘工作中会越来越重要,多数招聘人员都能够找到足够的合格候选人,真正的挑战是引起他们的注意,并把他们引入"招聘漏斗"之中。同样的,分析人才数据以推动决策,为业务领导和用人经理提供建议等能够增强招聘人员作为战略性角色的技能,在未来都会越发重要。

趋势之七:非招聘人员将加入招聘团队

如上所述,招聘人员的职能特征正在经历一个从"执行"到"协助决策"的转向,因此,未来的招聘团队将包含越来越多的非专职的招聘人员。比如,许多企业发现,与其只依靠招聘人员将20%的时间投入人才数据分析或招聘营销,不如聘请一位可以将80%的时间用于这些领域的专家。这些专家(如数据科学家、经验丰富的营销人员和IT顾问)将带来比任何招聘人员都要高的专业水平。当他们融入招聘团队,将可以分享知识,甚至培训招聘人员,监督他们精通的领域的运营状况。

(资料来源:http://m.sohu.com/a/375317180—100020266)

1.1　招聘的概念、意义和原则

自古时起,贤明的君主、政治家、军事家就十分重视招贤纳士、延揽人才以建功立业。当今社会,企业之间的竞争归根到底是人才的竞争,人力资源在企业发展战略中的重要性不言而喻。招聘是企业获取、补充人力资源的主要渠道,是企业长盛不衰的必要支撑。

1. 招聘的概念

招聘是指企业为了实现其生产与经营目标,根据人力资源规划与工作分析提出人员的数量与质量需求,通过发布信息,吸引那些有能力又有兴趣到本企业工作的应聘者前来应聘,再通过科学的方法甄选出合适的人才予以录用,并安排他们到企业所需的岗位工作的过程。

完整的招聘工作包括确认人员数量和质量需求、制订招聘计划、发布招聘信息、甄选与测试、做出录用决策、劳动合同签订等内容。有效的招聘可以提高员工素质、改善人员结构,为企业的发展注入新的活力。同时,招聘是人力资源管理的重要职能之一,是人力资源管理的第一道隘口,决定着企业其他各项人力资源管理业务能否顺利开展。有效的招聘可以为企业的培训与开发、绩效管理、薪酬管理、员工关系管理等其他人力资源管理业务的顺利开展奠定基础。

2. 招聘的意义

1) 有效的招聘可以降低员工流失率

正常的人员流动可以盘活企业的人力资源,使人力资源达到最佳状态,使企业保持活力,但过高的人员流失率无益于企业的发展。有效的招聘意味着"人岗匹配",即企业可以更深入、准确地了解应聘者的求职动机与工作能力,从众多应聘者当中甄选出能够胜任工作岗位、符合企业发展需要的员工。同时,应聘者也可以更多地了解组织及应聘岗位的情况,并根据自身的职业兴趣、能力与未来发展方向来决定是否入职。这种有效的双向选择不但能使企业获得可以胜任工作的员工,而且员工个性特征与企业文化的契合度也会较高,这样企业可以更多地保留人力资源,减少人才流失,增强企业内部的凝聚力。

2) 有效的招聘可以节约用工成本

招聘作为企业管理的一项重要活动,主要有 4 项成本:一是直接成本,主要指在招聘过程中产生的一系列显性花费;二是重置成本,主要指未达到招聘目标而导致的必须重新进行招聘所花费的费用;三是机会成本,即新聘人员的能力不能完全胜任工作所带来的隐性花费;四是风险成本,主要指由于未完成岗位的招聘目标而造成企业的稀缺人才流失,给企业管理上带来的不必要花费。一方面,有效的招聘通过严密的筹划和安排、科学的甄选和谨慎的录用,可以降低招聘中的显性花费;另一方面,如果招聘环节出现漏洞,将与工作职位不匹配的员工吸收进企业,则有可能影响工作效率和其他员工的工作,而解聘和离职都要花费成本,但有效的招聘可以节约上述成本。

3)有效的招聘可以提高企业知名度

通过招聘宣传,既可以吸引求职者前来应聘,又能让外界更多地了解企业,从而提升企业的知名度以及在公众中的影响力。另外,就具体的招聘活动而言,招聘者在与应聘者互动过程中所表现出来的良好形象,如彬彬有礼的态度、高效的工作方式,都会促使应聘者对企业产生正面的认知与评价,这样既可以使企业获取所需人才,也可以树立企业的雇主品牌,扩大企业知名度。可以这样说,企业对外招聘的过程,同时也是企业形象推介的过程。

4)有效的招聘可以提升企业竞争力

现代企业的竞争归根到底是人才的竞争,拥有高素质的员工队伍的企业才有持续发展的动力。企业只有招聘录用高素质的员工,才能保证高质量的产品和服务的顺利输出,保证生产经营活动的高效运行。优秀新生力量的加入,还可以为企业注入新的活力,带来新思维、新观念、新技术和新的管理方式,从而推动企业的技术创新、管理创新和制度创新。

3. 招聘的原则

1)能岗匹配原则

能岗匹配原则是招聘应遵循的最基础的原则,能岗匹配是指尽可能使人的能力与岗位要求的能力达成匹配。企业在招聘与录用过程中,应当综合衡量应聘者的专业、能力、性格、特长等方面与所聘岗位的要求是否匹配,"能岗匹配"并不意味着追求"最优""最好"的候选人,而在于"岗得其人""人适其岗",即聘用最适合岗位要求的人。这样才能持久地发挥人力资源的作用,同时满足企业成本管理的需要。

2)效率优先原则

效率优先原则体现在企业对招聘成本的控制上,即追求用尽可能低的招聘成本获得适合企业需要的员工。提高效率是一个复杂而系统的工作,它需要协调人力资源规划、招聘准备、招聘过程以及招聘评估等各环节,通过科学化的招聘体系来保证招聘的效率。

3）竞争择优原则

竞争择优是招聘的根本目的和要求。竞争择优意味着通过客观、公平的选拔方式择优录取人才。企业需要制定科学的招聘程序与甄选标准，选择合适的测评方法对应聘人员的专业知识、能力、心理、经验等各方面进行综合评价，从而为企业的各个岗位引进优秀人才。当然，强调择优的同时，要注意按需录取，选择最适合职位要求的人选。

4）战略导向原则

现代的员工招聘不仅要切合企业的现实需求，还要符合企业的远景目标。战略性招聘要求企业制订符合企业发展战略的招聘计划以指导招聘工作；战略性招聘重视企业长期战略目标，招聘实践必须与企业的战略相结合；战略性招聘注重人与组织的匹配，招聘过程需要兼顾应聘者技能与价值观的考察；强调适应性培训是战略性招聘过程不可或缺的一部分，企业需要采取一系列的措施，帮助新员工融入企业。

1.2　招聘管理的流程

为了保证招聘工作规范、有序、高效地进行，招聘管理活动要遵循一定的程序。一个完整的招聘管理流程包括：招聘准备、员工招募、员工甄选、员工录用、招聘评估。下面将对各个阶段的工作进行详细说明。

1. 招聘准备

招聘准备是在正式开展招聘工作之前，确认招聘需求并制订招聘计划的过程，主要包括制订人力资源规划、工作分析以及制订招聘计划 3 项内容。通过人力资源规划，企业可以预测为达到战略目标所需人员的数量、质量等。工作分析主要是对工作岗位的相关信息的收集、整理和加工。人力资源规划与工作分析作为招聘的基础性工作，为招聘提供事实依据，让企业了解应该招聘多少员工、招聘什么类型的员工等信息。招聘计划则是依据人力资源规划和工作分析所得的信息，确定招聘岗位的数量和要求，招聘的时间、渠道等，为实施招聘做好准备。

2. 员工招募

员工招募是指企业选取合适的渠道发布招聘信息吸引求职者前来应聘的过程。招募阶段的工作关系到应聘者的数量和质量,招募工作做得不理想,即求职者数量不多或质量不高,会影响到下一阶段甄选工作的顺利开展。招募工作主要包括两项任务:一是选择招聘渠道,发布招聘信息;二是接受应聘者的咨询,获取应聘者的相关材料。

首先,企业应根据不同的招聘岗位,选择不同的渠道发布招聘信息。招聘渠道按来源进行划分,可以分为内部招聘和外部招聘。内部招聘一般采取内部公告或部门推荐的方式进行,外部招聘则要分析各种信息发布渠道的效果,具体要考虑覆盖面和针对性两个方面。覆盖面广,接收招聘信息的人数越多,招聘到合适人选的概率就越大;针对性强,接收到招聘信息的人越符合要求,招聘效率和效益就越高。企业应该综合考虑招聘岗位的特点、招聘的时间和地点,以及招聘成本等因素,采取最有效的方式来发布招聘信息。

因为招聘信息传递的信息量是有限的,所以信息发布之后,企业通常会接到求职者的电话或邮件咨询,招聘工作人员需要向求职者介绍此次招聘的相关情况,回答求职者的问题。在求职者递交了求职资料后,招聘人员还要及时收集和整理求职资料,为下一步的甄选工作做准备。如果应聘者数量不足或质量不高则应及时改变信息发布的渠道和方法,以免影响招聘效果。

3. 员工甄选

员工甄选是从职位申请者中选出符合企业需要的最合适的人选的过程。这一过程主要包括筛选应聘材料,笔试、面试、心理测试以及其他测试,体检,资料核实等内容。

首先,对应聘材料进行筛选。根据录用标准,淘汰明显不合适的人选,确定需要进一步考核或面试的人选,并发出通知。其次,按照预定的笔试或面试方案对应聘者进行一系列的测试,选出最合适的人选。对于一些重要或特殊岗位,还需要进行背景调查、体能测试等。值得注意的是,上述程序不是固定不变的,有的企业会将背景调查放在测试之前,有的企业放在录用决策的时候,有的则不做背景调查,这需要根据企业以及招聘岗位的实际情况决定。最后,将甄选结果送交用人部门和主管部门进行审核。甄选环节是整个招聘工作中最复杂、难度最高的一个阶段,最能体现一个企业招聘工作的水平,直接决定了企业招聘工作的效率和效果。目前除了笔试和面试这些传统的测评方法之外,还出现了心理测试、评价中心、笔迹分析等测评方法。这些测评方法各有特点,企业应该根据不同的岗位选择合适的测评方法。员工甄选的具体方法将在教材后续章节中进行详细说明。

4. 员工录用

员工录用是依据甄选结果做出录用决策并进行安置的过程,主要包括做出录用决策,发送录用通知,办理录用手续,签订劳动合同,员工的初始安置、培训、试用以及正式录用等内容。在录用阶段中,招聘者和应聘者都要做出自己的决策,以便达成个人和岗位的最终匹配。

录用阶段是甄选阶段的结果呈现,是企业正式将应聘者纳入企业的重要环节。这一阶段需要强调的是规范性,因为无论是录用手续、录用通知,还是签订劳动合同以及试用期的考核,都必须规范合法,不能出现不符合国家相关法律法规的情况,避免侵犯新员工的合法权益。

5. 招聘评估

招聘评估是招聘的最后一个阶段,招聘评估可以帮助企业发现在招聘过程中存在的问题,以对招聘进行优化,提高以后的招聘效果。招聘评估主要包括招聘成本评估和投资收益评估两个方面。招聘成本评估指在员工招聘工作中对所花费的各项成本进行评估。招聘成本包括招募、选拔、录用、安置,以及适应性培训的成本等。投资收益评估指通过与历史同期或同行业的标准做比较,对新员工入职后在岗位上所做出的业绩、利润,以及其他绩效结果进行评估。在招聘活动结束之后对招聘做一次全面、深入、科学和合理的评估,可以及时发现问题并加以解决,同时为改进今后的招聘工作提供了依据。

1.3 影响招聘的因素

企业是一个开放的系统,其管理行为会受到各种因素的影响和制约,企业的人力资源招聘活动也不例外。政治、法律、经济、技术、文化、市场等外部环境因素,企业自身的经营战略、所处的发展阶段、管理文化、用人政策、薪酬福利制度、招聘团队等内部环境因素,以及应聘者的个人因素都会影响到招聘的决策、实施与效果。

1. 外部环境因素

影响招聘的外部环境因素就是指在企业系统之外的能够对招聘活动产生影响的各种因素。主要包括国家的政策法规、经济体制与经济形势、劳动力市场的供求状况、社会的文化观念、科学技术的进步等。

1) 国家的政策法规

国家的政策法规对企业人力资源招聘活动的影响主要体现在它的约束和规范作用,国家的政策法规从客观上界定了企业人力资源招聘的对象和条件,企业的员工招聘应该在国家政策法规限定的框架内进行,不能与之相悖。在我国,《中华人民共和国劳动法》和《中华人民共和国劳动合同法》是就业领域的两部基本法律。除此之外,我国还颁布了《中华人民共和国就业促进法》《禁止使用童工规定》《未成年工特殊保护规定》《台湾香港澳门居民在内地就业管理规定》《外国人在中国就业管理规定》《残疾人就业条例》《就业服务与就业管理规定》《人才市场管理规定》等与人员招聘相关的法律法规。这些法律法规的颁布与实施有利于规范企业用工行为,维护劳动者的合法权益,促进劳动关系的和谐稳定。此外,国家对产业、行业的扶持、限制或调整政策也无疑会对招聘产生巨大影响。比如我国曾经实行过的纺织行业压锭、钢铁行业限产等政策,都曾导致这些行业的人员需求锐减。

2) 社会经济制度与宏观经济形势

社会经济制度决定了人力资源的分配机制,对企业的招聘活动有着重要的影响。人力资源的配置方式主要有两种,计划配置方式与市场配置方式。改革开放以前,我国实行的是高度统一的计划经济体制,政府是资源配置的主体,基本不存在双向选择的招聘工作。改革开放后,我国实行市场经济体制,市场成为资源配置的主体,人力资源配置也由计划配置转向市场配置,再加以国家的宏观调控,基本构成了现在的人力资源配置方式。

宏观经济形势对企业的招聘也有着重要影响。宏观经济形势繁荣,市场活跃,企业看好发展前景,招聘需求就会增加;相反,宏观经济形势低迷,市场萎靡,企业的发展机会减少,招聘需求就会缩减甚至会裁员。此外,宏观经济运行中的通货膨胀对企业的招聘规模也有一定影响,通货膨胀一方面使企业招聘的直接成本增加,另一方面导致员工的工资上涨、用人成本增加,企业就会考虑控制招聘人数。最后,政府对宏观经济的调控直接影响企业的发展,进而影响企业吸纳人才的能力。

3)劳动力市场的供求状况

劳动力市场是实现人力资源配置的地方,是企业进行招聘活动的主要场所和前提条件。劳动力市场的供求状况直接影响着企业招聘的效果。当劳动力市场的供给大于需求时,劳动力相对过剩,企业吸引充足数量的人员前来应聘比较容易。相反,当劳动力市场的供给小于需求时,劳动力相对短缺,企业吸引人员应聘比较困难。此时需要调整招聘策略,可以通过降低招聘标准来扩大候选人范围,或通过重新设计工作流程、调整工作时间、进行员工培训等手段增加内部人员的供给以满足企业的用工需求。在分析劳动力市场的影响时,一般要针对具体的职位层次或类别,例如在高级技工短缺的地区,企业招聘这类人员比较困难,就要投入较多的人力、物力。

4)科学技术

科学技术的进步对于企业人力资源的素质与结构产生了重要影响,也深刻影响着企业的招聘活动。具体来说,主要体现在以下几个方面。第一,技术进步带来招聘职位分布的变化,一方面导致了某些工作岗位的需求量减少甚至消失,另一方面也产生或增加了对新岗位的需求。例如,人工智能取代了传统的劳动,尤其是那些重复性、程序化、依靠反复操作实现的熟练工种,同时也催生了一些新的岗位需求,例如数据科学家、算法工程师、数据保护专家等。第二,技术进步对应聘者的素质与能力提出了更高的要求。企业需要招聘掌握先进技术、具备更高学历水平的员工以适应激烈的市场竞争,而那些被淘汰或被取代的就业者因为技能的落后难以再顺利应聘。第三,技术进步对企业的管理方式产生影响。各种现代化的手段与技术被应用于企业招聘活动中,提高了招聘的效率与人员评价的准确性。

5)社会文化与风俗观念

文化具有社会整合和社会导向作用,影响着人们的思维方式和行为方式。企业的人员招聘活动也深受社会文化的影响。例如,日本、美国两国的雇用制度就深刻反映着两国的文化。日本的终身雇用制度与其传统文化中的"忠诚""团结""集体主义"分不开,而美国的短期雇用制度与美国文化中的"崇尚奋斗""注重结果""个人主义"精神相一致。此外,传统文化对人们的择业观念也有着重要影响。例如,"官本位"意识、"三教九流"之说,影响着人们对职业的看法与评价,反映在企业招聘中,表现为"制造岗""服务岗"存在"招工难"的问题。古往今来,公务员一直是受人们追捧的职业,这与"学而优则仕""士农工商"等传统观念密切相关。

2. 内部环境因素

影响招聘的内部环境因素就是指在企业系统之内的能够对招聘活动产生影响的各种因素,具体包括企业经营战略、所处的发展阶段、管理文化、用人政策、薪酬福利制度、招聘团队等。

1)企业经营战略

企业的经营战略决定了企业的发展方向,以及企业发展所需要的人力资源数量和质量,进而影响企业的招聘决策。雷蒙德·迈尔斯和查尔斯·斯诺在《组织战略、结构和方法》一书中区分了3种企业战略:防御型、探索型、分析型。企业的战略类型不同,其招聘决策也会有所不同。

应用防御型战略的企业往往是成熟行业中的成熟企业,采用高效生产、严格控制、连续、可靠的手段,努力保护自己的市场地位。这类企业倾向于采取内部招聘方式,尤其是对于高层次的岗位,往往采取晋升的方法,而低层次的岗位则会采取招聘新员工的方法。

应用探索型战略的企业致力于发现和发掘新产品和新市场机会。它拥有较多的技术类型和较长的产品线,它的核心技能是市场能力和研发能力。这类企业倾向于采取外部招聘方式,企业中不同层次的岗位都倾向于聘用有经验的员工。

应用分析型战略的企业则是在规避风险的同时又能够提供创新产品和服务。它致力于凭借有限的产品和技术,以提高质量为手段,超越竞争对手。这类型企业既采用内部招聘的方式,也注意对外招聘有经验的员工。

2) 企业发展阶段

处在不同的发展阶段的企业,经营状况不同,其招聘策略也不相同。根据企业生命周期理论,企业一般会经历初创期、成长期、成熟期和衰退期四个阶段。

初创期的企业实力较弱,公司规模小、人员少,对外部人才的需求较少,以一般员工尤其是销售人员的招聘为主,极少招聘中层,基本不招聘高层。对人员的要求较高,希望员工最好是多面手,丰富的工作经验和工作业绩是重点选择标准。企业还没有形成专门的人力资源部门,甄选主要依赖老板的个人判断。用人的灵活性较强,对招聘时间和招聘效率没有明确的要求。

企业进入成长期之后,逐步走向正规化,经营规模不断扩大,人才需求快速增长,外部招聘数量增多,招聘的职位中高层、中层、基层等各层级均有。对专业技术人才和中层管理人才的需求大幅度增加,要求应聘人员具备相关职位的工作经验,具备一定的发展潜力,同时可以快速适应变化。此时,企业已经设置了人力资源部门,但专业性不强,甄选主要依赖于用人部门的部门经理。此外,根据对业务发展的分析进行人力资源需求预测,用人开始有一定的计划性,对招聘时间和招聘效率的要求高。

成熟期的企业是企业发展的巅峰时期,处于这一阶段的企业规模大,业绩优秀,资金充盈,制度和结构完善,各层面人员的流动率较低,在人员规模上相对稳定。企业的发展,主要是靠企业的整体实力和规范化的机制,企业内部的创新意识可能开始下降,企业活力开始衰退。人才需求不多,外部招聘数量少,只有在开拓新业务和新市场时才会产生大量的外部人才需求。人员要求高,强调综合能力素质,尤其是创新意识、执行力和明确的职业发展方向。此时,人力资源部门已具备较高的专业性,开始使用评价中心等测评技术对人才的能力素质进行评估,业务水平则由用人部门的部门经理进行评判。企业有规范的招聘计划,对招聘时间和招聘效率有明确的规定。

衰退期是企业生命周期的最后阶段,企业的市场占有率下降,整体竞争能力和盈利能力全面下降,资金紧张,危机开始出现,企业战略管理的核心是寻求重整和再造,使企业获得新生。此时,企业对外部人才的需求集中在"一把手"上,其他层级基本以内部竞聘为主,要求高管具备改革意识、大局观、决策能力、战略眼光和驾驭企业的整体能力,"一把手"的招聘由董事会直接进行,并引入专业的人才评价机构加以辅助。

3)企业文化

企业文化是企业在发展实践中逐渐形成的,为全体员工接受并认可的共同价值观和行为准则的聚合,一旦形成对全体成员既能起到激励作用又能起到约束作用。企业文化包括企业的价值观、经营目标、管理风格、文化环境、企业制度、历史传统、企业精神、发展使命等,其中居于核心地位的是企业的价值观。

企业文化作为企业的上层建筑,一定程度上决定了企业的招聘政策与用人理念。通常来说,积极进取、和谐的企业文化能够赋予员工归属感与荣誉感,更能够凝聚企业的力量,实现企业的发展目标。企业文化是能否吸引较多求职者的重要因素,也是招聘双方在进行双向选择时重点衡量的内容。一方面,如果求职者认为企业文化非常适合自己的发展,就会主动报名并在整个招聘过程中积极配合;另一方面,招聘单位会根据求职者的个人特质,选择符合自己企业文化的人。此外,招聘人员的态度、行为方式,招聘方式的选择也都受企业文化的影响。

小专栏 1-1

知名企业的招聘理念

微软：任用有冒险精神的人

要想成为微软公司的一员绝非易事，你要对软件有浓厚的兴趣，还要有丰富的想象力和敢于冒险的精神。他们宁愿冒失败的风险任用曾失败的人，也不愿聘用一个处处谨慎却毫无建树的人。另外，工作中善于与人合作也是应聘微软的条件。

英特尔：得3分的人也许更可取

英特尔在人们的印象中是一个不断推陈出新、升级换代的品牌，其创新精神在招聘过程中也有充分体现。英特尔在各高校招聘应届毕业生时，愿意招各科成绩虽只有3分却富有创新意识的学生，应聘者最好在校期间就完成过颇有创意的项目。

宝洁：热心社会活动者优先

如果你去宝洁公司"飘柔"应聘，被问到是否经常参加学校的活动或组织过哪些活动，千万要据实以告。因为考官会接着问你许多相关的细节问题，如活动的程序、内容、参加的人数、活动过程中的突发事件和你的应变方法等。

西武集团：连同父母、家人一同考核

日本西武集团总裁堤义明在提升主管人员或高级经理时，一定先跟他的父母和儿女谈话，了解其家庭情况。他认为一个不能让父母双亲、妻子儿女感到安心满足的人是不可能承担企业的重托的。

4) 企业的用人政策

企业高层决策人员的用人政策不同，对员工的素质要求也不相同。例如，华为强调员工的使命感与责任感。一个卓越的人才，要具备战略洞察力、决断力，心怀梦想、勇于挑战、敢于担责，这些特质造就了华为独一无二的用人标准。此外，企业高层决策人员对企业内部招聘或外部招聘的倾向性看法，也会影响企业对招聘方式方法与渠道的选择。例如，宝洁（中国）

一直是校园招聘的积极参与者。决策者认为面向社会公开招聘能获取更多人才,企业就以外部招聘为主;决策者认为内部员工更加可靠、值得信任,企业就以内部招聘为主;决策者认为通过中介机构获取人才更加方便快捷,企业就倾向于利用猎头或招聘外包的方式;决策者认为熟人或行业推荐比较可靠、风险小,企业就倾向于采用推荐方式获取人才。

5)企业的薪酬福利制度

企业的薪酬福利制度是应聘者最为敏感和关心的问题之一,良好的薪酬福利制度能够让应聘者产生安全感。每个企业的薪酬福利制度都是不同的,对于企业来说,过高的薪酬意味着企业运营成本的增加,而薪酬较低又很难招聘到满意的人员。所以,了解同行和竞争对手的薪酬政策,建立起有竞争力的薪酬体系,无疑是企业在招聘工作开始前的必要准备工作之一。企业建立起自己的薪酬体系,在招聘时就有了依据,就可以给不同层次的人员合适的薪酬,并拒绝那些不切实际的、对薪酬要求偏高的应聘者。

6)企业的招聘团队

与招聘团队的互动是求职者与企业进行实质性接触的第一步。在招聘过程中,招聘者的形象与素质也会对招聘效果产生影响。招聘人员良好的形象、积极的态度、文雅的谈吐等都会对求职者产生正面的影响,进而增加求职者接受企业应聘条件的概率。相反,如果招聘者在招聘过程中趾高气扬,表现出盛气凌人或者不友好的态度,就会给应聘者留下不好的印象,甚至让企业错失很多优秀的人才。因此,企业在组建招聘团队时,一定要注意招聘者的个人素质与修养,但也必须承认,不可能每个招聘者都具备优秀的综合素质,因此招聘团队成员之间的优势互补很重要。

3. 应聘者个人因素

招聘是企业与应聘者之间双向选择的过程,企业自身的条件对应聘者的选择有着重要的影响,应聘者的个人因素也会影响其对工作岗位的选择。这里主要从应聘者的求职强度和求职动机进行说明。

1)应聘者的求职强度

求职强度指应聘者寻找职位的努力程度。按照求职强度的不同,可以把求职者分为三种类型：第一种，最大限度利用机会者，即不放弃任何一次面谈机会的人，他们努力获得不同的职位机会，并选择其认为最好的职位；第二种，满足者，即那些接受第一个职位机会的人，他们相信所有的企业都差不多，没有必要做太多选择；第三种，有效利用机会者，即介于两者之间的人，他们会选择自己喜爱的职位。

求职强度会受到个人背景与经历以及财务状况等因素的影响。一方面，求职强度与个人背景和经历有关。初来城市务工的求职者，经济条件较差，他们想要在城市立足，渴望得到一份工作的意愿更强，更容易接受企业的工作条件与待遇；土生土长的城市人，熟悉城市环境，受过良好的教育，经济条件较好，对于工作条件和待遇比较挑剔。因此，城市中的很多基层岗位往往是由外来务工人员承担的。另一方面，求职强度还与个人财务状况呈负相关的关系。一般来说，财务状况越好的求职者（例如有非工资性经济收入或较高失业保障金的人）寻找工作的积极性与紧迫性越低。

总体而言，求职强度高的应聘者容易接受应聘条件，应聘成功率高；求职强度低的应聘者对应聘条件较挑剔，应聘成功率低。

2）应聘者的求职动机

应聘者的求职动机对招聘活动有着重要影响。这里简单介绍"职业锚"理论。该理论是由美国著名的职业指导专家埃德加·H·施恩教授提出的。施恩认为，个体的职业规划实际上是一个不断探索的过程。在这一过程中，一个人对自己的天资、能力、动机和需要以及态度价值观有了清楚的了解之后，就会慢慢形成较为明确的与职业有关的自我概念。"职业锚"就是指在个人工作过程中依循着个人的需要、动机和价值观经过不断搜索，所确定的长期职业贡献区或职业定位。通俗来说，"职业锚"就是当一个人不得不做出选择的时候，他无论如何都不会放弃的职业中的至关重要的东西或价值观。施恩提出了5种"职业锚"的类型。此后，国外许多机构进行了大量的试验来研究职业锚理论，在1992年该理论拓展为8种类型，表1-1具体说明了"职业锚"的类型与特点。

表 1-1 职业锚的类型与特点

职业锚类型	特　　点
技术/职能型	(1) 强调技术/功能等业务工作； (2) 拒绝一般管理工作但愿意在其技术/功能领域管理他人； (3) 追求在技术/功能能力区的成长和技能的不断提高，其成功更多地取决于该区专家的肯定和认可，以及承担该能力区日益增多的富有挑战性的工作
管理型	(1) 追求承担一般管理性工作，且责任越大越好。他们倾心于全面管理，掌握更大的权力，肩负更大责任； (2) 具有强有力的升迁动机和价值观，以提升等级和收入作为成功的标准； (3) 具有分析能力、人际沟通能力和情感能力，分析能力是指在信息不完全以及不确定的情况下发现问题、分析问题和解决问题的能力； (4) 对组织有很大的信赖性
创造型	(1) 有强烈的创造需求和欲望； (2) 意志坚定，勇于冒险； (3) 同其他类型职业锚存在着一定程度的重叠
安全/稳定型	(1) 追求安全、稳定的职业前途，是这一类职业锚雇员的驱动力和价值观； (2) 注重情感的安全稳定，觉得在一个熟悉的环境中维持一种稳定的、有保障的职业对他们来说是更为重要的，包括一种定居、使家庭稳定和使自己融入团队和社区的感情； (3) 对组织有较强的依赖性。一般不愿意离开一个给定的组织，愿意让他们的雇主来决定他们去从事何种职业，倾向于根据雇主对他们提出的要求行事，不越雷池半步； (4) 个人职业生涯的开发与发展往往会受到限制。对组织的依赖性强，个人缺乏职业生涯开发的驱动力和主动性，从而不利于自我职业生涯的发展
自主/独立型	(1) 希望随心所欲安排自己的工作方式、工作习惯、时间进度和方式； (2) 追求在工作中享有自身的自由，有较强的职业认同感，认为工作成果与自己的努力紧密相连； (3) 与其他类型的职业锚有明显交叉
服务奉献型	(1) 希望职业能够体现个人价值观，关注工作带来的价值，而不在意是否能发挥自己的才能或能力，他们的职业决策通常基于能否让世界变得更加美好； (2) 希望职业允许他们以自己的价值观影响雇用他的组织或社会； (3) 对组织忠诚，希望得到基于贡献的、公平的、方式简单的薪酬，但钱并不是他们追求的根本目标；

（续表）

职业锚类型	特　　点
	(4) 比金钱更重要的是认可他们的贡献,给他们更多的权力和自由来体现自己的价值; (5) 他们需要来自同事及上司的认可和支持,并与他们共享自己的核心价值,如果缺少这些支持,他们可能会走向有一定自主性的职业,如咨询业
挑战型	(1) 认为自己可以征服任何事情或任何人,并将成功定义为"克服不可能克服的障碍,解决不可能解决的问题,或战胜非常强硬的对手"; (2) 一定水平的挑战是至关重要的,工作领域、受雇用的公司、薪酬体系、晋升体系、认可方式,这些都从属于这项工作是否能够经常提供挑战自我的机会,缺少挑战自我的机会使他们变得厌倦和急躁; (3) 职业中的变化对他们而言非常重要,管理工作吸引他们的一个主要原因是管理工作的多变性和面临的强硬挑战性
生活型	(1) 此种人最需要的是弹性和灵活,愿意为提供灵活选择的组织工作; (2) 相对于组织的态度,此类型人更关注组织文化是否尊重个人和家庭的需要,以及能否与组织之间建立真正的心理契约

● 本章小结

招聘是指企业为了实现生产与经营目标,根据人力资源规划与工作分析提出的人员数量与质量需求,通过发布信息,吸引那些既有能力又有兴趣到本企业工作的应聘者前来应聘,再通过科学的方法甄选出合适的人才予以录用,并安排他们到企业所需岗位工作的过程。

有效的招聘可以降低员工流失率,节约用工成本,提高企业知名度,提升企业竞争力。

能岗匹配原则是招聘应遵循的最基础的原则,效率优先原则体现在企业对招聘成本的控制上,竞争择优原则是招聘的根本目的和要求,战略导向原则要求企业招聘不仅要符合现实需求,还要符合远景目标。

完整的招聘管理流程包括:招聘准备、员工招募、员工甄选、员工录用、招聘评估。

政治、法律、经济、技术、文化、市场等外部因素,企业自身的经营战略、所处的发展阶段、管理文化、用人政策、薪酬福利制度、招聘团队等内部因素,以及应聘者的个人因素都会影响到招聘的决策、实施与效果。

 复习与思考

(1) 什么是招聘?有效的招聘对企业管理有什么意义?

(2) 企业招聘应遵循什么原则?

(3) 简述企业招聘管理的流程。

(4) 影响企业招聘的因素有哪些?

 **课后案例**

员工招聘:锁定文化与价值标准

被誉为"全球第一 CEO"的前通用电气公司(GE)总裁杰克·韦尔奇先生在做 2000 年度报告时曾经把 GE 的员工分为三类:第一类是既能为公司创造价值又符合公司的文化精神、价值标准的人。对于这样的员工,要提拔重用。第二类是目前不能为公司创造价值,但其思维方式、价值观符合公司的文化精神、价值标准的人。对于这样的员工,要对其进行培训,为其创造发展机会。第三类是能够为公司创造价值的人,但其思维方式、价值观却不符合公司的文化精神和价值标准。对于他们,开除掉。

这位"全球第一 CEO"的话绝非危言耸听,实在是肺腑之言,只有同心同德、众志成城,事业才能够发展,否则那些持"异议"者迟早会成为事业发展的破坏力量。一个人只能做事情,一批人才能干事业。如何使能力有别、心态各异、千差万别的一批人组成团队,为一个共同的目标而奋斗,是每个管理者不可回避的问题。企业的人才团队的形成,需要有理念的融合,如果公司仅以金钱为合作的纽带,那么,人才与公司的联姻都是不会长久的。只有理念共鸣,才能合作至远,降低流失率。因此,对应聘者的团队精神和价值观应是一个重要的评价标准。"物以类聚,人以群分",文化与价值标准的认同是人才与企业合作的基础。如果员工与企业的文化价值标准背道而驰或大相径庭,那么就会失去相互合作的前提,不是企业淘汰人才,就是人才淘汰企业。你也许已经给人才很优厚的待遇,或为培养他们投入了很多心血和精力,但他们仍然弃你于不顾,离你而去,想一想吧,是否忽略了预先应做点什么呢?

著名人力资源管理学家德斯勒说:"那些员工有较强献身精神的公司都很明白,培养员工献身精神的工作不是在员工被雇用之后开始的,而是在他们被雇用之前就开始了。因此,具有高度献身精神的企业通常都十分仔细地对待它们所要雇用的人,从一开始就执行'以价值观为基础雇用'的策略。它们力图去获得每个被甄选对象的整体感觉,甚至包括他或她的素质和价值如何,所以它们设计了许多员工筛选工具,比如精心组织的面谈等,来确定求职者的价值观同企业的价值观体系是否一致。"企业招聘员工,对优秀的要求是相对的,对适合的要求是绝对的,换而言之,没有最优秀,只有最适合。不同的组织有不同的文化和价值观念,形成了各自的"水土",根据本组织的文化和管理风格,就可以推断合适的人需要具备哪些素质、特性,然后以此为指导来考虑应聘者是否能与企业的环境很好地融合。

游戏软件公司的管理风格是宽松自由、强调技术和思维突破,这样员工们才能发挥想象力和创造力,制作出好玩的游戏,法国育碧游戏软件公司的招聘广告就赫然写道:"在育碧,工作就是乐趣。"麦当劳快餐连锁店的风格和文化是运营程序严密、循规蹈矩,这样每个店的员工才能严格遵守操作规程,给顾客提供清洁标准、味道、外观统一的炸鸡,具有想象力和创造力的人在这里可能会"水土不服"。而一些管理咨询公司会十分注重跟客户建立良好的关系,要求人才要善于跟人打交道,乐于听取不同意见和交流各自的想法,一个十分内向的人会觉得这里的工作非常"烦"。英特尔聘人的首要条件就是对企业文化的认同,客户第一,自律,质量,创新,工作开心,看重结果,这是英特尔的企业文化和企业精神,这也是英特尔的凝聚力所在。在各种培训中,英特尔都会不断强调这种文化,奖励机制也会体现这种文化。

适合的就是最好的。文化与价值观的认同是员工招聘的首要条件。许多招募失败的原因就是公司对于某职位要求应聘者"能做什么"及"不能做什么"并不十分清楚,也许仅仅只是因为招聘者喜欢应聘者会面和打招呼的方式,或者是因为他们比较欣赏应聘者的教育经历,但是并没有根据已经确定的胜任因素而进行全面考虑,结果基于错误的因素做出聘用的决定。

组织文化是以组织历史上形成的价值观为核心,以管理体系所规范的行为和生活方式为表象的精神文化和物质文明的总和。从这个意义上讲,组织文化具有影响和规范企业内部员工思想和行为的作用,引导人才在行为上寻求一种最佳的行事方式,达到组织发展的战略目标。人力资源部门要通过对人才的招募、甄选、上岗培训等,将组织文化的核心价值观浸透到人才的头脑中,使人才产生对组织的认同感,将组织的发展和人才的发展紧密地结合起来,使人才的发展跟上企业的发展。同时,随着组织的发展,还要不断丰富企业文化的内涵和外延,使组织文化的发展跟上社会的进步,吸纳和留住时代前沿的人才。

(资料来源:张小明.员工招聘:锁定文化与价值标准[J].人事管理,2003(200):40.)

 思考题

结合本章所学内容谈谈文化对于企业招聘的影响。

2

招聘准备

○ 学习目标

（1）理解人力资源规划的概念与作用；

（2）掌握人力资源规划的程序；

（3）理解工作分析的概念与作用；

（4）掌握工作分析的内容、程序与方法；

（5）掌握招聘计划的内容以及制订招聘计划的流程；

（6）理解招聘团队成员的素质要求、人员分工及组建原则。

○ 引例

如何打造前瞻型的招聘体系？

所谓前瞻型招聘体系，是指将招聘作为一项市场营销工作，把每项招聘任务作为项目来完成，而招聘专员就是招聘项目的负责人。招聘部门深入接触和了解公司的客户、业务、市场，在此基础上把握整个公司的走向并对整个行业走势进行前瞻性预测，从而开展有针对性的招聘。

1. 前瞻型招聘的定位目标

1）成本效率目标

人员招聘作为人力资源部门的管理项目，意味着一项比较大的花费。一份资料显示，美国一份包括 751 个公司的招聘样本报告称，从 2015 年至 2016 年期间，这些公司用于招聘的支出总计 34 亿美元，平均每个公司每年的招聘支出为 270 余万美元。

设定成本效率目标旨在确保完成有效招聘任务的同时努力降低招聘成本,从而提高招聘效率。这就要求人力资源部门要经常研究招聘的方法,开发招聘创意,设计创新性的招聘战略,选择更快速、更经济、更有效的方法完成招聘项目。

2) 吸引高度合格人选

所谓高度合格,是指应聘人员应完全符合专业技术岗位要求,并能够直接与组织规划目标要求相衔接。越是特殊技术岗位,越需要高度合格人员;越是高度合格人员,则越具有稀缺性。这是人员招聘中一个突出性的矛盾。它要求人力资源管理部门增强战略意识,开拓招聘途径,在环境、组织、战略的多重制约条件下,努力吸引高度合格人选。访问高等学校,寻找"企业家类型的人物",是吸引高度合格人选的一种方式。

3) 提高和保持招聘成功率

招聘成功率是指应聘人员能够留在组织中的比率。影响招聘成功率的因素:通过招聘过程建立的心理契约、同行业竞争和新员工的素质。

通过招聘过程建立的心理契约这一因素来自组织。其通常是指因为组织的有关部门在招聘过程中做出了难以兑现的承诺,导致应聘者来到组织之后产生"受骗感",因而离职。

同行业竞争这一因素来自环境。同行业的其他企业向应聘者提供了更优厚的条件,有可能会导致新员工"跳槽"。

新员工的素质这一因素则是来自应聘者自身,如难以胜任岗位技术要求、难以适应组织文化等。

人力资源管理部门应了解这些情况,从而提高招聘成功率。

2. 前瞻型招聘的举措

1) 开展招聘规划

招聘规划指根据企业人力资源规划开展人员的需求预测和供给预测,确定人员的净需求量,并制定人员选拔、录用标准政策,在企业的中期经营规划和年度经营计划指导下制订出不同时期不同人员的补充规划、调配计划、晋升计划。

招聘规划要求把对岗位空缺的描述变成一系列的目标,并把此目标和相关求职者的数量和类型具体化。即在规划中既要写明招聘人数,又要确定招聘类型;同时企业必须计划吸引一定数量的人员申请此岗位。

企业招聘规划囊括招聘人数、招聘人员素质要求、招聘对象、经费、招聘渠道以及人员需求计划报表等信息,它是以用低成本,招收高质量、适合企业的人才为标准制订的。只有这样,才能对企业整体发展起到积极的配合作用。

2) 建立招聘项目责任制

招聘项目责任制指将每项招聘任务作为一个招聘项目,指定招聘专员担任招聘项目负责人。招聘项目自接受招聘需求起,直至人员试用期结束。招聘项目要设定部门期望人员到岗时间以及部门对招聘岗位要求的变更类别。招聘项目负责人全程记录面试的过程。在招聘期末,计算出面试成功率和人员到位率。这样能动态监控招聘过程,有效提高招聘的质量和效率。

招聘岗位的要求应与公司业务挂钩。招聘专员定期参加业务部门的例会,了解与所招聘岗位相关的业务内容;在招聘启示中缩小对应聘人员的业务要求范围,使其具有鲜明的针对性。

在面试中最好提出行为性问题,即具体了解应聘者过去是如何做的,并运用 STAR 法(Situation,Task,Action,Result)进行追问,即"在什么情景下;为了完成什么任务;采取了什么行动;得到了什么结果",以判断和保证应聘者回答的真实性。

3. 前瞻型招聘的优势

1) 节约人力成本

由于招聘工作与企业业务相联系,避免了浪费时间,避免了招聘所得人员的能力与企业实际需求之间的误差。同时也使企业不必因人员资质不到位,而出资对其进行培训。

2) 树立企业形象

招聘工作对"推销"企业具有重要作用。企业可以通过各种各样的平台,如招聘网站、微信公众号、企业网站、QQ群、报纸广告等开展招聘活动,而全面周到的招聘工作,不但可以使企业招到所需的人才,同时也可在一定程度上起到推销企业、树立企业良好形象的作用。

3）推动企业发展

招聘取才的结果影响着企业的发展。招聘工作与企业的业务发展相结合,企业获得了所需要的优秀人才,可以推动企业良性发展,使其立于不败之地。

（资料来源：https://www.hroot.com/d-9374289.hr.）

作为企业人力资源的入口,招聘是人力资源管理的起点。为了使招聘工作能够更好地适应企业发展和环境变化,在招聘之前必须明确,何时需要人、需要多少人、需要什么样的人等问题,然后才能采取行动。这些问题正是人力资源规划和工作分析的主要内容。因此,人力资源规划和工作分析,以及依据这两项工作制订的具体的招聘计划,是招聘前必须做好的基础性工作。

2.1　人力资源规划

1. 人力资源规划的概念

人力资源规划是指为实施企业的发展战略、完成企业的生产经营目标,根据企业内外环境和条件的变化,运用科学的方法对企业人力资源需求和供给进行预测,制定相应的政策和措施,从而使得企业人力资源供给和需求达到平衡的过程。

企业人力资源规划的目标主要在于：

（1）确保企业在合适的时间和适当的岗位获得适当的人员。

（2）实现人力资源的最佳配置。

（3）最大限度地开发和利用人力资源潜力,使组织和员工的需要得到充分满足。

在制订人力资源规划时,需要确定完成组织目标所需的人员数量和类型,这就需要收集和分析各种信息,预测人力资源的有效供给和未来的需求。在确定了所需人员类型和数量以后,人力资源管理人员就可着手制订战略规划和采取各种手段以获得所需的人力资源。

2. 人力资源规划在招聘中的作用

（1）保证企业在发展中对人力资源的需求。企业在进行人力资源规划时，可以了解本企业人力资源的状况以及存在的问题。在市场竞争越来越激烈的背景下，认清本企业的人才储备、人才需求是取得胜利的保障。人力资源规划可以减少企业在发展过程中人才供应不足、人浮于事等问题。

（2）为企业的人力资源管理决策提供依据和指导。人力资源规划对企业的人力资源供给和需求的数量与质量两方面进行分析。其结果对企业的招聘数量与质量提出了要求。招聘活动要以人力资源规划的方案为依据。

（3）合理调配人才，降低用人成本。人力资源规划有利于企业了解人力资源配置的结构，了解当前人员余缺、能力与岗位的匹配状况，有效地重新分配人员，使企业人力资源结构趋于合理，从而降低企业的用人成本。

（4）提供均等的就业和提升机会。经过规划的人力资源不仅在年龄结构、知识结构、专业结构、能力结构等方面趋于合理，而且可以把切实的就业机会提供给合适的人，促进企业实现能岗匹配。

（5）满足员工需求，调动员工积极性。人力资源规划会改善企业中存在的能岗不匹配、岗位空缺等问题。有能力的人可能会被重新安排岗位或者晋升，有利于调动员工的工作积极性。

（6）加强人力资源使用的前瞻性，提升企业竞争力。企业的核心竞争力主要表现在人才和技术上，企业的竞争归根结底是人才的竞争。人力资源规划有利于企业及时储备所需人才，使企业在未来的竞争中处于领先地位。

3. 人力资源规划的程序

具体的人力资源规划工作可以分为四个阶段：人力资源现状分析、人力资源需求分析、人力资源供给分析、人力资源供需平衡分析。

1）人力资源现状分析

人力资源现状分析也称为现有人力资源盘点，即对人力资源状况做详细分析，弄清企业人力资源状况。人力资源现状分析可以有很多不同内容，比如数量分析、质量分析、结构分析、部门分析、工作职位类别分析等，企业可以根据人力资源具体要求进行多项或单项分析。

在做现状分析时，注意根据企业的人力资源管理状况采用合适的方法，如果人力资源管理较为完善，可以利用人力资源管理系统进行分析，既方便又快捷，分析结果也可以采用图表等形象化的形式表示。如果没有人力资源管理系统，则要采用问卷调查、访谈、抽样调查等其他方式，此种方式速度慢，且要花费较长的时间和较多的成本。

2）人力资源需求分析

人力资源需求分析即人力资源需求预测，是指根据企业的发展规划和内外部环境，选择适当的预测技术，对未来人力资源需求的数量、质量和结构等进行预测。一般来说，企业未来人力资源需求状况会受到组织外部环境、组织内部环境和企业目前人力资源状况三个因素的影响。其中，组织外部环境包括经济、社会、政治、法律、技术、竞争对手等；组织内部环境包括企业战略、预算、政策、工作设计、组织扩张等；人力资源状况包括现有人力资源数量、质量和结构等。

进行人力资源需求预测主要有以下几种方法：

（1）主观判断法。由管理人员凭借自己以往工作的经验和直觉，对未来所需要的人力资源做出判断。在实际操作中，一般先由各个部门的负责人根据本部门未来一定时期内工作量的情况预测本部门的人力资源需求，然后再汇总到企业最高领导层，由他们进行平衡，以确定企业最终的需求。

这种方法主要是凭借经验来进行的，因此它主要用于短期的预测，并且适用于那些规模较小或者经营环境稳定、人员流动不大的企业。同时，在使用这种方法时，还要求管理人员必须具有丰富的经验，这样预测才会比较准确。

（2）德尔菲法。德尔菲法是指邀请某一领域的专家或有经验的管理人员对某一问题进行预测并最终达成一致意见的结构化的方法,有时也被称作专家预测法。德尔菲法的特点是:第一,吸取和综合了众多专家的意见,避免了个人预测的片面性。第二,不采用集体讨论的方式,而是采用匿名,也就是"背靠背"的方式进行,这样就可以使专家独立地做出判断,避免了从众行为。因此,在实施德尔菲法的时候,需要一个"中间人"或者"协调人"在专家之间传递、归纳和反馈信息。第三,采取多轮预测的方式。经过反复几轮,专家的意见会趋于一致,具有较高的准确性。

(3) 趋势预测法。趋势预测法是指根据企业过去几年的人员数量,分析人员数量在未来的变化趋势并依此来预测企业在未来某一时期的人力资源需量。这种预测方法相对比较简单直观,但是由于在使用时一般都要假设其他一切因素都保持不变或者变化的幅度保持一致,因此具有较大的局限性,多适用于那些经营稳定的企业,并且主要作为一种辅助方法来使用。

趋势预测法的具体步骤是:首先,搜集企业在过去几年内的人员数量,并且用这些数据作图。然后,用数学方法进行修正,使其成为一条平滑的曲线,将这条曲线延长就可以看出未来的变化趋势。在实践中为了简便起见,往往将这种趋势简化为直线。

(4) 回归预测法。回归预测法是从统计学中借鉴的一种方法。由于人力资源的需求总是受到某些因素的影响,回归预测法的基本思路就是要找出那些与人力资源需求关系密切的因素,并根据过去的相关资料确定它们之间的数量关系,建立一个回归方程,然后再根据这些因素的变化以及确定的回归方程来预测未来的人力资源需求。使用回归预测法的关键是要找出那些与人力资源需求高度相关的变量,这样建立起来的回归方程的预测效果才会比较好。根据回归方程中变量的数目,可以将回归预测分为一元回归预测和多元回归预测两种。由于一元回归只涉及一个变量,建立回归方程相对比较简单;而多元回归涉及的变量较多,所以建立方程要复杂得多,但是它考虑的因素比较全面,所以预测的准确度往往高于前者。此外,由于曲线关系的回归方程建立起来比较复杂,为了便于操作,在实践中往往采用线性回归方程来进行预测。

（5）比率预测法。这是基于对员工个人生产效率的分析来进行的一种预测方法。进行预测时,首先要计算出人均生产效率,然后再根据企业未来的业务量预测出人力资源的需求,即所需的人力资源＝未来的业务量/人均的生产效率。例如,对于一个学校来说,目前一名教师能够承担50名学生的工作量,如果明年学校准备使在校生达到 5 000 人,就需要 100 名教师。如果考虑到生产效率的变化,计算公式可以做如下修改:

$$所需的人力资源 = \frac{未来的业务量}{目前人均的生产效率 \times (1 + 生产效率的变化率)}$$

3) 人力资源供给分析

人力资源供给分析是指对未来某一特定时期内企业的人力资源供给的数量、质量和结构所做的分析。人力资源供给分析和需求分析的一个重要差别在于:需求分析仅研究企业内部对人力资源的影响,而供给分析则需要研究企业内部和企业外部两个方面,因此不确定性因素较多。

进行人力资源供给分析时需要注意的是:第一,企业需要考察现有的人力资源存量,在企业现行的人力资源管理政策保持不变的前提下,对未来的人力资源供给数量进行预测;第二,在预测过程中,企业需要考虑内部的晋升、降级、调配等因素,还要考虑员工的辞职、退休、被开除等因素的影响;第三,得到的预测结果不应仅仅是员工的数量,而应该综合反映员工规模、经验、能力、人工成本等各个方面。

（1）人力资源内部供给分析。由于人力资源的内部供给来自企业内部,企业在预测期内所拥有的人力资源就形成了内部供给的全部来源,所以内部供给分析主要是对现有人力资源的存量及其在未来的变化情况做出判断,这种分析主要有以下两种。

① 现有人力资源的分析。人力资源不同于其他资源,即使外部条件都保持不变,人力资源自身的自然变化也会影响未来的供给,因此在预测未来人力资源的供给时,需要对现有的人力资源状况做出分析。一般来说,主要是对年龄结构、性别、身体状况等进行分析。

② 人员流动的分析。在进行人员流动分析时,假定人员的质量不发

生变化,人员流动主要包括人员由企业流出和人员在企业内部流动两种。企业人员流出导致了内部人力资源供给的减少。人员在企业内部流动的分析应针对具体的部门、职位层次或职位类别,虽然这种流动并没有影响整个企业的人力资源的供给,但是对内部的供给结构却造成了影响。

(2) 人力资源外部供给分析。与内部供给相比,外部供给的可控性较差。因此,人力资源外部供给分析主要是对影响人力资源供给的因素进行判断,从而对外部人力资源供给的有效性和变化趋势做出预测。一般来说,影响人力资源外部供给的因素主要有外部劳动力市场状况、求职者的就业意识、企业的吸引力和外部竞争等。当外部劳动力市场紧张时,外部供给的数量就会减少;而当外部劳动力市场宽松时,外部供给的数量就会增加。如果企业不属于人们择业时的首选行业,那么外部供给量自然就比较少,反之就比较多。当企业对人们的吸引力比较强时,人们都会愿意到这里来工作,供给量也就比较多,相反,如果企业不具有吸引力,人们就不愿意到这里来工作。

(3) 人力资源供给预测的方法。人力资源供给预测主要是针对内部供给而言的,以下主要介绍几种比较有代表性的方法。

① 技能清单。技能清单是一个用来反映员工工作记录和能力特征的列表。这些能力特征包括培训背景、以往的经历、持有的证书、已经通过的考试、主管的能力评价等。技能清单是对员工实际能力的记录,可帮助人力资源规划人员评估现有员工调换工作岗位的可能性,以及确定哪些员工可以补充当前的岗位空缺。

技能清单一般应用于晋升人选的确定、管理人员接续计划、对特殊项目的工作分配、工作调配、培训、薪酬奖励计划、职业生涯规划和企业结构分析等。在利用技能清单的时候,组织必须先要了解员工的能力特征和工作经历。

员工技能清单的示例如表 2-1 所示。

表 2-1 员工技能清单

员工技能清单					
姓名：			到职日期：		
部门：			出生年月：		
工作地点：			婚姻状况：		
教育背景	类别	学位种类	毕业时间	学校	专业
	高中				
	大学				
	硕士				
	博士				
训练状况	训练主题		训练机构		训练时间
技能	技能种类		证书		
评价					
职业发展	是否愿意担任其他工作		□是　□否		
	能够担任其他什么工作				
	是否接受工作调配		□是　　□否		
	愿意承担哪种工作				
	需接受何种培训	改善目前的技能和绩效：			
		提高晋升所需要的能力：			

② 人员核查。人员核查是指通过对企业现有人力资源的数量、质量、结构和在各职位上的分布状态进行核查,掌握企业可调配的人力资源拥有量及其利用潜力,并在此基础上,评价当前不同种类员工的供给状况,确定晋升和岗位轮换的人选,确定特定的培训或发展项目的需求,帮助员工确定职业发展计划与职业通路。运用人员核查的前提是企业建立了人力资源管理系统。

③ 管理人员接续计划。这是预测管理人员内部供给的最简单的方法。该方法是指企业高层和人力资源部门对现有管理人员的状况进行调查、评价之后，列出未来可能的人选，从选定的人中寻找未来的管理者。使用该方法要将企业对人员的需求与人员的选拔、晋升，以及企业战略有机地结合在一起。

管理人员接续计划的操作程序是要按照一定的标准选择候选人，即选择潜在的职位接替者。对三类岗位人员进行评估，即对现有的管理人员、接替人员和其他岗位人员进行工作绩效与发展潜力的评估。把各类人员按照绩效或潜力排队，组成岗位接替图，如图 2-1 所示。

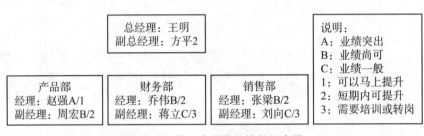

图 2-1　管理人员岗位接替示意图

④ 人力资源"水池"模型。人力资源"水池"模型是在预测企业内部人员流动的基础上来预测人力资源的内部供应。该模型是从职位出发的，预测的是未来某一时间现实的供给。这种方法一般要针对具体的部门、职位层次或职位类别。我们通过一个职位层次分析的例子来看该模型的运用。

首先，可以利用以下公式来预测某一层次职位的人员流动情况：未来供给量＝现有人员的数量＋流入人员的数量－流出人员的数量。

对某一职位来说，人员流入的原因有平行调入、向下降职和向上晋升；人员流出的原因有向上晋升、向下降职、平行调入和离职。

在分析完所有层次的职位后，将它们合并在一张图中（见图 2-2），这样就可以得出企业未来各个层次职位的内部供给量以及总的供给量。

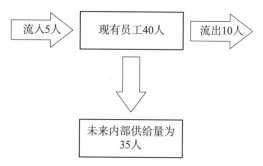

图 2-2 某一层次职位的内部人力资源供给图

⑤ 马尔科夫分析矩阵法。这也是从统计学中借鉴的一种方法。该方法假定企业内部员工的流动模式与流动概率有一定规律,且该规律在规划期内不会发生变化。因此,如果给定各个状态(各类)的人数、转移率和从外界补充进来的人员数目,就可以预测各类人员在未来时刻的人数。

4) 人力资源供需平衡分析

人力资源规划的最终目的就是要实现供给和需求的平衡,因此,在预测出人力资源的供给和需求之后,就要对二者进行比较,一般会出现以下几种结果:供给和需求在数量、质量及结构等方面基本相等;供给和需求在总量上平衡,但结构上不匹配;供给大于需求;供给小于需求。对于企业来说,第一种情况比较理想,但实践中更多地会出现后三种情况,要根据比较的结果采取相应的措施。

(1) 供给和需求总量平衡,结构不匹配。企业人力资源供给和需求完全平衡一般是很难实现的,即使在供需总量上达到了平衡,往往也会在层次和结构上出现不平衡。对于结构性的人力资源供需不平衡,一般要采取下列措施。第一,进行人员的重新配置,包括晋升、调动、降职等,来弥补那些空缺的职位,满足这部分的人力资源需求。第二,对人员进行有针对性的专门培训,使他们能够从事空缺职位的工作。第三,进行人员的置换,解雇那些企业不需要的人员,招聘企业需要的人员,以调整人员的结构。

(2) 供给大于需求。当预测的供给大于需求时,可以采取以下措施从供给和需求两方面来平衡供需。第一,扩大经营规模或者开拓新的增长点,以增加对人力资源的需求,例如企业可以实施多种经营吸纳过剩的人力资源供给。第二,永久性的裁员或者辞退员工,这种方法虽然比较直接,但是由于会给社会带来不安定因素,往往会受到政府的限制。第三,鼓励员工提前退休,给那些接近退休年龄的员工优惠的政策,让他们提前离开企业。第四,冻结招聘,就是停止从外部招聘人员,通过自然减员来减少供给。第五,缩短员工的工作时间,实行工作分享或者降低员工的工资,也可以减少供给。第六,对富余员工实施培训,这相当于进行人员的储备,为将来的发展做好准备。

(3) 供给小于需求。当预测的供给小于需求时,同样可以从供给和需求两个角度来平衡供需。第一,从外部雇用人员,包括返聘退休人员,这是最为直接的一种方法。可以雇用全职的也可以雇用兼职的,这要根据企业自身的情况来确定,如果需求是长期的,就要雇用全职的;如果需求是短期的,就可以雇用兼职的或临时的。第二,提高现有员工的工作效率,这也是增加供给的一种有效方法。提高工作效率的方法有很多,例如改进生产技术,增加工资,进行技能培训,调整工作方式等。第三,延长工作时间,让员工加班加点。第四,降低员工的离职率,减少员工的流失,同时进行内部调整,通过增加内部的流动来提高某些职位的供给。第五,可以将企业的某些业务进行外包,这其实等于减少了对人力资源的需求。

2.2 工作分析

1. 工作分析的概念

工作分析是对工作岗位相关信息进行收集、整理和加工的过程。具体来说,工作分析是通过一定的方法,收集工作岗位的内容和岗位之间的相互关系,在分析整理这些信息的基础上,明确各个职务的设置目的、性质、职责、权限和隶属关系、工作条件和工作环境、上下左右关系,以及承担该项工作所需要具备的资格条件等,并制定出相关人力资源管理文件和资料的过程。工作分析的结果是职位说明书。

2. 工作分析在招聘中的作用

通过工作分析形成的职位说明书是企业招聘、选拔和配置人员的有效依据。工作分析有助于明确工作岗位的近期和长期目标,掌握工作任务的动态和静态特点,明确心理、生理、技能、文化等方面的要求,在此基础上,就可以进一步确定选人、用人的标准,从而实现能岗匹配的目标。如果没有工作分析,在进行招聘工作时就只能依靠主观感觉,凭个人偏好来做出录用决策。工作分析在招聘中的作用归纳如下。

1) 为招聘信息的发布提供依据

发布招聘信息的目的就是让求职者全面了解该职位的相关情况,包括工作名称、工作职责和要求等,这些内容都来自职位说明书。没有这些信息,求职者就无法对照自身条件进行选择,招聘信息将不会吸引到合适的人来应聘,既增加了筛选工作量,又找不到合适人选。此外,不同的职位的目标人群的特点一般也不一样,只有根据职位特点选择最有效的信息发布渠道,才能提高招聘信息发布的效果。

2) 为甄选测试方法的确定提供依据

职位说明书明确了任职者需具有哪种技能,招聘时就可以根据技能的性质确定测试的方式和方法。另外,还可以根据职位的性质和类型安排面试流程。

3) 为录用标准的制定提供依据

职位说明书中的任职条件也是进行简历筛选的依据。对照职位说明书,可以对求职者的简历进行初审,筛选出明显不符合要求者,给符合职位基本要求的求职者安排进一步测试。

表 2-2 是一个职位说明书的示例。

表 2-2　职位说明书

岗位编号	SD-HR-008	编制、修订日期	2020 年 4 月 1 日
岗位名称	招聘主管	所属部门	人力资源部
直接上级职务	人力资源部经理	直接下级人数	3 人

（续表）

一、工作目的

根据工厂战略发展规划和年度经营计划,招聘需求人才,满足工厂经营对人员的需求。

二、工作职责

工作职责与内容	负责程度	考核内容
1. 人员需求计划的编制 根据工厂年度经营计划,开展人员需求调查、分析,制定年度岗位编制,清点已有岗位编制情况,编制人员需求计划。	直接负责	需求计划的符合性、全面性
2. 人员招聘管理 根据人员需求计划,结合人力资源市场情况,制定人员招聘计划和方案;维护、巩固、更新人员招聘渠道和信息;组织人员面试、选拔;招聘结果的通知传递;招聘成本的测算与控制;招聘人员符合性评估。	直接负责	招聘结果的公正性、及时性
3. 实习人员的管理 根据工厂生产需要,汇总实习生需求,建立、维护校企合作关系;制定实习生引进计划,完成实习生的引进,编制完善实习生管理制度,指导生产车间对实习生的管理。	直接负责	实习生供给的及时性、符合性
4. 上岗资格的考核 根据各生产部门的申请,制定上岗证考核计划及相关管理办法;组织实施上岗证考核。	直接负责	考核结果的公正性,内容的合理性

三、岗位权限

1. 对各部门人员配置的知情权
2. 对各部门人员需求、配置的建议权
3. 对各部门人员上岗资格的审核权

四、主要工作联系与环境

1. 主要工作联系

分类	主要联系对象	主要联系内容	联系频率		
			经常	一般	偶尔
内部	人力资源部经理	工作安排及完成情况汇报、人才招聘审核	√		

（续表）

分类	主要联系对象	主要联系内容	联系频率		
			经常	一般	偶尔
内部	薪酬主管、考核主管	新员工到岗时间、薪资标准确认、工作考核有关事宜	√		
内部	公司各部门	实习人员工作安排、部门人员需求、试用人员跟踪情况	√		
外部	各类院校、人才中介机构	人才招聘工作		√	

注：联系频率。经常：每日或每周；一般：每月；偶尔：每年。

2. 工作设备与工作环境

（1）岗位必备办公设备：电脑（通外网）、电话（内外线）、打印机。
（2）在室内工作，偶尔需要外出。

五、任职资格

1. 学历、专业、资格证书要求

学历	本科
专业	人力资源管理、心理学、工商管理等专业
资格证书	经济类中级职称或人力资源管理三级资格证书

2. 培训及工作经验要求

培训	受过人力资源技能开发、管理能力开发、生产管理与协调等方面的培训
工作经验	三年以上招聘管理经验

3. 技能要求

人力资源管理知识	熟悉公司人力资源管理制度、流程与相关政策，对招聘方法与流程设计熟练
计算机及信息系统	了解网络基础类知识，掌握常用办公软件或岗位所需专业软件的基本操作
公文写作能力	熟练运用本岗位涉及的公文写作技巧，语言简洁，条理清晰，并能起草公司普通文件

（续表）

4. 素质要求	
沟通能力	能够进行较为深入地交流,有一定的影响力,书面沟通文法规范,表达清晰
组织协调能力	对组织中出现的冲突具有一定的调解技巧,必要时能够借助上级或其他力量以保证工作继续开展
团队合作	经常为团队提出有意义、建设性的意见,当团队目标、利益与个人目标、利益冲突时,总是以团队为先
服务意识	积极倾听客户的反馈意见,并主动寻找相应的办法来满足不同客户的不同需求
进取心	热爱本职工作,进行专业学习,以有效发挥职位职能

3. 工作分析的内容

工作分析的内容一般包括：工作基本资料、工作内容、工作关系、工作环境和任职条件。

1）工作基本资料

（1）工作名称。工作名称必须明确,使人看到工作名称就可以大致了解工作内容。工作名称要标准化,即按照有关职位分类、命名的规定或通行的命名方法和习惯确定工作名称。如果该工作已经完成了工作评价并已有固定的等级,则可在名称上加上等级。例如,技师必须细分为何种性质、何种等级的技师。

（2）工作代码。将各项工作按照统一的代码体系进行编码,使工作代码既能反映出工作岗位所属部门,又能反映出工作岗位的上下级关系。如果能反映出该岗位的工作性质和其在组织中的地位则更好。

（3）工作地点。有时又将工作地点和办公地点分开考虑,这主要是因为有的岗位工作地点和办公地点是不同的。如果是这样的话,就应该设置两个项目分别进行考察。

（4）所属部门,即本工作岗位属于企业中的哪个部门。

（5）直接的上下级关系,一般包括本工作岗位的直接上级和其直接领导的下级的工作岗位名称和相应的人数。

（6）员工数目，即企业中从事同一岗位的员工数目。如果同一岗位的员工人数经常变动，应对其变动范围予以说明；如果员工轮班休息，也应予以说明。由此，可以了解人力配置情况及员工的工作负荷。

2）工作内容

（1）工作任务，即应该完成的工作活动是什么。如工作的中心任务、工作内容、工作的独立性和多样化程度，完成工作的方法、步骤、使用的设备和材料等。

（2）工作责任，即承担该工作应负有的责任。工作责任主要包括对原材料和产品的责任、对机械设备的责任、对工作程序的责任、对其他人员工作的责任、对其他人员合作的责任、对其他人员安全的责任等。应对责任配备相应的权限，保证责任和权力相对应。此外，在确定责任和权力时，应尽量采取定量的方式。

（3）工作量。工作量也称工作强度，包括劳动的定额、工作量基准、工作循环周期等。

（4）工作标准，即用什么来衡量工作的好坏。工作标准可以为考核和薪酬等人力资源管理活动提供依据。

（5）机器设备。从事某岗位工作的员工在实际工作过程中所需要使用的机器、设备、工具等的名称、性能、用途均应有详细的记录。

（6）工作时间与轮班。从事某岗位工作的员工的工作时数、工作天数及一次轮班的时间幅度等，是工作分析的重要资料。

3）工作关系

（1）监督指导关系，又称隶属关系，包括直属上级、直属下级，该工作制约哪些工作、受哪些工作制约等。

（2）职位升迁关系，包括该工作岗位可以晋升或降级到哪些岗位，可以与哪些岗位之间进行同级调度等。

（3）工作联系，包括本岗位在具体工作中会与哪些岗位或部门发生工作上的往来，发生联系的目的和方式是什么等。

4）工作环境

（1）工作的物理环境，包括工作地点的湿度、温度、照明度、噪声、振动、异味、粉尘、空间、油渍等,以及工作人员和这些因素接触的时间。

(2) 工作的安全环境,包括工作者所处工作环境的危险性,劳动安全卫生条件、易患的职业病、患病率及危害程度等。

(3) 工作的社会环境,包括工作群体的人数、完成工作要求的人际效应的数量、各部门之间的关系、工作地点内外的文化设施、社会风俗习惯等。

(4) 聘用条件,包括工作时数、工资结构、支付工资的方法、福利待遇、该工作在组织中的正式位置、晋升的机会、工作的季节性、参加培训的机会等。

5) 任职条件

(1) 教育培训情况,即所应接受的教育、培训程度,教育、培训经历、学历、资格等。一般可分为内部训练、职业训练、技术训练和一般教育等几个方面。内部训练是指由企业所提供的培训。职业训练是由个人或职业学校所进行的训练,其目的在于发展普通或特种技能,并非为任何企业现有的某一特种工作而训练。技术训练是指中学以上含有技术性的训练。而一般教育是指所接受的大、中、小学教育。

(2) 必备知识,即对使用的机器设备、材料性能、工艺过程、操作规程及操作方法、工具的选择和使用、安全技术等必须具备的一些专业知识的掌握。

(3) 经验,即必需的操作能力和实际经验,包括过去从事同类工作的年限和业绩,从事该项工作所需的决策力、创造力、组织力、适应能力、注意力、判断力、智力,以及操作熟练程度等。

(4) 素质要求,即完成工作要求所应具备的职业性向,包括:体能性向,即任职者应具备的行走、跑步、爬行、跳跃、站立、旋转、平衡、拉力、推力、视力、听力等性向;气质性向,即任职者应具备的耐心、细心、沉着、勤奋、诚实、主动性、责任感、支配性、情绪稳定性等性向。

需要注意的是,并非对所有职位进行工作分析时均需将以上所列项目包括在内,企业可以根据实际需要来确定相关工作分析的具体内容和指标。

4. 工作分析的程序和方法

1）工作分析的程序

工作分析是一项技术性很强的工作，不仅需要周密准备，而且需要具有与企业人力资源管理活动相匹配的、科学的、合理的操作程序。实施工作分析一般包括五个阶段，即准备阶段、调查阶段、分析阶段、结果形成阶段和应用反馈阶段。每一阶段又包括若干步骤。

（1）准备阶段：①成立工作小组；②确定样本（选择具有代表性的工作）；③制订工作分析计划；④制定工作分析规范；⑤选择信息来源、工作分析人员及收集信息的方法和系统；⑥进行工作分析人员培训，做好其他必要的准备工作。

（2）调查阶段：①编制各种调查问卷和提纲；②广泛收集各种资源，如工作内容（What）、责任者（Who）、工作岗位（Where）、工作时间（When）、怎样操作（How）、为什么要做（Why）、为谁服务（For whom）。

（3）分析阶段：审核已收集的各种信息，分析关键要素，归纳出做工作分析所必需的材料。

具体可从四个方面进行：①职务名称分析，职务名称标准化，以求通过名称就能了解职务的性质和内容；②工作规范分析，包括工作任务分析、工作关系分析、工作责任分析、劳动强度分析；③工作环境分析，包括工作的物理环境分析、工作的安全环境分析、工作的社会环境分析；④工作执行人员必备条件分析，包括必备知识分析、必备经验分析、必备操作能力分析、必备心理素质分析。

（4）结果形成阶段：形成职位说明书，为人力资源管理各项工作的开展提供有力依据。

（5）应用反馈阶段：组织经营活动的不断变化，会直接或间接地造成组织分工协作体制调整，由此，可能产生新的任务，也可能使部分原有的职务消失。

2）工作分析的方法

（1）问卷调查法。问卷调查法是工作分析最主要的方法之一。问卷调查内容包括工作任务、活动内容、工作范围、必需的知识技能等。问卷的问题通常可分为两类：一类是结构型问题，即被调查对象仅在设计好的选项中选择答案；另一类是非结构型问题，即被调查对象要对设计好的问题做主观的陈述性表达。问卷法的优点为：比较规范，易量化，适合用计算机进行统计分析，同时费用低、速度快、调查范围广。其缺点为：设计比较费时费力，不容易了解调查对象的态度和动机等较深层次的信息，不易唤起调查对象的兴趣。

（2）观察法。观察法是指对工作实况做现场观察并记录工作流程和其他信息。观察时，可以用笔记录；也可以用事先预备好的观察项目表，一边观察，一边核对。在现场观察时，应尽量不引人注目，以保证观察到的信息的真实性。在运用观察项目表时，须事先对该工作有所了解，这样制定的观察项目表才比较实用。观察前先进行访谈将有利于观察工作的进行。观察法的优点为：可以直观、全面地了解工作过程，所获得的信息比较客观准确。其缺点为：对脑力技能占主导的工作是不适用的，如财务分析人员的工作，光靠观察肯定不能全面揭示这项工作的要求。

（3）访谈法。访谈法又称为面谈法，是指通过面谈记录员工对工作及职责的看法。通常，工作分析人员先和员工面谈，记录他们描述出自己履行的职责；然后再和直接管理者接触，检验从员工那里获得的信息是否准确。

访谈法的优点为：①易于控制，可获得更多的职务信息，适用于理解文字有困难的人；②过程简单，能十分迅速地收集信息，并能通过与员工沟通，缓解他们的紧张情绪。其缺点为：①需要专门的技巧；②比较费时、费力，工作成本高；③被访者往往出于自身利益，有意无意地夸大或弱化某些职责，导致信息失真；④工作分析人员会受自身的思维定式或偏见的影响。因此，该法不能单独使用，必须结合其他方法使用。

（4）工作日志法。工作日志法是指要求员工按照时间顺序记录工作过程，然后从记录下来的工作日志中提取所需信息的一种分析方法。这种方法要求员工在一段时间内对自己工作中所做的一切进行系统的记录，如果这种记录很详细，可以从中得到一些其他方法无法获得或者观察不到的细节。

工作日志法的优点为：信息的可靠性较高，可以让工作内容一目了然。其缺点为：员工会有意夸大工作重要性，而且不适用于工作循环周期长、技术含量较高的专业性工作。

（5）关键事件法：关键事件法是由熟悉工作的专家找出工作中对绩效有重大影响的关键事件和行为。关键事件法就是一种常用的行为定向方法。在收集大量关键事件以后，可以对它们进行分析，总结出工作的关键特征和行为要求。由于关键事件法直接描述人们在工作中的具体活动，所以既能获得静态信息，又可以了解工作的动态特点。

关键事件法的优点为：适用于大多数职位。其缺点为：需要耗费大量时间，并且由于分析中要漏掉一些不显著的工作行为，所以不易对工作有一个整体认识。

上述工作分析方法各有利弊，而且不同方法也会对不同企业产生不同的影响，因此，工作分析人员应在实践中综合考虑各方面因素，将各种方法结合起来使用。例如，在分析生产性工作时，可以采用面谈法和观察法来获得必要的信息。工作性质的不断变化，对工作者的知识技能提出了更高的要求，因此工作分析方法的发展趋势是综合考虑影响工作的诸多因素，实现多种方法的有机结合。

2.3　招聘需求分析

招聘需求分析是招聘活动的第一步，有时与人力资源规划一起完成，是人力资源规划实践的具体体现。人力资源规划倾向于宏观层次，招聘需求分析倾向于微观层次，即服务于单项招聘活动。招聘需求分析是依据人力资源规划进行的招聘必要性分析，即解决是否要展开招聘活动的问题。通过人力资源规划，企业明确了未来一段时间人力资源的需求和供给状况，掌握了未来需要补充的人员数量和质量，但一般并未明确人员需求的具体时间。招聘需求分析就是分析某一具体时间的人员需求，为招聘活动提供支持。

提出招聘需求的具体步骤如下：

第一步，公司制订统一的人力资源规划，或各部门根据长期或短期的实际工作需要,提出人力需求。

第二步,人力需求部门填写"人员需求表"。企业可以根据具体情况并依据职位说明书,制订人员需求表。人员需求表主要包括部门、职位、需求原因、人数及任职资格等内容。许多公司会将职位说明书附于人员需求表之后,用以说明所需人才的条件,为招聘甄选提供依据。表2-3是人员需求表的示例。

表2-3 人员需求表

需求部门		需求岗位		需求人数	
岗位职级		岗位定编人数		岗位现有人数	
申请人		申请日期		要求到岗时间	
需求原因	编制内增加:□离职补充 □员工内部调动补充 编制外增加:□工作量增加,需增加 □新业务拓展,需增加				
主要职责					
任职资格	年龄		专业		学历
	性别	□男 □女 □不限			
	其他要求				
特殊要求 (行业经验、地域、相关企业工作经历等)					
建议岗位薪资范围		_____元/月至_____元/月			

审核/审批意见

部门经理	人力资源部经理	总经理
签名/日期:	签名/日期:	签名/日期:

第三步,人力资源部门审核。人力资源部门要对人力需求及资料进行核实以及综合平衡,并对有关费用进行估算,对于是否受理提出具体建议,报送主管总经理审批。

需要注意的是,有时出现职位空缺或人手不够并非一定要招聘新员工,还可以通过其他方式解决,例如:

(1) 将其他部门的人员调配过来。很可能一个部门人员不够,另一个部门有富余的人员,而这些人员恰好可以满足那个部门的人员需求。

(2) 现有人员加班。有些工作任务是阶段性的,如果招聘了正式员工,短期的繁忙阶段过去了,就会出现冗员。因此现有人员适当加班就可以解决问题了。

(3) 工作的重新设计。有时人手不够可能是由于工作流程的设置不合理,如果能够对工作进行重新设计,问题可能就会迎刃而解。

(4) 将某些工作外包。有些非核心性的工作任务完全可以外包给其他机构来完成,这样既可以免去招聘人员的麻烦,而且也减轻了管理的负担。

只有经人力资源部门核实符合战略及发展规划需要的招聘需求,才真正需要通过招聘新员工来实现,才能进入招聘的程序。

2.4 制订招聘计划

在确定招聘需求之后,人力资源部门就要着手制订招聘计划(实际上,获取招聘需求也是制订招聘计划的一部分)。人力资源部门在综合分析用人需求的基础上,结合企业的人力资源规划和职位说明书,明确一定时期内需招聘的职位及其资质要求、人员数量等因素,并制订招聘活动的具体的执行方案。招聘计划是招聘实施前的筹划,为后续的具体招聘活动提供指导。

制订招聘计划时,企业首先应考虑招聘时间、招聘渠道、筛选人数及招聘预算等问题。

1）招聘时间的选择

招聘时间的选择，对企业的招聘成本有着很大的影响，并且也会极大地影响招聘的质量和效果。因此，企业实施招聘前要做好时间上的具体安排。

选择招聘时间时，企业除了要结合实际的人力资源需求状况，还要把握以下两个原则：①要把握好人才供应的高峰期；②要做好招聘时间安排。

2）招聘渠道的选择

招聘工作的效果在很大程度上取决于有多少合格的应聘者前来应聘，来应聘的人越多，企业选择到合适人才的可能性就越大，因此合理选择招聘渠道非常重要。招聘渠道的选择决定了招聘对象的来源、范围、整体质量、数量等。

从人员的来源分，招聘渠道分为内部招聘和外部招聘。企业应根据招聘的职位、人员素质要求、到岗时间等，选择合适的招聘渠道。

3）筛选人数的确定

在人员筛选过程中，会有应聘者被淘汰。通常情况下人员的筛选比例如图2-3所示。由该图可以看出，在制订招聘计划时，应根据计划录用的人数，估计大体应筛选的人数，以保证需要的人及时到位。

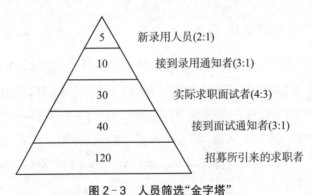

图2-3 人员筛选"金字塔"

4）招聘经费的预算

招聘经费是招聘工作顺利实施的保障。人力资源部门根据企业的人员需求情况,提前做好经费预算,以保证费用的及时到位,避免招聘过程中某一环节过多地占用资金,以及因经费不足而影响招聘工作的顺利进行。招聘经费预算应以招聘成本的测算结果为依据,并尽可能准确估算每项活动所需的费用。招聘成本包括招聘过程中招募、选拔、录用、安置等各个环节发生的费用。

5)编制招聘计划表

确定了以上内容之后,人力资源部门就要开始编制招聘计划表,并将其作为实施招聘工作的指导。一般来说,招聘计划表包含以下内容:

(1)招聘的目的与原则。

(2)人员需求清单,包括招聘的职位名称、人数、任职资格要求等。

(3)招聘信息发布的时间和渠道。

(4)招聘团队成员,包括招聘团队成员的姓名、职务、职责划分等。

(5)应聘者的考核方案,包括考核的时间与地点安排、考核方式、题目设计等。

(6)招聘的截止日期。

(7)新员工的上岗时间。

(8)招聘费用预算。初步核算招聘可能发生的各种费用。

(9)招聘工作时间表。招聘活动的每一项具体事务的时间,包括招聘信息的发布时间、面试时间、笔试时间、试用时间等。

(10)招聘广告样稿。

小专栏2-1

西门子公司招聘计划的制订

西门子公司每年都有一个预算。每年的五六月份,公司会根据上一年的业务状况,以及来年业务发展的需求,综合确定公司各个业务部门的预算编制。重点考虑的内容有:

(1)公司计划拓展哪些方面的业务。

(2)公司计划压缩哪些方面的业务。

（3）组织结构有什么样的调整。

（4）某一业务需要多少人。

（5）公司内部的人员供给情况等。

在综合分析的基础上，他们会把下一年需要哪方面的人，具体需要多少人，这些人应具备什么样的素质与能力，以及什么时候需要这些人等情况统计上来，并将这些人员需求编制成可执行的招聘计划。随后，在人力资源部门的支持下，用人部门会根据计划安排，分期分批地把所需要的人员招募进来。

西门子的招聘计划是与业务需要、经营目标与财务预算挂钩的，一旦确定就要遵照执行，一般情况下要避免调整。如遇特殊情况，有关业务部门要改变招聘计划，则需要上报上级主管，上级主管再上报相应的上级，直至有权限的主管批准后方可执行。

小专栏2-2

招聘计划示例

一、招聘目标（人员需求清单）

职务名称	人员数量	任 职 资 格
财务专员	1	本科以上学历，1年以上相关工作经验
销售主管	3	本科以上学历，3年以上相关工作经验
行政助理	1	专科以上学历，35周岁以下

二、信息发布时间和渠道

××招聘网站　　3月18日

三、招聘小组成员名单

组长：×××（人力资源部经理），对招聘活动全面负责

成员：×××（人力资源部招聘专员），具体负责招聘信息发布、面试与笔试的安排

成员：×××（人力资源部助理），具体负责应聘人员接待、应聘资料

整理

四、甄选方案及时间安排

1. 财务专员

资料筛选　　　　　财务部经理　　　3 月 25 日

初试(笔试)　　　　财务部命题小组　3 月 28 日

复试(面试)　　　　财务部经理　　　3 月 31 日

2. 销售主管

资料筛选　　　　　销售部经理　　　3 月 25 日

初试(面试)　　　　销售部经理　　　3 月 28 日

复试(面试)　　　　销售副总　　　　3 月 31 日

3. 行政助理

资料筛选　　　　　行政部经理　　　3 月 25 日

面试　　　　　　　行政部经理　　　3 月 28 日

五、新员工的上岗时间

预计在 4 月 10 日左右

六、招聘费用预算

××招聘网站信息刊登费　　　800 元

测评费用　　　　　　　　　200 元

合计：1000 元

七、招聘工作时间表

3 月 11 日：起草招聘广告

3 月 12 日—3 月 13 日：设计招聘广告样稿

3 月 14 日：与××招聘网站进行联系

3 月 18 日：在网站上刊登广告

3 月 19 日—3 月 25 日：整理应聘资料、对资料进行筛选

3 月 26 日：通知应聘者面试

3 月 28 日：进行财务专员笔试(初试)、销售主管面试(初试)、行政助理面试

3 月 31 日：进行财务专员面试(复试)、销售主管面试(复试)

4月3日：向通过面试的人员发放录用通知

4月10日：新员工上班

人力资源部

××年×月×日

2.5　招聘团队的组建

1. 招聘团队及其人员分工

在现代企业中，人力资源部门和用人部门都要参与重大的招聘工作。在传统观念中，招聘是人事部门的事，用人部门只要提出用人需求就行了，不用参与或很少参与到招聘过程中，而事实是，只有用人部门最清楚自己需要什么样的人，因为招聘进来的人员的素质和能力将直接关系到本部门的工作绩效。具体说来，用人部门的经理和人力资源部门的招聘人员在招聘过程中分别承担着不同的工作，如表2-4所示。

表2-4　用人部门和人力资源部门在招聘过程中的分工

用人部门的经理	人力资源部门的招聘人员
确定业务发展计划、人力资源规划及人力资源需求，计划和报批制订招聘	分析人力资源管理的外部环境因素，帮助用人部门分析招聘的必要性和可行性
草拟招聘职位的职位说明书，提出录用标准	选择招聘渠道和方式，设计招聘选拔、测试评价的方法和工具以及测试内容
评判应聘者的专业技术水平，进行初选	策划、制作招聘广告或招聘网页，并办理相应审批手续，发布信息
确定面试和复试人员	简历等应聘资料的登记、筛选和背景调查
参与测试内容的设计和测试工作	通知面试、主持面试、实施人事评价
做出正式录用决策	为用人部门的录用决策提供咨询
参与新员工培训	核查录用人员个人资料、确定薪酬
对录用人员进行绩效评估并参与招聘评估	寄发通知并帮助录用人员办理体检、档案转移、签订试用或正式劳动合同等手续，并为新员工进行岗前培训
修订人力资源规划	进行招聘评估以及修订人力资源规划

小专栏2-3

邀请工作团队参与招聘

招聘也是建立互信的最佳实践。邀请工作团队参与招聘过程,就是向他们发出一个信号:你不仅信任他们的业务直觉,还信任他们对人的判断。新员工必将是团队的一分子,因此团队对于招聘的评估,就是团队一起做出的投资决策。如果投资成功,每个人都会因为优秀人才的加入而获益。如果投资失败,那么大家无一幸免,只有重新爬起,在下一个候选人的评估上进行改进。

团队式招聘之所以可以提升成功的可能性,在某种程度上来说,是因为团队成员共同期待可以胜任岗位的新成员到来。大多数人会特意去协助招聘工作,如此一来,也给了新人找到了导师与合作伙伴,对于释放新人的潜力有巨大的帮助,同时,也重新激活了老队员的能量。如果你是一个新员工,团队式聘用的价值对你也显而易见:你早已经与即将共事的上司、同事和下属,进行了多次交流。如果这些人都同意你入职并渴望与你共事,你已经成功了一半。尚未入职前能感受到如此良好的团队氛围,那么,你可以确信自己获得了一份好工作。

2. 招聘团队成员的素质要求

1)良好的个人素质

对于应聘者来说,招聘者的形象、行为反映了该组织的风范,代表着组织及组织文化,所以招聘者应具有良好的个人品质。首先,要热情、诚恳。热情、诚恳的态度,会使招聘者亲和、值得信赖,无形中对应聘者形成带动和示范作用。需要说明的是,为避免应聘者产生不合实际的心理预期,招聘者的许诺都应慎重,一定要真实地提供组织及职位的相关信息。其次,要公正、客观。招聘者应本着公正、客观的原则,从组织利益与职位要求出发,避免任人唯亲。最后,招聘者要有强烈的责任心。

2)具备多方面能力

(1)表达能力,包括口头表达能力和书面表达能力。招聘者需要与人才市场、人才中介公司、广告媒体、大学、社区等各行各业的人员接触,需要通过谈话、报告、信件等来清楚地表达自己,表明企业对应聘者的要求,因此,表达能力十分必要。

(2)观察能力。招聘者需要在很短的时间内认识和了解应聘者的性格、才能等,只有具有很强的观察能力,才能做到这一点。

(3)协调和沟通能力。无论是进行内部招聘还是外部招聘,都需要同组织外部和组织内部发生关系,因此,招聘者也就要具备良好的协调和沟通的能力。

(4)认知能力。心理学研究认为,人们总是习惯以自我为标准去评价他人,但招聘者要超越一般的人,对自我有一个健全、完整的认识,公正、公平地评判应聘者。

(5)不断完善自我的能力。为适应现代企业的变化和发展,招聘者要具备不断更新知识的能力,不断地完善自我,学习心理学、社会学、法学、管理学、组织行为学等学科内容,并将其有效地运用到招聘实践中。

3)掌握相关技术

(1)人员测评技术。恰当选择和灵活应用人员测评方法和手段,提高招聘选拔的准确性。

(2)面谈技术。这里的面谈不仅仅指面试,而是包括同应聘者的所有谈话。招聘者只有掌握谈话技巧,才能使应聘者消除心理戒备,展现真实的自我。面谈技术的关键是与交谈者产生心理共鸣。

(3)观察技术。观察是招聘者评价应聘者时常用的方法。有经验的招聘者往往善于通过观察应聘者的体态语言、习惯动作等,来进一步了解应聘者的情况。

(4)招聘环境设计技术。良好的招聘环境既能让应聘者充分发挥自己的才华,亦可使招聘者提高工作效率,双方在这样的环境里心情愉快,都能集中注意力,真实地表达自己。所以招聘者应有意识地考虑环境布置的问题,包括房间环境、光线、温度、空间布置等因素。

(5)招聘测试题的设计技术。只有与招聘目的相适合的测试形式,才能增强人员招聘的有效性。之前多凭现场感受对应聘者进行考核,而现在由专业人员按特定要求进行测试设计,使测评效果大大提升。

3. 组建互补型招聘团队

如前所述,招聘者应该具备多方面的能力和素质,但也必须承认,不可能每个招聘者都具备优秀的综合素质,所以可组成一支优势互补的招聘团队。

(1)知识互补。招聘团队中既要有熟悉人员招聘知识的成员,又应该有熟悉招聘岗位相关业务的专业人员。这样才能在招聘中从多角度考察应聘者。

(2)能力互补。招聘团队从整体上应该具备良好的组织能力、领导能力、控制能力、沟通能力、甄别能力、协调能力以及影响力等。但一个人不可能具备上述所有能力,这就要求招聘团队中的成员在能力方面应互补。

(3)气质互补。招聘团队既应该具备谨慎认真的招聘者,他们可以尽量避免招聘过程出现差错;也应该有富有亲和力的招聘者,他们可以和应聘者坦诚地进行交流;在有些时候,例如在进行压力面试时,那些"盛气凌人"的招聘者也是需要的。

(4)性别互补。在招聘团队中应协调好男性和女性的比例。因为在招聘过程中可能出现性别的偏好,因此,性别互补不容忽视。

(5)年龄互补。招聘的队伍应该具备不同的年龄层次的招聘者。年龄不同的人之间也许存在着代沟,年龄相仿者进行交流更加顺畅,也更容易达到预期的效果。

另外,特别要注意团队的均衡性。因为只有团队的组合均衡,成员才能做出有价值的贡献。理想的组合是 3～5 个人,每个人承担不同角色,有些人可能会承担双重角色,这需要管理者悉心组合、搭配。一般来说,一个有效运作的招聘团队需要三种不同的成员:一是具有相关专业知识或人员招聘专业知识的成员;二是具有解决问题和决策技能的成员;三是具有善于倾听、反馈、解决冲突及协调人际关系技能的成员。

◎ 本章小结

进行人力资源规划和工作分析,并依据这两项工作制订具体招聘计划,是招聘前必须做好的基础性工作。

人力资源规划是指为实施企业的发展战略,完成企业的生产经营目标,根据企业内外环境和条件的变化,运用科学的方法对企业人力资源需求和供给进行预测,制定相应的政策和措施,从而使得企业人力资源供给和需求达到平衡的过程。

工作分析是对工作岗位的相关信息进行收集、整理和加工的过程。通过工作分析形成的职位说明书是企业招聘、选拔和配置的有效依据。

招聘需求分析即分析在某一具体时间的人员需求,据此为招聘活动提供支持。招聘需求分析是招聘活动的第一步,在确定招聘需求之后,人力资源部就要着手制订招聘计划。企业制订招聘计划时,应考虑招聘时间、招聘渠道、筛选人数及招聘预算等问题。

招聘者应该具备多方面的能力和良好的素质,但也必须承认,不可能每个招聘者都具备优秀的综合素质,可以构建一支在知识、性格、能力、性别、技能等方面优势互补的招聘团队。

 复习与思考

(1) 什么是人力资源规划？它在招聘中的作用是什么？

(2) 企业如何进行人力资源规划？

(3) 什么是工作分析？它在招聘中的作用是什么？

(4) 介绍几种常用的工作分析的方法。

(5) 如何进行招聘需求分析？

(6) 招聘计划是什么？招聘计划的内容有哪些？

(7) 招聘团队成员应具备哪些基本素质？

(8) 如何构建高效的招聘团队？

 课后案例

制订招聘计划先于业务发展才有效

企业的发展离不开人才,而招聘工作的好坏直接决定着企业人才的质量。但是,观察诸多企业的招聘实践后发现,很多公司的招聘部门往往承担着"救火队员"的角色。很多企业宁愿花更多的精力去制订下一年度的业务计划以及公司的发展规划,却不愿多拿出一些时间来制订自己的招聘计划。很多决策者认为人力资源部门是跟着业务走的,业务部门往哪走,人力资源就要跟着在哪里服务。但是决策者不能忘记,再完美的企业战略或者业务规划都必须靠人才来实现。一个公司的业务战略规划再好,也必须有一流的人才来实行。离开优秀的人才、优秀的团队,再完美的战略也是空谈。而招聘恰恰是企业人才流入的窗口,能否做好招聘规划,直接决定了企业战略的成败。

在制订企业的招聘计划时,首先要结合企业实际。人力资源部门的员工很有必要走进业务部门,参与到业务部门的战略制定,了解每个岗位的价值所在,招聘计划与业务发展节奏保持一致甚至先于业务发展,才能让人力资源部门从"救火队员"的状态里解放出来。

在结合企业实际的基础之上,制订招聘计划时还要考虑以下几个方面的因素。

第一,企业发展的阶段。招聘计划的内容不能一概而论,而是由企业的发展阶段直接决定的。譬如处于快速发展阶段的创业公司,在人才招聘方面更倾向于外部引进,而且引进的人才必须在相关业务领域有比较成熟的经验与技能,进入公司后能很快进入角色,开展业务。由于创业公司在人才培养方面尚不成熟,重点在于拓展市场,所以招聘的标准就要有所侧重。相反,发展比较成熟的企业,业务比较稳定,人才队伍相对稳定,内部也有一定的人才储备资源,所以在选择招聘渠道的时候就可以内外兼顾,既可以从人才市场补充新鲜血液,也可以通过内部招聘选拔来提升团队士气。成熟的企业拥有相对充足的内部资源,可以对应届生进行培养,为企业未来的发展储备人才,例如联想集团的 CEO 杨元庆就是当初通过应届生招聘进入企业的。所以,制订招聘计划时一定要了解企业自身的发展阶段。

第二,成本效益原则。很多企业管理者认为人力资源部门是纯粹的服务部门,不像业务部门一样能给企业带来最直接的利润。所以在制定年度预算的时候总是极力压缩人力资源部门的成本预算,招聘部门更是首当其冲。在整个人力资源部门的成本预算中,招聘成本如招聘渠道费用、猎头服务费用、人员成本费用等占比很大。为了降低招聘成本,人力资源部门在制订招聘计划前需要进行充分的分析和总结。招聘部门要通过分析招聘职位数量、层次结构、招聘渠道、简历数量、招聘周期等数据,来判断各个招聘渠道的效果如何、性价比如何。例如,在某公司 2015 年的招聘计划中,60%的岗位都是市场类基础岗位,对人员素质的要求不高,招聘渠道主要依靠智联、前程两大招聘网站。但是到了年底才发现这两个渠道远远不能满足公司的招聘需求,而且费用也不低。这就是典型的盲目招聘的例子。因此,作为专业的招聘专员,在制订招聘计划之前要知道所寻找的人才分布在什么地方,这类人群求职的主要渠道有哪些等。

在制订招聘计划时一定要考虑性价比,也就是成本效益,在客观充分的招聘需求分析的基础上,通过选择有效的招聘渠道,提高招聘效率,降低招聘成本。目标只有一个,花最少的钱以最快的速度招聘到最合适的人。

第三,公司发展战略。市场瞬息万变,企业也会随着市场的变化不断做出调整。业务模式的改变必定带来人才结构的调整。所以,人力资源在做好日常工作的同时还必须关注企业的发展战略。根据公司的业务发展规划,提前做好人才储备。最近几年人力资源业务合作伙伴模式之所以在国内不断升温,最关键的原因就是人力资源工作者必须深入业务当中,关注业务发展,为企业提供最具时效性的人力资源支持。所以不管是人员招聘也好,还是绩效考核也好,与业务"共舞"是人力资源部门未来发展的必然趋势。

(资料来源:http://www.hrsalonchina.com/48691.html,有删减。)

 思考题

请结合案例简要分析怎样制订科学合理的招聘计划。

3

招聘渠道

● 学习目标

（1）理解内部招聘的概念及优缺点；

（2）掌握内部招聘渠道的来源及内部招聘的方法；

（3）理解外部招聘的概念及优缺点；

（4）掌握外部招聘渠道的来源及外部招聘的方法；

（5）掌握招聘广告的制作与广告媒体的选择技巧；

（6）掌握选择招聘渠道的方法。

● 引例

未来招聘渠道发展的三大趋势

面对不同的招聘渠道，企业招聘负责人可以根据自身需求做出有针对性的选择。招聘渠道本身没有好坏之分、优劣之别。一切皆因不同的企业、不同的区域、不同的职位、不同的人才类别、不同的年龄段等而不同。移动互联时代的到来和云计算技术的逐渐成熟，给我们的工作生活带来了巨大改变，其在招聘领域中的运用也越来越广泛。总体来说，招聘渠道正在朝着以下几个方向变化着：

（1）服务更加专业化。随着社会分工更加精细，用人单位的岗位要求也更加精准，同时企业对招聘效率的要求也在提升，劳动力从供过于求发展为供不应求。现在的求职者不是缺少工作机会，更不缺变换工作的机会,特别是各个行业的专业技术人才,从整体上来讲将长期处于短缺状态。这要求招聘服务机构的操作更加精准,他们要能够渗透到各个行业,挖到每个行业的专业技术人才。

(2)网络终端移动化。手机几乎成为所有人形影不离的伴侣,他们想找工作、想换工作,最方便的信息源也许就是手机了,那么您的招聘信息是不是要第一时间通过手机推送给他们呢?

(3)产品形态社区化。简单的招聘公告,也许不能满足广大人才,特别是专业技术人才的需求,这些紧缺的人才希望和招聘单位进行互动,了解清楚之后再做决定。那么求贤若渴的招聘单位,理应参与进来,互动起来。其他人才对用人单位的评价、社区对用人单位的评价、媒体对用人单位的评价等信息,综合起来称为雇主品牌形象。当前流行的 SNS 社区、微博、微信等,都是很好的塑造雇主品牌的渠道。用人单位应当有意识地充分运用这些社区平台建设雇主品牌。

招聘渠道的有效性直接决定了招聘工作的效果以及效率,只有通过不断的研究和实践才能真正发现适应企业的招聘渠道。

3.1 招聘渠道概述

在制订了招聘计划之后,企业正式进入招聘实施阶段,即通过各种渠道,根据自身的需求,按照一定的条件和标准,通过适当的内部和外部途径,选拔录用所需的各类人才。

招聘渠道是指企业招聘人员时所选择采用的途径。招聘实施阶段的首要任务就是结合企业自身特点和职位要求选择合适的招聘渠道,发布招聘信息,开展招聘活动。

按照招聘人员的来源,可以将招聘分为内部招聘和外部招聘。内部招聘是指在职位出现空缺后,企业从内部选择合适人选的招聘方式。主要包括:员工推荐、职位公告法、档案法等。外部招聘是指企业从外部候选人中选择符合职位要求的人员来填补空缺。主要包括:广告招聘、现场招聘、借助专业人才服务机构、校园招聘、网络招聘、熟人推荐等。

在实践中,具体选择内部招聘还是外部招聘,要综合考虑招聘岗位的性质、层次、类型及企业的规模、人才市场的供求情况等一系列因素。

一般来说,一个好的招聘渠道应该具备以下特征:

(1) 目的性,即招聘渠道能够满足招聘的需求。

(2) 经济性,即招聘到合适人员所花费的成本最小。

(3) 可行性,即招聘渠道符合企业现实情况,具有可操作性。

3.2 内部招聘

内部招聘是指从企业内部选拔出合适的人员补充到空缺或新增岗位的招聘方式。内部招聘的做法通常是企业在内部公开空缺职位,吸引员工来应聘。这种招聘方式可以充分调动员工的积极性,提升员工满意度,并且节省招聘成本。内部招聘在企业界和各种类型的机构中普遍得到运用,一项调查结果显示,高达 90% 的管理岗位都是由从组织内部提拔起来的人员担任。但是与此同时,内部招聘也存在着选择范围有限和限制企业创新的缺点。

1. 内部招聘的来源

1)内部晋升

内部晋升是指从企业内部提拔那些能够胜任的人员来填补高于其原来级别的职位空缺。给员工升职和发展的机会,对于激励员工非常有利。大多数员工在其职业生涯中主要考虑的是企业能够在多大程度上帮助自己实现个人的职业目标。因此,内部晋升制度在增加员工忠诚度以及保留人才的各项措施中,是处于中心地位的。许多对员工有高度认同感的企业,都有综合性的内部晋升规划,而那些同富有献身精神的员工紧密联系在一起的企业更有完善的内部晋升政策。

2)工作调换

工作调换是指平级调动,即职务等级不发生变化,工作岗位发生变化。这样做的目的是填补空缺,但实际上它还起到许多其他作用。比如可以使内部员工了解其他部门的工作,与本企业更多的人员有更深的接触与了解。这样，一方面有利于员工今后的晋升，另一方面可以使上级对下级的能力有更进一步的了解，为今后的工作安排做好准备。

3）工作轮换

工作轮换是指员工在一段时间从事一项工作，在另一段时间从事另外一项工作。它和工作调换有些相似，但又有些不同。比如工作调换从时间上来讲往往较长，而工作轮换则通常是短期的、有时间界限的。另外，工作调换往往是单独的、临时决定的，而工作轮换往往是两个以上的、有计划进行的。工作轮换可以使企业内部的管理人员或有发展潜力的普通员工有机会了解不同岗位的工作，为那些有潜力的人员的晋升提供条件，同时也可以避免部分人员由于长期从事某项工作而烦躁和厌倦等。

4）人员返聘

人员返聘即人员重聘。由于某些原因有些企业会有一批不在位的员工，如下岗人员、长期休假人员（如曾因病长期休假，虽现已康复但由于无位置，因此还在休假）、已在其他地方工作但关系还在本单位的人员（如停薪留职）或者是退休人员等。在这些人员中，有的恰好是内部空缺需要的人员。他们之中有的人素质较好，对这些人员重聘会使他们有机会再为单位尽力。另外，这些人员可以尽快上岗，不仅提高了招聘效率，同时减少了培训等方面的费用。

2. 内部招聘的方法

1）员工推荐法

员工推荐法既可用于内部招聘，也可用于外部招聘。它是指员工根据本企业的需要推荐其熟悉的合适人员，供用人部门和人力资源部门进行考核和选择。由于推荐人对用人单位与被推荐者比较了解，因而这种方法较为有效，成功的概率较大。这种招聘方法经济实惠，比花好几个小时去筛选那些不知名的求职者更容易。据说思科公司差不多有一半的雇员是通过内部员工推荐计划而被雇用的。为了鼓励员工积极推荐，企业可以设立一些奖金，用来奖励那些为公司推荐优秀人才的员工。

制定适当的推荐奖金策略

内部员工推荐项目通常都会采用奖金作为奖励的手段之一。不过,在很多企业开展内部推荐项目时,都对推荐奖金的设定茫然不知所措。一般来说推荐奖金也需要试验,如周期性地调整奖金数额,测试响应率。测试时,从低开始,逐步提升奖励金额。通常部署内部推荐项目,都是期望节省招聘成本,所以推荐奖金也要有最高金额的限制,以确保招聘的投资回报率。

设置推荐奖金要遵循"市场规律"。设定推荐奖金要结合岗位薪资,关键的、影响力大的岗位,自然应当获得更高的报酬奖励,万不可"一刀切"。要随着市场环境来调整推荐奖金金额。失业率高的时候,提供相对少的推荐奖金就能获得更好的推荐,反之亦然。设定推荐奖金金额时还要和竞争对手进行比较。如果对于同等职位,你的推荐奖金低于竞争对手,员工可能会产生"非议"。

这种实质性的现金奖励,确实能让员工受惠并能较好地提升招聘的效果。

企业内部最常见的员工推荐方式是主管推荐,其优点在于主管一般比较了解潜在候选人的能力,由主管提名的人选具有一定的可靠性。此外,主管也会觉得自己有一定的决定权,满意度比较高。其缺点在于这种推荐容易受个人因素的影响,主管可能提拔的是自己的亲信而不是最适合的人选,从而影响招聘效果。

2) 职位公告法

职位公告法是利用企业中的公告栏、墙报、内部报刊和内部自媒体,将职位空缺公之于众。职位公告的内容包括职位的责任、义务、必需的任职资格、工资水平以及其他相关信息,如公告日期和截止申请日期、申请程序、联系电话、联系地点和时间、该职位是否同时也在企业外部进行招聘,以及在面谈过程中应聘者是否需要演示他们的技能等。符合任职资格的员工可以提交正式的申请或者在职位投标单上签名,参加该职位的竞争。在职位公告与职位投标中,必须坚持公平、公正、公开的原则,要保证空缺职位的名单能够传达到每一位员工,保证所有的正式员工都有资格利用职位公告向人力资源部门提出申请并参加竞聘。图3-1是一个职位公告的示例。

内部招聘职务公告

公告日期:＿＿＿＿年＿＿＿＿月＿＿＿＿日
结束日期:＿＿＿＿年＿＿＿＿月＿＿＿＿日
在本公司的＿＿＿＿部门有一个全日制职位＿＿＿＿可供申请。此职位对/不对外部候选人开放。

薪酬水平:

最低:＿＿＿＿元;最高:＿＿＿＿元

工作职责:

参见公告所附职务描述。

任职资格:

(候选人必须具备此职位所要求的所有技术和能力,否则不予考虑)

1. 在现在/过去的工作岗位上表现出良好的工作绩效,其中包括:
——有能力完整、准确地完成任务
——能够及时地完成工作并能够坚持到底
——有同其他人合作共事的良好能力
——能进行有效的沟通
——可信、良好的出勤率
——比较强的组织能力
——积极的解决问题的态度和正确的解决问题的方法
——积极的工作态度:热心、自信、开放、乐于助人和献身精神

2. 可优先考虑的技术和能力

(这些技术和能力将使候选人更具有竞争力)

(略)

申请程序:

1. 确保在结束日期前将已经填好的内部职位申请表连同截止到目前的履历表一同交到(寄到)＿＿＿＿＿＿＿＿＿＿＿＿＿＿＿＿。

2. 申请人也可以通过公司内部网络进行申请,申请表可以从内网上下载。

3. 对于所有的申请人,人力资源部和该空缺职位的上级将根据上述的资格要求进行初步筛选。

4. 面试小组将对初选合格的申请人进行面试及必要的测试。

机会对每个人都是一样的。我们将根据上述的资格和能力要求对所有申请人进行初步审查。

该项工作由人力资源部负责,联系人:＿＿＿＿＿＿＿。

图3-1 内部招聘职位公告

职位公告法的优点在于可以让企业内部更多的人员了解到此类信息，为员工的职业生涯发展提供了更多的机会，可以使员工脱离原来不满意的工作环境，也促使主管们更有效地去管理员工，以防本部门员工的流失。它的缺点在于这种方法花费的时间较长，可能导致岗位较长时期空缺，影响企业的正常运营，而员工也可能由于盲目的变换工作而丧失原有的工作机会。

3）档案法

企业都有员工档案，从中可以了解到员工在教育、培训、经验、技能、绩效等方面的信息，员工档案可以帮助用人部门与人力资源部门找到合适的人员补充岗位空缺，对员工晋升、培训、发展有着重要的作用。因此员工档案应力求准确、完备，及时记录员工在岗位、技能、教育、绩效等方面信息的变化，为人员选择与配备做好准备。

需要注意的是，这里的"档案"，应该是新的人力资源管理思想指导下的人员信息系统，该档案中应该对每一位员工的特长、工作方式、职业生涯规划有所记录，而且这些信息要随着员工的自身发展不断地更新。这些信息可以帮助招聘人员确定企业内部是否有合适人员，然后招聘人员可以与他们接触以了解他们是否有意向提出申请。这种方法可以和职位公告法共同使用，以确保岗位空缺引起所有有资格的申请人的注意。在现代档案管理的基础之上，这些信息可以帮助人力资源部门及时发现那些具备相应资格，但由于种种原因没有进行申请的员工，然后在达成一致意见的前提下，选择合适的员工来担任空缺或新增的岗位。

3. 内部招聘渠道的优缺点

1）内部招聘渠道的优点

（1）产生激励效果。内部招聘可以为员工提供晋升的机会，这对于员工而言也是一种激励，可以提高员工的工作积极性；还能充分利用人才资源，减少人才外流。如果员工能够看到未来的发展前景，那么企业人才流动率也会降低。

（2）内部员工适应性更强。内部员工对企业的情况较熟悉，对工作流程、部门任务、公司人员、企业的发展方向等都相对比较了解，因此在上任后容易开展工作,这样也减少了培训、试用时间,能保证工作持续开展。

(3) 与外部招聘相比,内部招聘的有效性更强,可信度更高。由于企业管理人员对该员工的业绩评价、性格特征、工作动机以及发展潜力等方面都有比较客观、准确的认识,与外部招聘相比信息更为对称、充分,在一定程度上避免了"逆向选择",甚至是"道德风险"等方面的问题,减少了用人方面的失误,提高了人事决策的成功率。

(4) 增强员工对企业的认同感与归属感。内部招聘给员工提供了不断发展的空间,让员工感受到主人翁的地位,获得聘用的员工不仅把企业当作自己"事业的平台",更把企业当作"命运的共同体",因而对企业的忠诚度较高。

(5) 节省招聘费用。内部招聘节省了招聘宣传的广告费、招聘人员和应聘人员的差旅费等,同时还可以省去一些不必要的培训,减少了间接损失。另外,一般来说,内部候选人已经认可了企业现有的薪酬体系,其对工资待遇的要求会更符合企业现状。

2) 内部招聘渠道的缺点

(1) 可能造成内部矛盾。在招聘过程中多人竞争一个职位,竞争失败的员工可能会心灰意冷,士气低下,不利于内部团结。内部招聘还可能导致部门之间"挖人才"的现象出现,不利于部门之间的协作。此外,如果选择时看中资历而非能力,将会诱发员工养成"不求有功,但求无过"的心理,使优秀人才流失或被埋没,削弱企业的竞争力。

(2) 容易造成"近亲繁殖"。同一组织内的员工有相同的文化背景,可能产生"团队思维",抑制了个体创新。尤其是提拔基层员工担任重要职位,会导致思维意识僵化,不利于组织的长期发展,如通用电气20世纪90年代所面临的困境被认为与其长期实施内部招聘策略有关。

(3) 选择范围有限。从内部招聘到的人可能只是企业内部最合适的人。比如,在企业中存在主管职位空缺,而企业内部的主管人才储备可能只是在数量上满足需要,在质量上不一定符合要求,此时如果仍然坚持内部招聘,将会使企业失去选取优秀人才的机会,表面上看是节约了成本,实际上是对机会成本的巨大浪费。

（4）除非有很好的发展与培训计划，内部晋升者不会在短期内达到要求，内部发展计划的成本比直接雇用外部适合的人才要高。此外由于"彼得原理"员工可能还不能很好地适应工作，影响到组织整体的运作效率和绩效。

3.3 外部招聘

外部招聘是指从企业外部招募和选拔人员的招聘方式。虽然内部招聘的优点很多，但对其过分依赖也是一种失误，外部招聘可以为企业增添新的思想，弥补内部招聘的不足。同时，它还是一种交流形式，企业可以借此在潜在的员工、客户和其他社会公众中树立形象。一般来说，为达到下列目的，企业需要从外部招聘新雇员。

（1）填补最基层的职位空缺。

（2）获取某项现有工作人员不具备的技术。

（3）获取具有与现有工作人员不同的知识背景的新工作人员，为组织提供新的观点。

与内部招聘相比而言，外部招聘会受到很多外部环境因素、企业自身的因素以及招聘过程本身特性的影响，其难度和复杂性会更高。外部招聘的渠道和具体方法很多，企业在选择时，需要综合考虑自身的因素、招聘的目的、招聘的人数以及各种方法的特征，选择某种或几种方法。

1. 外部招聘的来源

相对于内部招聘，外部招聘的来源更多、更广泛。

1）大学与职业技术学校

学校是人才资源的重要来源，每年近千万的毕业生走出校门，进入社会。中等职业技术学校是很多单位招聘办事员和其他初级操作性员工的主要渠道，而大学则是发现大批年轻的、具有较高素质的专业人员以及技术人员和管理人员的主要场所。此外，由于学生没有任何工作经验，他们相对比较容易接受企业的理念和文化。

2) 竞争对手与其他组织

对于需要相关工作经验的岗位来说,用人单位可以考虑从同一行业或同一地区的其他组织招聘人才,有时甚至可以从竞争对手处"挖"人。对于人力资源管理者来说,通过正常的、合法的途径将其他组织的合格应聘者吸引过来构成了外部招聘的重要来源。小企业更要注重寻求那些有大公司工作经验的人才,因为这些人经受了科学的管理体制的熏陶,具有较高的素质,是小企业提升管理水平的有效方法。

3) 失业人员

导致人员失业的原因主要有:企业经营失败导致的破产、裁员、并购;与高层管理人员不和;不称职等。在这些失业者中,不少都具有长期的工作经验和社会阅历,有些还具有出色的企划水平和领导水平,因此,从失业者中也可能招聘到单位需要的人员。

4) 退伍军人

退伍军人具有坚强的意志、忠诚的品质、严明的组织性和纪律性,是诸如行政、保卫等岗位的合适人选。另外,拥军优属是每个单位和个人的光荣义务,招聘退伍军人,把他们妥善安置在合适的岗位上有利于提升单位的知名度,树立企业良好的外部形象,以及和当地政府建立融洽的关系。

5) 退休人员

当前我国已经进入老龄化社会,包括退休者在内的老年人也构成企业员工的来源之一。一些职业领域需要丰富的工作经验、协调水平和稳健的处世作风,退休人员常常是极佳的候选人。我国当前很多单位在员工退休后,又把他们返聘回来,或充当生产经营顾问,或置于财务部门,取得了很好的效果。

6) 自由职业人员

对于需要具备专业技术、管理或者专门知识的各种工作来说,这些人构成了一个很好的招聘来源。这类人员的不足之处主要是在纪律以及观念方面与单位要求有差距。

2. 外部招聘的方法

1）广告招聘

广告招聘是企业从外部招聘人才常用的一种招聘方式,其是指在报纸、杂志、广播、电视及网站等媒体上刊登职位空缺的消息,吸引那些对空缺职位感兴趣的人员应聘。一方面,招聘广告可以起到宣传企业形象的作用;另一方面,招聘信息传播范围广、速度快,获得的应聘人员数量大、层次丰富,企业选择的余地大。

进行广告招聘时,企业必须考虑两个关键问题:广告媒体的选择及招聘广告的设计。

（1）广告媒体的选择。企业可以选择的广告媒体很多,传统媒体如广播、电视、报纸、杂志等,现代媒体如互联网等,招聘人员应根据企业的特点、招聘岗位的特殊性,综合比较各类媒体的优缺点,选择最合适的媒体。在确定了媒体形式后,应进一步选择刊登招聘广告的具体媒体。选择广告媒体时主要考虑以下三方面的问题。

① 媒体的定位。每种具体的传播载体都有其特定的消费群体,因此企业应根据潜在应聘人员的媒体消费特征选择其最可能接触的媒体。如招聘计算机专业技术人员可以选择《IT 经理世界》《计算机世界》等杂志,而招聘职业经理人,可以选择《企业家》《中外管理》等杂志。

② 媒体的相关集中度。求职者在搜寻职位时,为了便于选择比较,往往集中关注招聘信息量较大的媒体。因此,企业在选择媒体时,应选择招聘信息相对集中的媒体,尤其是在业界具有一定影响力的媒体。

③ 多种媒体并用。企业在进行大规模的人员招聘或是招聘难度较大时,可以同时采用多种招聘广告媒体,力求尽可能地覆盖目标人群的接触范围。另外,由于互联网的兴起,以及知识型员工的大量涌现,很多企业借助网络,如人才招聘网站、企业官网、微博、微信平台、社交平台等,实现招聘信息的传播。互联网不仅是招聘广告的一种载体,而且是外部招聘的一种重要途径。随着互联网技术的发展与普及,网络管理的法制化、规范化和制度化,雇主对网络招聘的接受程度在不断提升。关于网络招聘的内容在后面将做详细介绍。

最后还要明确一点,广告投入要讲究经济效益,无论采用何种媒体发布招聘信息,关键在于用尽可能少的费用达到最佳的招聘效果。

(2) 招聘广告的设计。招聘广告是求职者了解职位信息的窗口,招聘广告编写质量的高低将影响求职者的应聘兴趣。一个富有良好效果的招聘广告不仅能吸引大量的求职者,还可以对外树立企业形象、宣传企业文化。

招聘广告应该包含以下内容:

① 企业的基本情况,包括企业所处的行业、发展状况和前景。

② 招聘的职位信息,包括职位名称、招聘数量、基本条件、所属部门、工作内容、工作地点等。

③ 对应聘者的要求,比如专业、学历、工作经验、个性、能力、特长等。

④ 报名的时间、地点、方式,所需的材料及其他相关注意事项等。

招聘广告中的一些必要信息如表 3-1 所示。

表 3-1　招聘广告细节的必要性

细　　节	必要性(%)
工作地点	69
任职资格	65
工资	57
职务	57
责任	47
公司	40
相关经历	40
个人素质	32
工作前景	8
公司班车	8
员工福利	6

关于招聘广告的设计和构思,可以借鉴 AIDA 原则:

① A 代表 Attention,即能够引起求职者对广告的注意。

②I代表Interest,即开发求职者对职位的兴趣,这种兴趣可从职位本身去发掘,如未来的发展空间、晋升通道、收入、地理位置等。

③D代表Desire,即让求职者对空缺职位产生认同感和欲望。

④A代表Action,即能够鼓励求职者积极采取行动。

图3-2是一则招聘广告示例。

××公司招聘启事

1. 企业简介

××公司是注册于高新技术产业开发区,主要从事计算机网络工程、数据库和应用系统开发的系统集成公司,于2010年6月在××市成立。公司拥有优秀的研发团队、具有现代管理意识的管理团队以及业务精湛的营销团队,期待你的加入!

加入我们,你将享受愉悦舒适的工作环境,感受开放和谐的文化氛围,获得专业系统的培训机会,让你的梦想闪闪发光!

2. 基本信息

岗位名称:测试工程师　　　招聘人数:10人

工作地点:××市　　　　　工作性质:全职

3. 职位描述

(1) 编写测试计划及测试用例;

(2) 进行集成测试和全面测试;

(3) 为公司提供项目测试报告;

(4) 完成上级领导交代的任务。

4. 任职资格

(1) 计算机及相关专业,本科以上学历;

(2) 全面的软件技术知识;

(3) 有丰富的数据库及网络知识与经验;

(4) 参与过大型软件系统的开发;

(5) 两年以上软件开发/测试/支持/维护经验。

5. 人事政策

(1) 完善的培训体系;

(2) 健全的晋升体系;

(3) 员工持股计划;

(4) 免费工作午餐、免费班车接送;

(5) 带薪休假、团体旅游。

有意者请将个人简历、学历证明复印件及其他证明工作能力的资料寄送至公司人力资源部,或将电子版发送至××××@163.com。

公司地址:××市××路××大厦××座××层

电话:××-××

邮编:××

联系人:×××

图3-2　招聘广告示例

小专栏 3-2

招聘广告中常见的问题与风险

××公司招聘广告如下：

要求：本科及以上学历；男性；35 周岁以下；身高 170cm 以上；出众的中英文写作与沟通技巧；社会关系良好，具有卓越的领导才能；能独立地处理重大管理问题；具有企业财务、银行贷款、法律诉讼的实践经验；有五年以上中型企业高级管理经验，具备企业创办、筹建及经营管理经验；常驻上海，需要出差。

有意者请将中英文简历、照片、应聘职位薪资要求等寄往××公司人力资源部。

联系人：张小姐

请在信封上注明所应聘职位，谢绝来电或来访。

这则招聘广告所存在的问题很有代表性：

(1) 没有企业名称与简介。这样求职者可能会对企业的可信度产生怀疑，至少无法了解企业的经营范围。

(2) 没有招聘职位的描述，即没有交代清楚所招聘岗位的主要职责和任务。

(3) 对人的自然属性进行限制，即对年龄、性别、身高等提出了要求，有歧视倾向。

(4) 能力要求太笼统。例如，"出众的中英文书写作与沟通技巧"中"出众"一词过于模糊；"社会关系良好"是指关系融洽还是关系广泛，没有明确定义；对"卓越领导才能"也没有进行详细描述，让人摸不着头脑。

(5) 要求过高或过于全面。招到符合条件的青年高级人才恐怕非常困难，即使有具备这些条件的人才，现在必定身居要职，不会轻易跳槽，更不会跳到一个连名字都不敢填写的企业。

(6) 有些用词或用语令人不愉快，例如：谢绝来电或来访。

在一般人眼里，招聘不存在什么法律风险，只有在签订合同时或在劳动用工管理中才存在法律风险。其实不然,任何事情包括劳动争议,都是有前因后果的,劳动合同签订后产生的劳动争议,有相当一部分是由招聘时埋下的祸根所致。因此,预防劳动争议,就要从防范招聘风险做起。

2) 现场招聘会

现场招聘会是指由人才交流机构(人才市场)或具有人才中介服务资质的部门组织的用人单位和求职者的面对面洽谈。企业在现场招聘会上,可以直接获得应聘者的大量相关信息,而且能够与应聘者进行面对面的交流。

现场招聘会是一种传统的人才招聘方式。这种方式的优点是效率比较高,可以在直观地展示企业的同时快速淘汰不合格人员。其局限性在于往往受到展会主办方宣传推广力度的影响,难以有效保证求职者的数量和质量。招聘会又分为专场招聘会和非专场招聘会,其中,专场招聘会具有特定的主题,比如"应届毕业生专场""研究生学历人才专场""市场营销类人才专场"等,通过对毕业时间、学历层次、知识结构等属性进行区分,企业可以很方便地选择适合的专场设置招聘摊位进行招聘。

企业通过现场招聘会实施招募工作,要注意以下问题:

(1) 注意现场招聘会的规模、参加单位、地点、声誉等情况。比如,了解招聘会主办方的能力和社会影响力、举办地点的交通状况、招聘会的前期宣传、同行业竞争者的参与情况以及求职者的数量与层次等。

(2) 注意做好参会前的准备工作。比如,争取一个地理位置好的展位、准备招聘资料、培训招聘人员、与主办方协作等。

(3) 及时、认真处理会后信息。尽可能快地整理、审阅收集到的简历,然后通过电话、短信、电子邮件等方式将筛选的结果告知应聘者。这样做不仅体现了对应聘者的尊重,也体现了企业的工作效率。

3) 专业人才服务机构

企业也可以委托专业人才服务机构进行招聘。专业人才服务机构包括人力资源服务公司、人才中介服务公司、人才租赁公司、猎头公司等机构组织。鉴于不少人才服务机构都有自己独特的测评工具和测评体系,并熟悉某一行业领域的人才市场,他们能为企业提供一些比较权威的、独特的测评分析报告,帮助雇主选拔人员,节省了企业的时间,特别是如果企业没有设立专门的人力资源部门,可以借助人才中介机构的优势,完成招聘目标。

(1)职业介绍机构。这种渠道最为便捷,多针对蓝领。企业只需把招聘需求提交给职业介绍机构,由其负责为企业招人,企业只需要对机构推荐的人才进行考核即可。职业介绍机构通常都是地域性的,有一定的空间限制,因此比较适合地域性强的、招聘需求较大的、一般性岗位的招聘。比如,招聘普通工人、电话客服等,可以直接找职业介绍机构,这种机构收费不高,而且资源丰富,能够集中带人来参加面试。

(2)人事外包机构。人事外包是指企业将人力资源的所有或部分事务外包给专业的人力资源机构,由该机构为企业招聘选拔人才。

这种招聘渠道可以规避用人风险,减少劳动纠纷,降低营运成本,节省事务性工作所需要的人力、资金和时间,提高整体工作效率。

但通过该渠道招募的员工的忠诚度难以保证,员工间容易产生利益冲突,以及人事外包还易导致企业安全问题。

(3)人才租赁机构。人才租赁是一种新兴的招聘渠道,它是指企业根据自己的实际工作需要,向人才中介组织提出所需人才的条件以及提供的工资、福利待遇等,人才中介组织通过查询自己的人才库、向社会招聘等方式搜索符合条件的人才,进行严格挑选,把人才派往用人单位工作。这种方式一般有两种表现形式:一种是企业按一定期限租赁人员;另一种是企业以完成某个工作项目为目的租赁人员。

人才租赁实现了管人与用人的分离,租赁单位与所租人才不存在人事隶属关系,由专门机构对各类人才实行社会化集约管理,使企业摆脱具体、琐碎的人事管理事务,集中精力搞生产经营,有效地减轻了管理方面的负担。

(4)猎头公司。猎头是指那些专门从事中高级人才寻访、追踪、评价、甄选业务的第三方招聘公司。对于高级人才和特殊人才,用传统的渠道往往很难获取,但这类人才对企业的作用非常重大,猎头公司拥有储备人才库,有专业的招聘技术、广泛的资源,搜索人才的速度快、质量高。因此,招聘高级人才,猎头公司是非常好的选择。

猎头公司的主要业务是为企业招聘高端人才,其延伸业务有企业人力资源培训、行业薪酬数据分析、企业人才评估等。我们这里主要介绍猎头公司与企业在人才招聘领域的合作。

任何客户走进一家猎头公司时,大概最关切的就是猎头公司的办事程序与收费标准。一般来说,客户提出的要求有两种:一种是指出要聘请的人员的职位、责任、待遇,要求猎头公司推荐;另一种是在提出职务要求的同时,直接指出希望何处何人担任该职务,此种情况较少。

以第一种情况来说,猎头公司决定接受委托,签订合约后,就开始寻找合适的人选。而何谓合适的人选,也要看各猎头公司对于人才的认识和对客户提供的职位的了解。所以,好的猎头公司往往具备自己的评价体系,而不仅仅只看人员的学历和履历。

猎头公司在海量信息中不断缩小搜寻范围,当最合适的只有十余人时,就可以进入下一阶的面谈。猎头公司的工作人员和目标人面谈时,就是考验猎头公司能称得上是猎头公司还是只是普通的人才介绍所的时刻。猎头公司的工作人员必须对目标人的性格、能力、发展潜力以及缺陷有正确而深刻的认识,这样才可以写出深刻的报告,而这一报告的价值远远超过了简单的履历表。

猎头公司拿着这些报告再一次核对客户的职位要求,选出最合适的4~5人,将报告交给客户,这时就是客户取舍的时候了,当然,猎头公司还会提供参考意见的。

此外猎头公司还要在候选人和客户之间就工资待遇等进行斡旋,而候选人与原公司发生合同纠纷等问题时,猎头公司也要设法解决。

候选人在新公司上班以后,猎头公司的工作就可以告一段落了。但是好的猎头公司一般都有一个“保换期”,在候选人上岗以后的3个月到6个月之间,无论是新公司和候选人二者“谁炒谁的鱿鱼”,猎头公司都要免费为新公司提供新的人选。

在费用上,国内猎头公司一般也依照国际惯例,即完成任务后,按该职位第一年年薪的30%收取佣金,现在国内有的具备一定影响的猎头公司也要求在签约时预付相当于佣金总额三分之一的定金。

小专栏 3-3

猎头的招聘流程管理

猎头的核心价值在于招聘流程管理,为了让大家更好地理解猎头的工作流程,我们通过一系列场景来进行说明。

1)场景一:猎头如何给候选人介绍新的职业机会

通常猎头在介绍新职位的时候,为了确保候选人的积极性及其与职位匹配度,确保自己推荐的有效性,会比较详尽地向候选人介绍用人企业以及职位的具体情况。

猎头往往要通过反复几轮的沟通,在全面了解候选人的具体背景及其跳槽动机后,才能完成对候选人的面试评估。而对一个候选人的跳槽动机或者跳槽决策的考察往往也都是通过对于这些问题的沟通来完成。

2)场景二:猎头如何为企业推荐候选人

通常情况下,针对一个职位猎头不会只推荐一个人给企业,企业会认真审核后再给猎头明确的反馈,让猎头约请目标候选人参加面试,并且提出面试要求。

企业方希望过来面试的都是目标明确、跳槽动机清晰并且对企业已经有了一定了解的候选人。因为从企业的角度来说,无论是人力资源部门还是用人部门负责人,他们每天的时间都很宝贵,非常希望面谈的时候就能进入关键主题。

显然,用人企业无论如何都无法通过一次面试沟通很多的问题。一来时间成本太高,二来双方立场不同,也很难建立这样的沟通。因此猎头作为第三方,帮助企业完成前期沟通,帮助候选人梳理清晰再去面试就成为尤其重要的服务环节。

3)场景三:猎头如何谈薪酬

当候选人与企业终于完成了彼此筛选,就要进入谈薪酬的阶段了。很多求职者都经历过谈薪酬时的"纠结",要多少才合适呢?要高了担心企业觉得自己只看钱,要低了又怕自己吃亏。同样,企业方也会考虑用人部门招聘预算及内部平衡等问题。

这时,猎头作为第三方帮助候选人分析利弊,帮助企业对比候选人的优劣,让双方都能从更冷静客观的角度提出自己的期望,更容易皆大欢喜,而不至于到了协商确定薪酬的阶段遗憾地"一个向左,一个向右"。

4)场景四:猎头如何帮助候选人辞职

大部分职场人都希望成为自己领域的专家,而不是"跳槽专家"或"辞职专家"。因此即便有心仪的录用通知在手,也会不知所措。如果候选人在辞职时不能很好沟通,做好交接,导致最终不能顺利入职,将给用人企业造成时间成本上的巨大浪费。而企业往往没有精力和机会去跟进候选人辞职时所遇到的问题,以及及时安排替补方案。

猎头作为专业服务方,为了确保自己顺利完成任务,通常都会跟进候选人。一方面提供一些好的建议让候选人能够更好地沟通与交接;另一方面也能在出现问题时及时向企业报备,让企业不至于在最后一刻措手不及。

4)校园招聘

校园招聘是指企业进入校园进行招聘宣讲与人才招聘。校园招聘作为具有时间、地点、人群限制的招聘渠道,优势与劣势都很明显。校园招聘的优势在于专业分类清晰,筛选容易;人数确定,时效性高;学生的工作需求强烈,容易被说服;薪酬偏低,人才性价比高;工作投入度高,成长速度快。劣势在于:参与成本高;应届生缺乏经验,稳定性较低,管理难度大,对现有团队的冲击较大。一般来说,校园招聘适合对人才有培训能力与职业规划能力的企业,是发展性岗位的专有招聘渠道。

校园招聘灵活多样有专门宣讲会、校园招聘集会以及在校园摆摊发传单等形式。具体选择哪种形式,主要由进入校园的具体时间、企业的规模、在业内的名气、校园对企业的认可度等多种因素确定。

(1)宣讲会式。企业与学校确认校招会的时间与场地,由学校进行宣讲前的通知。企业在约定时间与学生进行一对多的演说与集体答疑。这种形式适合有一定规模与知名度的企业。

（2）集会式。学校会组织招聘集市，各企业提前进场布展，在集会当天进行一对一的交流，并收取毕业生的资料。这种形式适合大多数有校招意向的企业。

（3）校园传单式。企业安排工作人员在校园内派发宣传资料，接受学生现场的或后期的咨询与报名。这种形式适合规模与知名度较小的企业。

（4）校招网络长期驻点。在专业校招网与定向校园网上长期地、有节奏地发布信息，并定时在网上接受学生的咨询与资料投递。这种形式适合希望与学校建立长期合作关系、对该校某一个或某几个专业的学生有定向安排的企业。

无论采取哪种形式的校园招聘，企业都要做好与校方的沟通，得到校方的支持，争取好的口碑与校方的主动推荐。同时企业要放下作为雇主的姿态与傲气，以最大的诚意，利用好每一次与校方及学生的接触，在学生心目中树立一个优质企业的形象，招聘到满意的人才。

小专栏 3-4

招聘中的定制渠道——校企联合办学

当企业中某职位的大部分专业能力要求与学校某专业的匹配度高，如服装设计师、程序员，且需求连续、有一定的规模时，企业会向学校发起联合办学的意向。

校企联合办学是招聘工作的前端，是为了满足企业的定向招聘需求而进行的招聘准备工作，具有如下明显的特点。

（1）有需求。像服装设计师、程序员、食品研发这样的职位，在企业不转向的前提下，会有持续而稳定的需求，只有需求持续而稳定的职位，才适合开展校企联合办学。

（2）有方向。合作的专业、学生的培养方向、合作的方式、企业方参与的程度等，都要有明确可行的计划。

（3）有目的。企业合作的目的单一且明确，即为企业培养定制人才，达到人才专业定制化、人才招聘提前化、人才吸引领先化的目的。

（4）有准备。在实操课程的设计、讲授人员的安排、理论与实践结合的时机、定制学生的毕业评估与录用上，都必须做到有系统、有准备，不能走一步算一步。

（5）有预算。由于校企联合办学是一项长期工作，所以企业需要持续有效地推进此项工作，最好做到预算充足、专款专用。

（6）时间长。从大学三年级开始增加与企业相关的选修课程，到大学四年级学生毕业，校企联合办学持续的时间最短是两年，大多则一直延续到企业有重大变化，用人方向或用人需求发生重大转移时。

校企联合办学是一项历时极长的招聘准备工作，需要企业有极大的耐心与远见。就学生的培养方向而言，学校和企业要有高度的共识，才能确保学校教育的纯粹性与学生培养的全面性。企业在联合办学中，需要充分展现企业实力，发挥企业魅力，让联合办学真正成为人才定制的有效渠道。具体来看，校企合作的模式如表3-2所示。

表3-2 校企合作模式

模　式	说　明
订单培养模式	企业与学校签订联合办学协议，学校在招生时具体可设置定向委培班、企业冠名班、企业订单班等，在录取时与学生、家长签订委培用工协议，企业录用与学生综合测评成绩挂钩
顶岗实习模式	学生在校完成教学计划规定的全部课程后，通过学校推荐与学生自荐的形式，到用人单位进行为期半年以上的顶岗实习
见习模式	学生经过一定的在校专业理论学习后，到合作企业对企业工作过程和生产操作流程等进行现场观摩和学习

5）网络招聘

网络招聘是指运用技术手段，如使用简历数据库或搜索引擎等工具来帮助企业人力资源部门完成招聘的过程。

网络招聘的方式主要有两种：第一种，在自己公司的主页上发布招聘信息；第二种，与第三方招聘网站合作，如在前程无忧、智联招聘、拉勾网、应届生求职网等网站上发布招聘信息，利用专业网站已有的系统进行招聘活动。

知名度高、在人力资源市场上已经建立了良好品牌形象的企业,可以在自己的网站上开展人才招聘,因为这些企业的受关注程度较高,也有条件和能力去组织网络招聘;但对于一些中小企业,特别是在公司的知名度不高、主页的浏览量不够大的情况下,与知名的招聘网站合作更为有效和方便。合作的方式主要有利用简历库和招聘外包。

(1) 通过公司主页发布招聘信息。很多公司都建立了自己的网站,可以随时发布招聘信息,同时也可以将企业文化、人力资源管理政策以及其他想让求职者了解的信息发布在主页上,既可达到宣传目的,又能让求职人员在了解企业的实际状况后,有针对性地选择应聘岗位。

人力资源部门在进行网络招聘前所做的准备有:

① 配置好发布招聘信息的渠道,如搜索引擎、公司主页等。

② 在合法的网页上刊登岗位信息和职位说明书。

③ 开发自动匹配功能,使自荐表在被阅读前已按照需求分类。

④ 开发事后处理功能,将所有应聘信息分门别类地存储到数据库中,并提供关键字查找功能。

⑤ 配备互联网管理软件。

(2) 委托第三方招聘网站。目前,我国有许多提供各种形式的人才招聘服务的网站,这些网站面向各个行业,信息量大,企业可挑选的余地大,信息更新速度较快,传播不受地域的限制,具有方便快捷、时效性强的特点。

一般来说,好的人才网站通常有以下特征:

① 信誉良好。这里的信誉是指网站的可信赖程度。某些人才网站为了增加招聘职位信息,不对招聘信息进行审批。你可以随便编造一间公司,随便编造一些职位,发布在网站上。这样的网站对求职者和招聘单位都不负责任。

② 功能强大。人才网站的功能目前都大同小异,但某些网站有一些个性化设置,显得很有活力。

③ 客户化设计。一些人才网站在设计上充分站在客户方的角度考虑。

④ 服务细致,反应快速。人才网站的后续服务很重要,如定期的反馈

与跟踪服务。

⑤ 除了招聘之外，还应提供其他服务，例如人才测评、在线电子面试、在线薪酬顾问、在线评估、在线培训等。

在线招聘在国内已有十几年的历史，目前的招聘网站大致可以分为综合类、垂直类、社交类三类。

① 综合类招聘网站：以前程无忧、智联招聘、中华英才网等为代表，它们主要面对全国各类型企业，知名度高、影响力大。这类招聘网站的优点是覆盖面广，人才库中数据量大，基本能满足各类中小型企业的招聘要求。缺点是人才质量良莠不齐，定位不精准。对于一些专业性较强的领域，人才质量相对不高。

② 垂直类招聘网站：垂直类招聘网站在垂直领域做深耕，专注于特定行业、特定人群，效率更高，拥有较好的用户体验，为众多高技术人才提供了一条便捷的求职途径。这类网站有拉勾网、内推网、BOSS直聘、应届生求职网等。

③ 社交类招聘网站：传统招聘关系主要体现在职位与简历之间，企业通过发布职位或者搜索简历进行招聘，而社交网络招聘则是通过人与人之间的直接互动来建立这种招聘、求职关系。社交类招聘网站具有数据挖掘优势，可以让企业更完善、更全面、更精准、更便捷地了解候选人的教育背景、职业履历、专业优势、人际口碑等信息。社交类招聘平台主要有大街网、领英、脉脉等。

小专栏3-5

社交媒体资源助力企业招聘

近年来，各类社交平台不断涌现，不仅网罗了大批的用户，满足了人们的社交需求，还成为个人、企业表达自己的一个窗口。越来越多的企业开始使用社交媒体进行人才招聘。社交媒体主要有两类：一类是平台类社交媒体，如脸书（Facebook）、推特（Twitter）、领英（LinkedIn）等；另一类是个人交互类社交媒体，如微信、微博等各种社区空间。

对于平台类社交网站来说，LinkedIn 已成为有效的招人利器。LinkedIn 具有数据量大、人才分布广、高端人才多的特点，对发现高端候选人以及专业候选人尤为有利。

对于个人交互类社交媒体，微信的应用最为广泛。其次是各类社群空间，如 QQ 群、微信群等。人力资源部门将招聘需求发布在各个群，并通过好友转发，让更多的人看到招聘需求，帮助推荐或毛遂自荐，获得候选人。当然也可以在当地知名的论坛、贴吧等发布信息，寻找合适的候选人。

这里以微信招聘为例进行说明。微信之所以能够成为新兴的招聘渠道，是因为它有相对全面的功能，并且在招聘信息发布以及候选人在线管理等方面有很多便利之处，因此，微信已经被越来越多的第三方平台使用。

按照发布信息的形式不同，微信招聘可分为两种：一种是通过微信本身的功能来发布招聘信息；另一种则是企业通过建立微信公众平台，即设立招聘公众账号来发布招聘信息。

企业在制作微信招聘文案时，应注意选用能够打动求职者的广告语、活泼有趣的文字内容、生动有趣的图片。如游戏开发企业可以通过某卡通人物来体现企业的团队精神，这就很容易拉近与求职者之间的距离，给求职者留下良好的印象，激发其对职位的兴趣。

6）熟人推荐

员工、客户、合作伙伴等熟人推荐也是组织招募人员的重要途径。据了解，美国微软公司有大约 40% 的员工是通过熟人推荐的方式招聘的。

熟人推荐的优势是企业对候选人的了解比较准确；候选人一旦被录用，顾及介绍人的关系，工作也会更加努力；招募成本也很低。其问题在于可能在组织中形成裙带关系，不利于公司各项方针、政策和管理制度的落实。

熟人推荐的方式适用的范围比较广，既适用于一般人员的招聘，也适用于专业人才的招聘。

3. 外部招聘的优缺点

1）外部招聘的优点

（1）更广泛的选择余地。外部招聘的人才来源广泛，选择余地充分，企业可以根据目前的需要选择合适的优秀人才,特别是一些特殊领域的复合型人才。在一定程度上,既能够节约企业内部培养和业务培训费用,又能够给企业带来急需的知识和技能。

(2)能够引进新理念、新技术。外部引进的员工能够给现有组织文化带来一种崭新的、大胆的视野,有助于突破组织原有的思维定式,有利于创新。同时,新员工可以在管理、技术等方面为组织提出不同的改进、完善的方法,使企业在发展过程中与时俱进。

(3)产生激励效果。外聘人才可以在无形当中给组织原有员工施加压力,让他们形成危机意识,激发他们的斗志和潜能,从而产生"鲶鱼效应"。

(4)有利于树立企业形象。外部招聘是一种有效的对外交流方式,可以起到广告宣传的作用。在招聘的过程中,企业在员工、客户和其他外界人士中宣传了自己,从而形成了良好的口碑。

(5)可以缓解内部竞争者之间的紧张关系。由于空缺职位有限,企业内的候选人之间的不良竞争可能导致勾心斗角、相互拆台等问题发生。一旦某一员工被提升,其他候选人可能会产生不满情绪,消极懈怠,不服管理。外部招聘可以使内部竞争者得到某种心理平衡,避免了组织成员间的不团结。

2)外部招聘的缺点

(1)筛选时间长,难度高。要招聘到优秀的合适的员工,企业必须能够比较准确地测评应聘者的能力、性格、态度、兴趣等素质,从而预测他们在未来的工作岗位上能否达到组织所期望的要求。而研究表明,这些测评结果只有中等程度的预测效果,因此,仅仅依靠这些测评结果来进行科学的录用决策是比较困难的。为此,一些企业还采取推荐信、履历分析、情景模拟等方法,这些方法各有优势,但也存在不同程度的缺陷,这就使得录用决策的时间较长。

(2)员工进入角色状态慢。外部招聘的员工需要花费较长的时间才能了解组织的工作流程和运作方式,才能了解组织的文化并融入其中。如果外聘员工的价值观与企业的文化相冲突,那么员工能不能适应企业文化并及时进入角色将面临一定的考验和风险。

(3) 招聘成本高。无论是在媒体发布信息或者通过中介机构招募,都需要支付一定的费用,而且由于外部应聘人员相对较多,为了能够在众多应聘者中选出合乎招聘条件的候选人,必须进行认真的资格审查和评定,后续的甄选过程也非常烦琐与复杂。这些都增加了外部招聘的费用支出。

(4) 决策风险大。外部招聘中必须通过几次短时间的接触,判断出候选人是否符合本组织空缺岗位的要求,而不像内部招聘那样经过了长期的接触和考察,所以很可能因为一些外部的原因(如信息的不对称性等、逆向选择及道德风险)而做出不准确的判断,进而增加了决策风险。

(5) 影响内部员工的积极性。如果组织中有胜任的人未被选用或提拔,即内部员工得不到相应的晋升和发展机会,内部员工的积极性可能会受到影响,或者引发外聘人才与内部员工之间的冲突。

3.4 招聘渠道的选择

1. 影响招聘渠道选择的因素

内部招聘和外部招聘既然各有优势与劣势,那么企业在选择招聘渠道时,应该怎么处理呢?究竟采取内部招聘还是外部招聘,要视具体的招聘目的和环境条件来定。通常需要考虑的因素有以下五个方面。

1) 企业的发展阶段

处于发展初期的企业,还在摸索企业战略、未来发展方向,没有配套的人才培养机制,特别缺少优秀的管理者,就特别需要外部的精兵强将。当企业处于快速成长期,应当广开外部渠道,因为处于成长期的企业,发展速度较快,内部选拔与培养无法跟上企业的发展,同时由于企业人员规模的限制,选择余地相对较小,无法选拔出最佳的人选。在这种情况下,企业应当采取更为灵活的措施,广开渠道,吸引和接纳需要的各类人才。当企业进入稳定期,战略比较明确,企业发展方向与经营目标已经确定,从内部寻找接班人并加以培养即可。

2）企业现有的人力资源状况

当空缺重要职位，企业内部人员中没有合适人选，也没有可以培养的对象，或者有培养对象但培养所需成本较高，时间较长时，应选择外部招聘；若现有人员中有可以培养的对象，且培养的成本不高，则可通过内部选聘填补空缺。

3）企业的文化和领导的用人风格

如果企业要维持现有的企业文化，不妨从内部选拔，因为内部的员工在思想、核心价值观念、行为方式等方面对企业更为认同，而外部的人员要接受这些思想和方式需要较长的时间，而且可能存在风险；如果企业想改善或重塑现有的企业文化，可以尝试从外部招聘，新的人员带来的新思想、新观念可以对企业原有的东西造成冲击，促进企业文化的变化和改进完善。

领导的用人风格对企业的招聘渠道的选择也有着很大的影响，有些领导喜欢从外部引进人才，有些企业领导则倾向于内部培养。

4）企业所处的外部环境

包括人才市场建立与完善状况、行业薪资水平、就业政策与保障法规、区域人才供给状况、人才信用状况等外部环境。这些环境因素决定了企业能否从外部招聘到合适的人选。当企业外部环境剧烈变化时，企业比较适合采取内外结合的人才选拔方式。因为当行业的经济技术基础、竞争态势和整体规则发生根本性的变化时，知识老化周期缩短，原有的特长、经验反而可能成为学习新事物、新知识的一种阻碍。在这种情况下，从企业外部、行业外部吸纳人才和寻求新的资源，成为企业生存的必要条件之一。因此，此时最好采取以外部招聘为主，内部培养与选拔为辅的措施。

5）企业招聘人才的层次

对于高级管理人才的选拔，企业应遵循内部优先的原则。在对通用电器等11家公司调查时发现，有10家的首席执行官是从公司内部选拔的。这一方面是因为其自身的专业技能、素质和经验；另一方面是因为他们对企业文化和价值观念的认同，愿意为企业贡献自己全部的能力和知识。同时企业的高层管理团队和技术骨干，都是以团队的方式进行工作，分工协作,密切配合,而核心价值理念相同的人一同工作更容易达成目标;如果观念存在较大差异,将直接影响到合力的发挥。

中层管理人员、技术骨干及业务骨干的选拔以内部竞聘为主;而普通员工和临时岗位员工,可以优先考虑外部招聘。

如今,越来越多的新兴渠道逐渐出现并被招聘人员灵活运用,有力地提升了企业的人才竞争能力,企业需要在综合分析以上各因素的基础上,比较各类招聘渠道的优势和劣势,对招聘渠道进行择优使用与合理搭配组合。

2. 选择招聘渠道的步骤

如前所述,无论是内部招聘还是外部招聘,都有其优势,也存在缺陷。企业必须视实际情况做出不同的选择,这就需要企业在既定的战略规划下,在分析企业现有的人力资源状况和预测未来情况的基础上,制订详细的人力资源计划,明确企业的用人策略,建立内部的培养和选拔体系,同时有目的、有计划、分步骤地展开招聘选拔工作,给予企业内外部人才公平合理的竞争机会,以形成合理的人才梯队,保证企业未来的发展。

在进行招聘渠道选择时,企业可以参考图 3-3 所示的基本步骤。

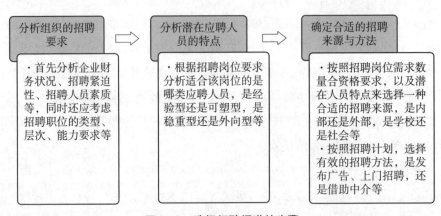

图 3-3　选择招聘渠道的步骤

本章小结

招聘渠道是指企业招聘人员所选择采用的途径。按照招聘人员来源的不同,可以将招聘渠道分为内部招聘和外部招聘。内部招聘主要包括员工推荐、职位公告法、档案法等;外部招聘主要包括广告招聘、现场招聘会、借助专业人才服务机构、校园招聘、网络招聘、熟人推荐等。

无论是内部招聘还是外部招聘,都有其优势,也存在缺陷。企业在选择运用时,必须视实际情况来定,具体要考虑企业的发展阶段、现有的人力资源状况、企业的文化和领导的用人风格、企业的外部环境、企业招聘人才的层次等因素。

复习与思考

(1) 内部招聘渠道有哪些?

(2) 外部招聘渠道有哪些?

(3) 试述内部招聘和外部招聘的利弊。

(4) 企业在选择人才招聘渠道的时候应考虑哪些因素?

(5) 在撰写招聘广告时需要注意哪些问题?

 **课后案例**

招聘渠道选择：合适才是最好的

在招聘实施过程中,招聘渠道的选择是直接影响招聘效果的重要一环。英特尔的员工推荐与宝洁的校园招聘都是各具特色并且效果良好的招聘渠道。

英特尔的招聘渠道很多。其中包括委托专门的猎头公司物色合适的人选。另外,求职者可以通过公司的网页,随时浏览有哪些职位空缺,并通过网络直接发送简历。只要求职者的简历背景适合,就有机会接到面试通知。

英特尔还有一个特殊的招聘渠道,就是员工推荐。它的好处首先在于,现有的员工对英特尔很熟悉,而对自己的朋友也有一定了解。基于这两方面的了解,他对于那个人是否适合英特尔,在英特尔大概会不会成功会有一个基本把握。这比仅两个小时的面试要有效得多,相互的了解也要深得多。英特尔非常鼓励员工推荐优秀的人才给公司,如果推荐了非常优秀的人才,这个员工还会收到公司的奖金。当然,决策者是没有奖金的。如果因为人情招了不适合的人,决策者会负一定责任,所以决策者会紧紧把握招聘标准,公司内部也绝不会出现裙带关系。

宝洁很重视应届毕业生的招聘工作。在校招前期的广告宣传中,招聘工作人员会向应届生派送招聘手册,以达到吸引应届生参加其校园招聘会的目的。宝洁的校园招聘会的程序一般如下:校领导讲话,播放招聘专题片,公司招聘负责人详细介绍公司情况,招聘负责人答学生问,发放宝洁招聘介绍会介绍材料。

除此之外,宝洁校招的特色还在于公司有关部门的副总监以上高级经理以及那些具有校友身份的公司员工会来参加校园招聘会。双方面对面的直接沟通和介绍,向同学们展示了企业的业务发展情况及其独特的企业文化、良好的薪酬福利待遇,并为应聘者勾画出职业发展前景。公司招聘专题片、公司高级经理的有关介绍及具有感召力的校友亲身感受介绍,使应聘学生在短时间内获得对宝洁公司较为深入的了解和更多的信心。

(资料来源:http://blog.sina.com.cn/s/blog_458899c20102xu1d.html,有删减)

 思考题

简要评价案例中企业的招聘渠道。企业在招聘时如何结合自己的实际情况选择招聘方式?

4

初级资料筛选与笔试

◉ 学习目标

（1）理解简历和申请表的优缺点；

（2）掌握简历筛选的技巧；

（3）掌握申请表的设计；

（4）掌握申请表筛选的方法；

（5）理解笔试的适用范围、特点及内容；

（6）掌握笔试的操作流程。

◉ 引例

校园招聘中 HR 如何筛选简历

每年的校招季，同学们最关心的问题就是在茫茫的简历中，如何能让自己的简历脱颖而出或者说如何顺利地通过网申的第一关——简历筛选。有些同学肯定有这样的疑问，就是"在校招过程中，HR 是根据什么来筛选候选人的？"其实，这是一个很大的问题，因为不同的公司、岗位，对候选人的要求是不一样的，因此筛选人才的标准和方式也会不同。

通常来说大部分企业除了开放网申通道收取简历以外，在线下宣讲会的时候也会收取一部分同学的简历，并且有时候线下宣讲会也会有获得面试直通卡的机会。首先我们来分析一下线下收取简历并进行筛选的这一环节。在宣讲会的现场，有些企业会直接收取简历并且进行一个简短的面试，此时 HR 做的就是极其快速的筛选，他们通常会看以下几点：候选人的形象、教育背景、实习经历。在快速筛选这一环节，HR 最重视的会是实习经历，如果你有非常契合岗位且丰富的实习经历，通常都会通过第一关的筛选。

下面我们来详细地分析一下通过网申系统投递简历。校招时企业都会要求学生通过网申系统来投递简历，不过有些企业会有自己的网申系统，而有些企业会外包给例如智联、大街等第三方招聘企业。HR 筛选网申的简历流程都是相似的，无非是通过系统收取简历，然后再通过一些关键词来筛选。我们都知道通常 HR 在筛选简历的时候在一份简历上停留的时间最多不会超过 30 秒，更何况校招时她们通常会收到几千甚至上万封的简历。

对于收到上万封简历的企业来说，他们通常会先做一遍机器筛选，比如有一些企业有明确的目标院校、对英语有明确的要求，会通过设置关键词先系统地筛掉一部分学生。通过机器筛选的简历才有机会被 HR 看到。以腾讯为例，对于通过机器筛选的简历，HR 会用 30~60 秒的时间来决定是否将其推给面试官，那么看简历的基本逻辑是什么呢？以技术岗为例，第一眼先看个人技能，候选人是否具有这个岗位需要的技能，如对 C 语言的掌握程度是熟练掌握，还是熟悉，还是仅仅了解。第二眼看项目经历，特别是科研项目的经历是不是有亮点，足够得吸引人，再看是否有不错的实习经历。第三眼看简历的语言表达是否清晰。有时候 HR 也会看到一些语言不通，根本不知道在表达什么的简历，这种简历一般就会直接被筛掉了。上述的先机器筛选再 HR 筛选的形式有时候也会有例外，像银行校招是机器筛选和 HR 筛选相结合的，之后按照各项比重计算评分。

有一部分企业是全部由人工进行简历筛选的，通常是因为他们在校招的时候可能没有收到特别多的简历。不是说这样的企业不好，而是因为学生对这类企业认知不够，或者是这类企业招聘要求偏高，大部分学生觉得自己的机会不大也就放弃了投递。对于这类企业来说，校招的简历不一定会全部由 HR 来筛选，因为企业通常有专门负责校招的 HR，而 HR 一个人是根本不可能有时间看完全部简历的。此时各个部门的同事会帮忙一起来进行简历的筛选,但是前提是 HR 会告诉他们筛选的一些标准。

总之,企业筛选候选人的时候都有自己的标准,而标准是 HR 根据不同部门的需求来制定的,例如企业要招销售人员,肯定会选课外活动特别丰富,特别活跃的学生。当候选人的简历与所申请的职位的匹配点越多时,就越容易通过网申进入下一阶段的甄选测试。

(资料来源:https://www.sohu.com/a/198891260_99968903,有删减)

企业在招募阶段获得求职者的申请资料后,就进入甄选阶段。人员甄选是招聘过程中非常关键且技术性极强的一个环节。求职资料的初级筛选就是从众多职位申请者中挑选出基本符合企业招聘意向与需求的人员,以缩小企业甄选的范围,这也是甄选阶段的第一项工作。

4.1 简历筛选

1. 简历概述

简历是求职者发给用人单位的一份简要介绍,目的是向未来雇主表明自己拥有满足特定工作要求的知识、技能、态度、品质与价值观等。简历的优点在于能够给职位申请者较大自由去表现自己的创造性和书面表达能力。在简历中,申请者会强调自己认为重要的部分,会无意中提到其他一些有用的信息,用人单位可以从中获取自己想要的信息,并进行筛选。但是,由于应聘者的简历没有统一的格式和制作规范,用人单位难以控制简历的内容和风格,因此筛选起来需要花费较多时间和精力。再加上个别应聘者可能会在简历中隐瞒不好的方面,夸大自己的成绩,甚至编造工作业绩或教育背景,这更增加了甄选的难度。

简历一般包含两部分内容:一是用人单位能够核实的内容,即客观内容;二是用人单位难以具体核实的内容,即主观内容。

客观内容主要包括个人信息、教育经历、工作经历和个人成绩四个方面。其中,个人信息包含姓名、性别、民族、年龄、学历、政治面貌、婚姻状况、联系方式等;教育经历包含学习经历、培训经历等;工作经历包含以往的工作单位、起止时间、担任职务、工作内容、参与项目名称等；个人成绩包含应聘者在学校、工作单位获得的各种奖励等。

主观内容主要是应聘者对自己的评价与描述，例如，应聘者描述自己"勤奋好学、乐观开朗，有强烈的责任心，有团队合作精神"等。

2. 简历的筛选技巧

企业对简历的筛选，既包括对简历整体效果的评估，也包括对简历各项目的评估。为了保证筛选的准确性和有效性，企业对于简历各项内容的筛选均有一定的衡量标准。

1）审查简历的整体结构

简历的整体结构反映了应聘者的逻辑能力、组织能力和书面表达能力。结构合理的简历都比较简练，一般不超过两页。为了强调自己近期的教育及工作经历，应聘者在制作简历过程中，对其教育背景和工作经历往往采取从现在到过去的排列方式。申请者通常会突出表述自认为重要的部分。如果应聘者的简历结构不完整，说明其对这份工作的期待不高，重视度不够，可直接筛除掉。

2）重点查看客观内容

因为很多主观的描述和评价不易判断真伪，因此主观内容不能作为评价应聘者的直接依据，只能作为侧面了解应聘者的一个参考。应该重点查看简历的客观内容，了解应聘者的个人信息、教育背景、工作经历、个人成绩等，判断应聘者的专业资格和经历是否与空缺职位的要求相符合。明显不符合要求的，可以直接筛选掉。

（1）个人信息的筛选：

① 在筛选对硬性指标（性别、年龄、工作经验、学历）要求较严格的职位时，如应聘者有一项不符合职位要求，则快速筛选掉。

② 在筛选对硬性指标要求不严格的职位时，可以结合招聘职位要求，同时参照"人在不同的年龄阶段有着不同的特定需求"这一规律进行筛选：25 岁以前，寻求一份好工作；26～30 岁，寻求个人定位与发展；31～35 岁，寻求一份高收入工作（工资、福利、隐性收入）；36～40 岁，寻求独立发展的机会、创业；41 岁以上，寻求一份稳定的工作。

（2）教育背景的筛选：在查看应聘者的教育经历时，要特别注意应聘者是否用了一些含糊的字眼，比如没有注明大学教育的起止时间和类别（这样做很可能是为了混淆专科和本科的区别）；在查看应聘者的培训经历时，要重点关注专业培训、各种考证培训的情况，主要查看培训的内容与专业是否对口。

（3）工作经历的筛选：应聘者的工作经历是查看的重点，也是评价应聘者基本能力的着眼点，可以从以下几个方面对其进行分析。

① 工作时间。主要查看求职者总工作时间的长短、跳槽或转岗频率、每项工作的具体时间长短、工作时间衔接等。

如果在总的工作时间内求职者跳槽或转岗频繁，则其每项工作的具体时间就不太会长，这时应根据职位要求分析其任职的稳定性。如可判定不适合职位要求的，直接筛选掉。

查看应聘者工作时间的衔接性（作为筛选参考）。如应聘者在工作时间衔接上有较长空档期，应做好记录，并在安排面试时提醒面试考官在面试时确认应聘者出现空档期的原因。

② 工作职位。有的应聘者不写职位，只写部门，或者不具体写明职位，只笼统地列出"管理""业务"等。这样的简历应谨慎选择，亦可不选。这里也需注意各企业职务序列的不同。另外，还要注意工作职位的变化，从应聘者工作职位的发展趋势上可以判断出他的职业发展潜力。

③ 工作内容。主要查看应聘者所学专业与工作的对口程度，如专业不对口，则须查看其在职时间的长短；也可把专业不对口作为面试考查的一个内容。

结合前文所述的工作时间，查看应聘者工作在专业上的深度和广度。如应聘者短期内就涉及较深的工作内容，则要考虑简历是否存在虚假成分。在安排面试时应提醒面试考官将其作为考查重点，特别注意了解细节。

查看应聘者曾经工作过的公司的大致背景（特别是对中高层管理和特殊岗位）作为参考。

此外，还可以通过分析应聘者年龄与工作经历的对应性，判断应聘者所述工作经历是否属实、有无虚假信息,例如一个 30 岁左右的求职者,曾做过医生、律师,现在的职业是销售,并且来应聘建材销售代表,这明显不合常理,遇到这种情况要特别注意,如能判定简历不符合实际情况,应直接筛选掉。

(4)个人成绩的筛选:主要查看应聘者所述个人成绩是否适度,是否与职位要求相符(作为参考,不作为简历筛选的主要标准)。筛选应届毕业生的简历要更为重视其个人成绩,因为应届毕业生在工作经历方面基本空白,主要通过在校成绩和实习、实践经历来考查其能力素质。

3)查看主观内容

应聘者的自我评价和个人描述一般会突出积极的信息。这里主要查看应聘者的自我评价或个人描述是否适度,是否属实,并找出这些描述与工作经历相矛盾或不符、不相称的地方。如能判定应聘者所述主观内容不属实且有较多不符之处,可直接筛选掉。

4)初步判断简历是否符合职位要求

(1)判断应聘者的专业资格和工作经历是否符合职位要求。如不符合要求,直接筛选掉。

(2)分析应聘者的发展方向是否明确,是否和应聘职位一致。

(3)初步判定应聘者与应聘职位的适合度。如能判定应聘者与应聘职位不合适,可直接筛选掉。

5)全面审查简历的逻辑性

要注意简历的描述是否有条理,是否符合逻辑。比如,一名应聘者曾在某知名企业担任高级职位,而应聘的却是个普通职位,需要多加注意;再比如,一名应聘者在简历中称自己在许多领域中取得了成绩,获得了很多证书,但是从他的工作经历可以判断,他很难有这样的条件和机会,这样的简历也要引起注意。另外,要留心简历中的空白时间和前后矛盾之处,这可能是应聘者的笔误,但也可能是应聘者故意掩盖某些事实之举。如果出现这些情况,先不要对应聘者妄下定论或直接淘汰,可以准备一些问题在面试时询问并核实。如能判定应聘者简历完全不符合逻辑或存在虚假成分,可直接筛选掉。

6）形成对简历的整体印象

查看应聘者简历书写格式是否规范、整洁、美观，有无错别字等。此外，通过阅读简历，要对应聘者有一个整体印象。标出简历中感兴趣以及不可信的地方，面试时可询问应聘者。

7）查看应聘者的薪资期望值

如果应聘者简历中有注明薪资期望值，需查看其与招聘职位薪资的匹配程度，如果职位提供的薪资水平远低于应聘者的期望，可暂不考虑。另外，如果简历中列明了应聘者以往工作经历中的薪资变化范围，则可以从应聘者以往薪资变化的曲线侧面了解其在其他企业的成长情况。应聘者过往的薪资变化情况有时也可作为企业确定应聘者薪资的参考。

8）结合以上内容最终判定简历是否符合职位要求

如根据以上技巧不能判定应聘者是否符合职位要求时，可通过电话进行筛选；如能判定简历合格，可直接向用人部门推荐。

小专栏 4-1

猎头是怎么筛选简历的

不少高级人才在跳槽换工作时，不像普通求职者一样上网大规模投递简历，而是通过猎头。但是，在给猎头发送了自己的简历后，有的应聘成功了，有的却失败了。

张先生，名牌大学硕士生，有八年以上工作经验，可是他最近却为工作而烦恼。他给许多家单位递去简历，却总是石沉大海；自己联系猎头，却不了了之。此前，学技术的他曾在多家公司任职，做过技术，还自己创业过。如今，他又转行做销售。尽管听说市场上十分缺销售，可他依然不能如愿。他真不懂，明明自己有才，为什么屡屡与职位失之交臂？

对于求职者而言，跳槽前后的职位应该有连续性，或是阶梯上升的。虽然张先生有名校的教育背景，也曾在一些优秀的企业里就职过。但他的职业背景前后存在很大的脱节。一会儿从事技术，一会儿去创业，一会儿又做销售，他的受欢迎程度甚至比刚毕业的大学生还要差。再加之，他的年龄并不具有竞争优势,在相关的岗位面前,也就失去了用人单位的关注。

猎头筛选简历的第一个要点在于应聘者曾经任职的企业和职位。首先看此人现在或最近在什么企业工作过。如果和空缺职位处于同一行业,而且在该行业中的领先企业有任职经历,那么十之八九会获得面试的机会。

另外,有在跨国企业、知名企业的工作经历会得到优先考虑。不仅外国企业,民营企业也希望聘用有跨国企业经验的人才,这是因为企业相信他们不仅能很快适应新的工作环境,而且会把跨国企业的先进管理方法和技术带进公司。

此外,能够进入猎头视线的通常都是在管理水平和专业技能上资质优秀的人,如果你的简历没有显示出你有足够的管理者资历(比如5~7年),那么你的简历很容易被忽略。

猎头筛选简历的第二个要点是过往业绩。

没有业绩支撑的职位描述是没有说服力的。由于不同企业对职位的内容和职责范围设计不同,所以真正反映个人能力和资历的是工作业绩,例如具体数字、案例和所获奖励等,这些比长篇的职位描述更能打动猎头。此外,猎头可以通过职责大小、行业深入程度,判断应聘者与空缺职位的匹配程度。

最后,真实是一切的前提,如果简历中有较大水分或编造内容,那么它就会失去所有被推荐的机会。

小专栏4-2

机器筛选简历

机器筛选简历是指预先设置简历过滤系统,通过确定一定的先决条件,如学历、工作经验、证书等,事先将明显不符合公司用人要求的简历剔除出去,减少招聘人员的工作量。但机器筛选的检索条件为客观标准,没有人工筛选那么灵活,无法辨认虚假简历,但总体上讲,机器筛选简历是很多企业尤其是知名外企进行招聘时常用的简历筛选方式。

在设置机器筛选简历系统时,应根据职位说明及任职要求确定岗位所需人才的各项素质、能力要求,提炼出关键词,再由机器根据关键词进行检索、筛选、过滤。表4-1是某家公司在对应届毕业生的简历进行机器筛选时设定的筛选标准。

表4-1 ××公司筛选简历标准

项目	权重	得分			
		2	4	6	8
学校层次	10%	职业院校	普通大学	国家重点大学	重点名牌大学
班级排名	5%	21名以后	11~20	6~10	前5名
英语水平	5%	CET-4未通过	CET-4	CET-6	专业英语八级
专业背景	10%	纯文科类	理工科类	经济类	管理类
社团工作	15%	无	一般成员、干事	系、院社团部长、主席	学校级别社团主席
实习经验	15%	无	一般的勤工俭学	本专业相关实习	知名企业实习
—	—	—	—	—	—

3. 电话筛选简历

1)电话筛选适用的情形

(1)初次筛选时模棱两可的简历。

(2)招聘职位有语言表达能力要求的简历。

(3)几种筛选方法并用的情况。

2)电话筛选简历的程序及应注意的问题

(1)与求职者确认并自我介绍,询问现在打电话是否合适或是否方便。

(2)告知求职者简历来源与应聘职位。

(3)简单介绍公司与求职者应聘职位的基本情况。

(4)了解求职者目前所在地及目前工作状况(在职或失业)。

（5）询问求职者应聘原因及离职原因。

（6）了解求职者目前工作的主要内容以及主要技能（可以通过请求职者自我介绍或其他方式了解）。

（7）了解求职者对应聘职位的认识（可选）。

（8）了解求职者对薪酬福利的期望值（可选）。

（9）请求职者提出其所关心的问题（可选）。

（10）了解求职者语言表达能力及沟通能力，如普通话是否标准等（根据职位要求而定）。

（11）通过电话沟通情况，最终判定简历是否符合职位要求。

表4-2是一份企业招聘人员与应聘者进行初次电话沟通的话术表。

表4-2　与应聘者的初次电话沟通话术

步骤	内　容	目　的
1	您好，我是××公司的人力资源部招聘主管	自我介绍，让对方知道你的身份
2	请问您是××先生吗？我们是在××上收到您申请我公司××职位的资料	确认对方是申请人本人；告知信息源，获得对方的信任
3	您好，今天给您致电，是想了解您在这个职位上的经验，这个电话可能会需要占用您大约5分钟的时间，请问您现在方便通话吗	告知通话目的，让对方有心理准备；询问对方是否方便通话，确保通话时间与效果
4	××先生您好，我在您的简历中看到您曾有两年的职业中断期，方便说一下详细情况吗？××先生您好，我看您在销售这一块有很好的经验，曾经用一年时间做到区域销售额翻倍的业绩，请您详细介绍一下您当时拥有的资源或是遇到的困难	通过对方临时的回答，考察对方的反应力、语言组织能力、面对招聘人员的老练程度；通过对方的语气与答案，判断回答的真假；通过对方的回答，判断业绩的真实性；判断对方是否重视团队；通过对方是更多的提及资源还是困难，来判断求职者是否过于强调个人能力

（续表）

步骤	内　容	目　的
5	好的,我了解了,谢谢您接听电话,我们的正式面试时间在××,如果您的时间没问题,请按时到公司参加面试,到时候公司前台会接待您,关于面试信息,您会在两天内收到确认的短信,您留心查收一下	在判断简历可通过后,告知对方详细的面试安排,让对方感受到公司的专业与用心; 发送确认的短信,能方便应聘者,也能再次确认应聘者当天是否会到公司参加面试
	好的,您刚说的情况我已经记下来了,如果适合的话,我们会在两天内通知具体的面试时间,感谢您接听电话	在判断简历不能通过后,在电话里告诉对方你不能做出即时判断。不要在电话里直接拒绝,因为应聘者并不知道公司的具体筛选标准,仅一两个问题就被拒绝,会被对方认为太过草率,对应聘者不够尊重; 两天的通知时间是企业正式通知完毕的时间,两天后对方没接到通知,即可知道是不适合

4.2　申请表筛选

1. 申请表概述

申请表,也称求职申请表、应聘申请表或工作申请表,是由用人单位自行设计,包含职位所需的基本信息,并用标准化、规范化的格式表述出来的一种初级筛选表。

运用申请表进行初步筛选的优点在于:

（1）节省时间,提高筛选效率。相较于求职简历,求职申请表最大的特点在于结构完整且直截了当,申请表上需要填写的信息都是用人单位针对岗位任职资格设计的,这样免去对无用信息进行筛选,加快筛选速度。

（2）信息较为完整。企业根据自己的需求设计申请表,并且要求所有应聘者按照申请表上所列的项目提供相应信息,这样用人单位可以获取所有想要的信息。

（3）提供后续选择的参考。企业可以根据自己对员工的要求设计一些有针对性的或具体的问题,有助于在面试过程中做交叉参考,看看有无矛盾之处。

(4) 有助于应聘者进行自我评估。求职申请表清楚地表明了用人单位对于应聘者的能力和素质要求。这有利于应聘者对照申请表进行自我评估,判定自己是否符合申请表中所要求的条件,符合之后再填表。

申请表与简历之间的区别见表4-3,二者各有优缺点,实践中可斟酌使用。

表4-3　申请表和简历的比较

优点/缺点	申请表	简历
优点	(1) 直截了当; (2) 结构完整; (3) 减少了不必要的内容; (4) 标准化程度高,易于评估	(1) 开放式,利于创新; (2) 允许申请人强调认为重要的东西; (3) 允许申请人修饰自己的简历; (4) 费用较小,容易做到
缺点	(1) 封闭式,限制创造性; (2) 制作和分发费用较高	(1) 申请人可以能略去某些对自己不利的内容; (2) 容易添油加醋; (3) 标准化程度低,难以评估

关于申请表的内容,不同的单位设计不尽相同。一般来说,申请表应包含个人基本信息,教育培训信息,工作经历信息,与申请岗位相关的背景信息(申请岗位、期望薪资、到岗时间等),工作特殊要求信息,以及其他一些相关信息(获奖情况、能力证明等)。企业也可以根据实际需要设计一些附加信息。

2. 申请表的设计

申请表的设计,关键在于保证每个项目均与胜任某项工作有一定的关系,而且比较客观,便于他人理解与审查。

1) 选择那些最符合企业需要的项目

申请表所包含的信息应包含应聘岗位所需要的全部信息。在决定选择哪些项目时,一定要包括一些代表"关键的淘汰因素"的问题,这些因素能反映出工作岗位必须要达到的标准。例如,如果这个工作岗位需要经常出差在外,那么申请表中一定要包含这样的问题,"如果成功应聘该职位,你是否能够经常出差?"申请人的回答如果是"否",就可以将他排除。开始筛选时就这样做,可以节省很多时间和费用。

2)检查申请表的合法性

对申请表包含的内容进行检查和审核,看是否有违反法律法规的地方,或者是否有引起歧视的嫌疑。在美国,为了遵循公平就业,申请表可能需要涉及求职者的种族、性别、年龄等信息时,出于合法性的考虑,企业必须申明不会根据这些信息来做出筛选。许多企业采用附加栏的方式来收集这些信息。所谓附加信息,也就是说这部分信息不和申请栏里的其他信息一起储存,且必须申明这些信息仅仅是为了向联邦政府汇报而收集,申请人自愿提供,绝对不是聘用时考虑的因素。

3)使申请表格式符合逻辑

申请表要简单明了、易于填写,这样求职者在填写时能够快速而顺利地完成信息的总结和输出。如果申请表难以填写,那么企业也许就得不到所需的信息。

4)把联系方式和"关键的淘汰问题"放在最上面

将最有用的信息放在最前面来收集,有利于节约申请表的初步筛选时间。如果需要申请人的电话、邮箱等联系方式,那么将这项问题放在最上面。如果旅行社需要应聘人员持有导游证,那么对于没有导游证的申请人,企业就不必再浪费时间去细看其申请表的其他部分了。

5)务必留下足够的空间让申请人填写

一般情况下,申请表留有多少空白,求职者就提供多少信息。这就是说,如果某项信息是企业非常重视的,希望能够多了解一些,那么就必须在申请表上留下足够的空间来让申请人填写。

6)最后检查一遍

最后的检查非常有必要,可以避免错误,同时使申请表更加有效。对申请表的每一项可以提出下列几个问题:这一项有没有可能提供企业所需要的信息?这一项和工作有没有联系?这些信息能不能帮助企业区别合格的和不合格的申请人?如果对于以上问题的答案是否定的,那么就应该认真问自己,为什么要把它写进申请表?采用这种检查的方法,能够帮助企业制作实际有用的申请表,还能避免不合法的情况发生,从而进行正确高效的初步筛选。

表 4 - 4 是一则求职申请表示例。

表 4 - 4　求职申请表

姓名		性别		年龄		出生日期	
籍贯		民族		身高		体重	
学历		职称		健康状况		婚姻状况	
毕业院校				所学专业			
第一外语		级别		第二外语		级别	
联系方式				身份证号			
期望工资		到岗时间			其他要求		
教育经历	起止时间		学校名称		专业		学历
工作经验	起止时间		公司名称		所任职务		证明人
培训经历	培训机构		培训机构		培训内容		所获证书
受过的奖励及处分							
兴趣和爱好							
特长及自我评价							

3. 申请表的筛选方法

在收到求职者的申请表后,企业可以采用分级法和比较模型法进行筛选。

1) 分级法

在审阅求职申请表时,要特别关注以下情况:

（1）能够证明具备工作所要求的有关技能、能力和成就的情况。

（2）申请表和简历上的日期是否一致，有无时间空缺，申请表中所说的工作情况是否与所给的日期相符。

（3）能够证明业务发展水平的情况。

（4）能够证明行业知识水平的情况。

（5）在行业就职的稳定性情况。

（6）以前雇主的情况。

（7）就业稳定性的一般情况，即做一份工作的平均时间。

查看申请表之前，必须了解清楚工作岗位的要求，然后制定出用于筛选申请表的调查表。调查表要和申请表、简历中的项目相一致，每一项都是重要的筛选标准。全面的调查表将使企业能够根据申请人符合工作岗位剖析的程度来决定优先考虑哪些申请表，在此可以用 A、B、C、D 四级来区分申请表。属于 A 级的求职者最符合最初的工作岗位剖析，B 级次之，C 级第三，D 级的申请者不符合工作岗位剖析，因为 D 级的条件是"关键淘汰因素"，所以很可能不会进入下一阶段的笔试或面试。

2）比较模型法

认真审阅申请表和简历，将那些明显不适合岗位的人挑出来。根据工作说明和人员招聘条件将剩下的申请人进行排列，参照下列标准对每一位申请人进行评估：①表示不符合最起码的标准；②表示符合标准；③表示符合或超出标准。

对所有的申请人进行了认真的甄别和排列之后，就可以将结果引入下面的比较模型进行比较，如表 4-5 所示。

表 4-5　申请人条件比较表

申请人	身体状况			教育训练			知识经验			专业特长			性格特征		
	1	2	3	1	2	3	1	2	3	1	2	3	1	2	3
1	√				√				√		√		√		
2			√			√		√		√				√	
3		√			√			√				√		√	

运用比较模型法进行比较之后,就可以相对容易地进入候选人分类阶段:①部分的候选人选定为继续测试的对象;②部分候选人列入后备名单;③准备向部分候选人发拒绝信。

小专栏 4-3

谷歌的初步筛选

1)简历筛选

谷歌招聘流程的第一步是从技术性要求、教育程度以及工作经验来筛选应聘者。如果你的简历不合适,你会得到一个礼貌的"您暂时不合适"的回应,但是你的简历会被存档。而且谷歌的招聘人员会在一个新的职位开放招聘之后检查现有的存档简历,如果他们认为你合适,招聘人员会联系你并进行一个电话筛选面试。

2)电话筛选

谷歌的招聘人员会联系你,解释上述流程,并让你知道预期状况。如果这是一个技术性的工程师职位,招聘人员可能会询问你的大学入学成绩和在大学的平均绩点数(GPA)。是的,即使你有20年的工作经验,他们还是会问这些数字。电话面试通常由一位相关岗位的谷歌员工进行,持续30分钟左右。可能会有两次甚至多次的电话面试。如果这是一个技术职位,在面试时,你甚至会被要求在一个共享的 Google Doc 文档中写代码。这么做的目的是更深入地评价你的技术能力、从业经验,以及应聘这个职位的动机。

4.3 笔试

1. 笔试概述

1)笔试的适用范围

笔试是一种书面考核方式,是让应聘者在试卷上回答事先拟好的试题,由主考人(或评卷人)根据应聘者回答的正确程度予以评定的一种测试方法。现代笔试包含了用计算机代替纸笔的考核方式。

通过笔试,可以有效测量出应聘者在基础知识、专业知识、管理知识、综合分析能力、文字表达能力、思维能力与计算能力等方面的差异,从而筛选出符合本单位用人标准的应聘者,进入下一环节的考核。

笔试多适用于专业性较强、知识标准化程度较高的岗位招聘考核中,例如财务类、法律类、金融类、翻译类等岗位,特别是知识更新快、政策变化多的岗位,比如审计类、证券类岗位,都有书面考核的必要。除了被广泛用于企业招聘中,在公务员及事业单位的招聘录用中,应用笔试进行第一轮筛选也是最为常用的方法。

2) 笔试的特点

(1) 笔试的优点:试题"取样"较多,对知识、技能和能力的考核信度和效度都较高;可以大规模进行评价,因此花费时间少,效率高;应试者的心理压力较小,容易发挥正常水平;成绩评定较为客观;可以保存应试者回答问题的真实材料,以备日后参考查询。

(2) 笔试的缺点:不能直接与应聘者见面,没有交流互动,不能全面考察应聘者的工作态度、品行修养、组织管理能力、口头表达能力以及操作技能等,而且不能完全排除作弊和偶然性因素。因此,需要与其他测试方法结合使用,以较为全面地掌握应聘者的情况。

3) 笔试的内容

广义的笔试包括对知识、能力和心理素质的测试。笔试的内容要视岗位性质和任职资格要求而定。一般来说,笔试的内容大致包括工作知识测试、智力测试、能力测试和心理测试。

(1) 工作知识测试。工作知识测试是对应聘者的知识广度、知识深度和知识结构进行一定程度的了解和评价的一种方法。工作知识测试通常可以分为三大类:通用知识测试、专业知识测试和相关知识测试。

通用知识测试也被称为广度测试或综合测试,测试内容广泛,是根据岗位需要,要求应聘者具备一定的文化程度,掌握一定的自然科学知识和社会科学知识。

专业知识测试也被称为深度测试,测试内容是与应聘岗位有直接关系的专业知识,即要求应聘者具备履行岗位职责所需的能力或技能的相应专业学科的理论知识。例如,银行对应聘者在金融、银行、会计和保险等方面的知识水平进行测试;外贸公司对应聘者的外贸基础知识掌握程度进行测试;IT 公司对应聘者在计算机软硬件、语言和编程等方面的知识进行测试;司法机关对应聘者在法律知识与实务方面的掌握程度进行测试。

相关知识测试也被称为结构测试,是了解应聘者对应聘岗位应具备的有关知识的考试,如与岗位要求相关的经济、社会、法律、科技等知识。

例如,企业行政管理人员要具备完善的知识结构,即必须拥有通用知识、相应的专业知识和相关领域的知识。通用知识包括社会文化知识、一定的数学知识等;专业知识包括组织文化、组织设计、企业行政知识、公文写作知识等;相关领域的知识包括会计学、统计学、经济学、法律、组织行为学等。

小专栏 4 – 4

专业知识测试题目样例

证券类岗位招聘笔试部分题目如下:

1. 按( )基金可分为成长型基金、收入型基金、平衡型基金。

   A. 投资目标

   B. 基金的组织形式不同

   C. 基金是否可以自由赎回和基金规模是否固定

   D. 投资标的

2. 衍生证券投资基金是一种以衍生证券为投资对象的基金,包括( )

   A. 认股权证基金

   B. 指数基金

   C. 交易所交易基金

   D. 上市开放式基金

3. 以下不属于证券投资基金特点的是( )

A. 专业理财

B. 分散风险

C. 集合投资

D. 稳定市场

4. ETF 的汉译名称是（   ）

A. 交易所交易基金

B. 指数参与份额

C. 上市开放式基金

D. 存托凭证

……

（2）智力测试。智力测试主要测试应聘者的分析、观察能力、记忆力、思维反应能力、想象力以及对新知识的学习能力。比较有影响力的个体智力测验有斯坦福-比奈量表、韦克斯勒量表、R 型高级瑞文智力测验和考夫曼精简测验以及考夫曼青年和成人智力测验等。

（3）能力测试。能力分为一般能力和特殊能力。一般能力是指不同活动中表现出来的共同能力，如记忆能力、想象能力、观察能力、注意能力、思维能力、操作能力等，这些能力是我们完成任何一种工作都不可缺少的能力；特殊能力是在一般能力的基础上形成的岗位所需要的专业技术能力，例如建筑设计师需要具有良好的空间知觉能力及色彩辨别能力，企业管理者需要具有较强的人际沟通能力、决策能力与分析能力等。

能力测验包括单项能力测验和多项能力测验。单项能力测验是测量一种或两种能力倾向的单项测验，多项能力测验是一套由几个不同能力的小测验组成的成套测验。多项能力测验要比单项能力测验更具测量优势，因为人们工作、学习的成功往往是多种能力和因素的综合结果。

常用的单项能力测验包括文书能力测验、心理运动能力测验、机械能力测验、音乐能力测验、美术能力测验、身体敏捷性测验和视觉测验。

多项能力成套测验最初是为职业咨询与选拔而设计的，其中最早是美国就业服务中心编制的"一般能力倾向成套测验"，继而诞生了"鉴别能力倾向测验""军事职业能力倾向成套测验""员工能力倾向测验"等。国内常用于招聘选拔的多项能力倾向测验有"行政职业能力倾向测验",经常用于国家与地市的公务员考试、事业单位考试中,很多国内企业在人员招聘时也使用行政能力测验,许多世界 500 强企业则偏爱使用 SHL 的(全球权威人才测评内容提供商)测试进行招募考试和岗位评估。

小专栏 4-5

《行政职业能力测验》题目样例

第一部分:常识判断

关于垃圾分类处理,下列说法错误的是(　　　)

A. 速冻饺子的包装袋属于厨余垃圾

B. 塑料制品不可采用深度填埋的处理方法

C. 果皮等食品类废物可进行堆肥处理

D. 红色的收集容器用于收集有害垃圾

……

第二部分:言语理解与表达

物理学研究与艺术创作有异曲同工之妙,若是不能＿＿＿＿＿＿,就只能千锤百炼,通过成年累月的辛苦工作来解开暗物质的谜团了。

填入画横线部分最恰当的一项是(　　　)

A. 妙手偶得　　B. 一蹴而就　　C. 守株待兔　　D. 灵机一动

……

第三部分:数量关系

为维护办公环境,某办公室四人在工作日轮流打扫卫生,每周一打扫卫生的人给植物浇水。7 月 5 日周五轮到小玲打扫卫生,下一次小玲给植物浇水是在(　　　)

A. 7 月 15 日　　B. 7 月 22 日　　C. 7 月 29 日　　D. 8 月 5 日

……

(4)心理测试。心理测试是通过观察人的少数具有代表性的行为,依据一定的原则或通过数量分析,对贯穿于人的行为活动中的个性、动机、价值观等心理特征进行分析推论的过程。在人员甄选中常用的心理测试有人格测试、兴趣测试和价值观测试等。

2. 笔试的设计与实施

笔试是由人力资源部门组织,各用人部门协助参与,从而对应聘者进行测试的过程。

1）制定测试方案

笔试测试方案的具体内容包括：

（1）笔试的实施目的和要点。

（2）笔试实施的计划安排（时间、地点、负责人、规模）。

（3）实施过程中可能出现的问题和应采取的措施。

（4）笔试实施的效果预测。

2）成立笔试实施小组

笔试实施小组负责整个笔试工作的实施,包括试题的编制、阅卷评分、费用预算等。笔试实施小组由人力资源招聘人员、用人部门负责人和专业人员组成。

3）编制笔试试题

命题是笔试操作过程中最关键、最核心的步骤。命题恰当与否决定着测试的效度。企业在编制笔试试题时,应从难易程度、质量、实用性等多方面考虑,以应聘职位为核心,根据考查的要素确定试题的类型、内容、难易度、题量的多少和试题答案等内容。表4-6总结了笔试的常用题型及优缺点。

表4-6 不同笔试题型的优缺点

题型	优　点	缺　点
填空题	灵活、覆盖面广	过分强调记忆、比较机械
选择题	适用范围广、评分客观、操作方便、节省时间	对选项设置的要求高
判断题	完成速度快、节省时间、覆盖面广	仅适合考查对简单问题的了解程度,容易猜对

题　型	优　点	缺　点
简答题、案例分析题	能够综合考查应试者的知识运用能力	自由空间大、评分难度大、容易受评价者偏见的影响

编制试题的一项重要内容就是构建笔试的测验指标，构建指标体系的方法有工作分析法、素质结构分析法、榜样分析法、培训目标概括分析法、价值分析法、历史概括法、文献查阅法等。各种方法构建的指标基本类似，主要有基本知识、专业知识、文字表达能力、逻辑思维能力及工作经验，可以根据实际情况进行组合、添加和筛选。表 4-7 所示为各种测验指标的常用题型。

表 4-7　各种测验指标的常用题型

基本知识	选择、填空、问答，范围较广
专业知识	有具体答案的固定题型
文字表达能力	主观题、开放题
逻辑思维能力	数学方面的知识
工作经验	管理游戏、情境模拟等

在条件允许的情况下，试题编制好以后需要进行试测，然后根据反馈结果对试题进行完善，以提高其信度和效度。

企业还可以根据需要建立试题库，这样，每次实施笔试前，只要抽出相关试题进行组合即可，但是需要注意入库的试题一定要经过科学的测定，并且每半年试题库要进行一次回顾与调整，以确保题库的适用性。

4）组织试题测试

在前期准备工作都已完备的情况下，人力资源部门就可以组织应试者的考试工作，包括人员组织、考场管理、试卷保管等内容。

5）审阅评估试卷

阅卷人员应秉持公平、公正、客观态度进行试卷评判工作。阅卷过程中可能出现的各种误差如表 4-8 所示，阅卷人员要尽量避免这些误差。

表4-8 阅卷过程中的常见误差

误差类型	误差概述
阅卷人员主观因素造成的误差	阅卷者的责任心、工作态度等对阅卷的质量有很大影响,同时也是造成误差的重要因素;阅卷者的业务素质高低、个人欣赏水平、风格的不同,容易造成阅卷标准存在差异,对阅卷的客观性造成影响
阅卷流程造成的误差	外界环境反映在人脑中和信息传入大脑的时候,有一个顺序效应问题。匿名阅卷往往有先紧后松的现象,即开始阅卷较严,后来尺度宽松。主观题的阅卷中这类问题十分明显
理想模式和参照效应的误差	理想评分模式指评卷人设想存在一个理想化的评分对象,这会造成阅卷标准的提高或降低;参照效应指一份水平较高的试卷出现后,阅卷者以其为参照,脱离参考答案,降低评卷的客观性
阅卷环境因素造成的误差	阅卷是一项要求较高的工作,而阅卷又往往处于临时工作环境中,集中、重复、单调的活动常常使阅卷者出现疲劳现象。这时阅卷人容易出现注意力分散、反应迟钝、情绪波动的行为,造成人为的阅卷误差
晕轮效应造成的误差	晕轮效应指对被试者的一般印象影响到对具体某个问题的评价。例如,卷面字迹整洁与否会使阅卷者产生第一印象,忽视了内容等其他方面,从而影响了其对标准的掌握
其他因素造成的误差	阅卷者水平不一、注意力分散、外界干扰或疲劳造成的误差,书写潦草造成的误差,分值合计时的误差和计算机操作的误差

在笔试阅卷评估阶段,一般会形成一个笔试评估表,如表4-9所示。

表4-9 ××公司笔试评估表示例

姓名		专业	
监考人		应聘职位	
笔试时间		年 月 日	
基础知识	专业技能	简答论述	总成绩
分	分	分	分
评分标准	≥85分,优秀 71~84分,良好 61~70分,及格 ≤60分,不及格		

（续表）

复试意见	是否允许该应聘者参加复试？　是□　否□
	是否允许该应聘者参加（或不参加）复试的理由
阅卷人签字	

6）发布笔试成绩

阅卷结束之后，企业应该在条件允许的情况下公布笔试成绩，确定合格者名单，并及时通知通过笔试的应聘者进入下一阶段考核。

小专栏 4－6

笔试试题样例

不同的岗位对任职者的要求不同，笔试试题的结构、内容及考察的侧重点等方面都会存在差异。下面列举某公司销售类岗位和行政类岗位的笔试试题作为参考。

××公司销售顾问笔试试题

姓名：_____　应聘职位：_____　日期：_____

一、选择题。1—13 题为单选题，14—15 为多选题。

（一）一般智力测试

1. 2、4、6、8、（　　）

　　A. 10　　　　B. 11　　　　C. 12　　　　D. 14

2. 与其他三项不同类的一项为（　　）

　　A. 铁锅　　　B. 米饭　　　C. 勺子　　　D. 盘子

3. 一个西瓜切三刀最多能切成（　　）块

　　A. 4　　　　B. 6　　　　C. 8　　　　D. 16

4. 现要在马路的一侧种树，马路长 50 米，每隔 5 米种一棵树，那么请问，一共需要种植（　　）棵树

　　A. 8　　　　B. 9　　　　C. 10　　　　D. 11

---

5. 与其他三项不同类的一项为（　　　）

    A. 蛇　　　　　B. 大叔　　　　　C. 老虎　　　　　D. 大象

（二）专业知识测试

6. 市场营销组合策略（4P）不包含（　　　）

    A. 广告策略　　　　　　　　　B. 价格策略

    C. 渠道策略　　　　　　　　　D. 促销策略

7. 企业只推出单一产品，运用单一的市场营销组合，力求在一定程度上满足尽可能多的顾客的需求，这种战略是（　　　）

    A. 无差异市场营销战略　　　　B. 密集市场营销战略

    C. 差异市场营销战略　　　　　D. 集中市场营销战略

8. 指出下列哪种市场是不可扩张市场（　　　）

    A. 儿童玩具市场　　　　　　　B. 家用电器市场

    C. 烟草市场　　　　　　　　　D. 食盐市场

9. 中国服装设计师李萍设计的女士服装以典雅、高贵享誉中外，在国际市场上，一件"李萍"牌中式旗袍售价高达 1 千美元，这种定价策略属于（　　　）

    A. 声望定价　　　　　　　　　B. 基点定价

    C. 招徕定价　　　　　　　　　D. 需求导向定价

10. 产业购买者往往这样选择供应商：你买我的产品，我也买你的产品，这种习惯做法称为（　　　）

    A. 直接购买　　B. 冲动购买　　C. 往返购买　　D. 互惠购买

11. 企业产品的市场表现优于（劣于）主要竞争对手的核心原因是（　　　）

    A. 产品价格低于（高于）主要竞争对手产品

    B. 产品功能多于（少于）主要竞争对手产品

    C. 本企业市场宣传优于（劣于）主要竞争对手企业

    D. 对主要客户群偏好的掌握优于（劣于）主要竞争对手

12. 当客户出现有规律的投诉时,应该优先从(　　)环节着手系统性解决问题

    A. 售后服务人员的素质和严格规范的流程

    B. 营销方案的调整

    C. 制订完善的索赔补充计划

    D. 产品研发

13. 企业产品的市场份额主要是由(　　)因素决定的

    A. 具有共同特征的客户数量　　　B. 企业产品价格的竞争力

    C. 企业产品特征优异程度　　　　D. 企业投放广告数量

14. 企业在调整和优化产品组合时,依据情况不同可选择(　　)策略

    A. 扩大产品组合　　　　　　　　B. 缩减产品组合

    C. 产品延伸　　　　　　　　　　D. 产品大类现代化

15. 根据消费者消费习惯划分,消费品可分为(　　)

    A. 公用品　　　B. 便利品　　　C. 选购品　　　D. 特殊品

    E. 非渴求品

二、简答题

1. 作为销售人员,你认为自己应该具备何种能力?

2. 在促销力度不强的情况下,你如何销售品牌知名度不高而价位又与知名品牌同类竞品相差无几的中高档新产品?

3. 公司派小张到北美的某一个小岛上推销鞋,小张回来说:"推销不了鞋,那个小岛上的人们根本就不穿鞋。"公司又派小李去了,小李回来说:"那个小岛上的人们都不穿鞋,市场好大呀!"作为销售人员,你得到了什么启示?

4. 刘老板已经同意经销公司产品,并答应你三天内可以打款进货,但到第四天他还没有打款。当你打电话或上门拜访他时,他又以种种原因推脱说这几天很忙过几天就打款。请问你该怎么让刘老板尽快打款?

5. 您认为自己适合在什么样的公司发展？对自己未来3～5年的职业规划有哪些？

三、论述题

1. 请您介绍一个以前工作、生活、学习中您认为最成功的案例，并详细分析成功的原因。

2. 您是如何面对压力的，如果您进入公司两个月仍没有销售额，您会怎么想？怎么办？

参考答案：

一、选择题：

1. A　2. B　3. C　4. D　5. B

6. A　7. A　8. D　9. A　10. D

11. D　12. A　13. A　14. ABCD　15. BCDE

二、简答题：略

三、论述题：略

××公司行政文员笔试试题

姓名：_____　应聘职位：_____　日期：_____

一、选择题

（一）一般智力测验

1. 3、5、9、17、（　　）

　　A. 29　　　　　B. 33　　　　　C. 30　　　　　D. 40

2. 现有37名人员需要渡河，只有一只小船，每船每次只能载5人，请问需要（　　）次才能渡完

　　A. 7　　　　　B. 8　　　　　C. 9　　　　　D. 10

3. 如果4个矿泉水空瓶可以换一瓶矿泉水，现有15个矿泉水空瓶，不交钱最多可以换矿泉水（　　）

　　A. 3瓶　　　　B. 4瓶　　　　C. 5瓶　　　　D. 6瓶

4. 甲乙丙丁 4 个小孩在外面玩耍,其中一个小孩不小心打碎了邻居家的一块玻璃,邻居家的主人过来,想问问是谁打破的玻璃。

甲:"是丙打碎的。"

乙:"不是我打碎的。"

丙:"甲在说谎。"

丁:"是甲打碎的。"

他们 4 个人中只有一个人说的是真话,其余三个都是假话。

请问:是谁打碎的玻璃(　　)

A. 甲　　　　　B. 乙　　　　　C. 丙　　　　　D. 丁

5. 甲、乙、丙三人买书共花费 96 元钱,已知丙比甲多花 16 元,乙比甲多花 8 元,则甲、乙、丙三人所花的钱的比是(　　)

A. 3∶5∶4　　B. 4∶5∶6　　C. 2∶3∶4　　D. 3∶4∶5

(二) 语言理解能力

6. 随着工业的发展和人口的增长,排放的废污水量也相应地(　　)增加,从而导致了许多江、河、湖、海及地下水受到严重污染。

A. 迅猛　　　　B. 急剧　　　　C. 迅速　　　　D. 剧烈

7. 他对武侠小说的(　　),使他不再专心学习,以至于学习成绩出现很大的退步。

A. 热爱　　　　B. 爱好　　　　C. 痴迷　　　　D. 迷恋

8. 下面 4 句话中,有歧义的一句是(　　)

A. 天桥拐角处坐着一位老人,盘腿而坐,吹着一个小口风琴

B. 他仿佛看见父亲发怒的眼睛责备地望着他

C. 他对你说的一番话,我看你一句都没听进去

D. 我已经和你父亲说好了,周末咱们一块去

9. 甲比乙大,乙小于丙,则可推断出(　　)

A. 甲大于丙　　　　　　　B. 甲小于丙

C. 无法确定甲与丙的大小　　D. 以上说法均不正确

10. 小林认为自己的领导从来不会认为他在日常工作中不是一个兢兢业业的员工。

请问：小林的领导认为小林是不是一个兢兢业业的员工（　　）

A. 不是　　　　　　　　　B. 是

C. 没表明态度　　　　　　D. 不太好说

（三）专业知识测试

11. 办公室管理的根本特征是（　　）

A. 政策性　　　B. 综合性　　　C. 辅助性　　　D. 服务性

12. 关于传真机的使用，不对的一项是（　　）

A. 发送前检查原稿质量　　　　B. 随时随地可向对方发送

C. 不宜发送礼仪性文本　　　　D. 宜发送私人、保密文本

13. 做会议记录时，除了要把可有可无或重复的语句删去，还要尽可能做到既注重精，又注重详，则需采用（　　）记录法

A. 纲要　　　B. 精详　　　C. 精要　　　D. 补充

14. 向级别与本机关相同的有关主管部门请求批准某事项应使用（　　）

A. 请示　　　　　　　　　B. 报告

C. 请示报告　　　　　　　D. 函

15. 用于对某一项行政工作比较具体规定的规范性文件，称作（　　）

A. 条例　　　B. 规定　　　C. 办法　　　D. 决定

16. 在印制本上，文头位于公文的（　　），作者位于（　　）

A. 首页上端；右下方　　　　B. 首页下端；右上方

C. 首页上端；右上方　　　　D. 首页下端；右下方

17. 在购买电脑时从报价单上看，计算机的硬件配置中"Pentium4 2.8G"指的是（　　）

A. 计算机中央处理器的信息　　B. 内存储器的信息

C. 硬盘的信息　　　　　　　　D. 软盘驱动器的信息

18. 以下关于投影机的使用哪一项是不适宜的?（   ）

    A. 安置窗帘遮挡室外光线

    B. 与其他设备正确连接

    C. 投影机要远离热源

    D. 应设置电脑的桌面屏幕保护功能

19. 以下关于文员管理好时间的说法,哪一个是不正确的?（   ）

    A. 定好目标,把想做或需要做的事情写下来

    B. 想办法加快处理邮件、信件和其他反复出现的事务

    C. 开始工作之前要做好准备工作,就不会因遗忘某事而中途停顿

    D. 把零散工作安排在安静、有效的时间段里去做

20. 组织中的沟通通常有（   ）形式

    A. 口头沟通　　B. 文字沟通　　C. 非言词沟通　D. 以上皆是

21. 在 Windows XP 环境下,复制选定的对象可以用按住（   ）键并拖动鼠标的方法。

    A. Shift　　　　B. Alt　　　　C. Ctrl　　　　D. F10

22. Word 文档文件的扩展名是（   ）

    A. txt　　　　　B. xps　　　　C. doc　　　　D. wod

23. 行政专员必须具有合作精神,以下合作方法中哪一项是不适宜的?（   ）

    A. 善于同他人合作,密切配合,步调一致

    B. 应该有自己的个性,尽可能使别人服从自己

    C. 配备文秘人员时遵从异质结合的原则

    D. 公允地与同事分享胜利的成果,分担失败的责任

24. 通用文书中指挥性文书有（   ）

    A. 命令、指示、决定、条例等

    B. 命令、指示、决定、批复等

    C. 命令、指示、决定、规定等

    D. 命令、批示、决定、办法等

二、简答题

1. 企业常用的公文文种有哪几种?

2. 就你的理解行政工作应包括哪些内容?如何才能做好这项工作?

三、操作题

1. 公司将于下月 1 日召开年终总结会,由你来承办,请简要制订一份计划纲要。

2. 公司老总在例会上说:"公司在上个月的电费开支很大,有一些浪费,大家要注意一下。"对此种情形你会如何处理?

3. 从行政方面控制公司日常的成本,你觉得从哪几个方面入手?

4. 集团领导于明天到公司考察参观,你觉得需要做哪些方面的准备工作?

5. 国庆假期将近,请拟一份放假通知。

参考答案:

一、选择题:

1. B　2. C　3. C　4. B　5. D　6. A　7. D　8. D

9. C　10. B　11. D　12. B　13. B　14. D　15. C

16. A　17. A　18. D　19. D　20. D　21. C

22. C　23. B　24. A

二、简答题:略

三、操作题:略

◎ 本章小结

　　求职资料的初级筛选就是从众多职位申请者中挑选出基本符合企业招聘意向与需求的人员,以缩小企业甄选的范围,通常通过筛选简历或申请表的形式来进行。

　　筛选简历需要注意:审查简历的整体结构;重点查看客观内容;查看主观内容;初步判断简历是否符合职位要求;全面审查简历的逻辑性;形成

对简历的整体印象;查看应聘者的薪资期望值。结合以上内容最终判定简历是否符合职位要求。

在收到求职者的申请表后,企业可以采用分级法和比较模型法进行筛选。

笔试是让应聘者在试卷上回答事先拟好的试题,由主考人(或评卷人)根据应聘者回答的正确程度评定成绩的一种测试方法。笔试的内容要视岗位性质和任职资格要求而定。一般来说,大致包括工作知识测试、智力测试、能力测试和心理测试。设计并实施一场笔试的流程为:制定测试方案、成立笔试实施小组、编制笔试试题、组织试题测试、审阅评估试卷、发布笔试成绩。

 复习与思考

(1) 人员初步甄选有哪些方法?

(2) 简历筛选的技巧有哪些?

(3) 申请表一般包括哪些要素? 如何设计一份科学合理的申请表?

(4) 筛选申请表有哪些方法?

(5) 笔试的一般内容有哪些? 适用于哪些范围?

(6) 简述笔试的实施流程。

课后案例

乐百氏的校招程序与笔试题目

乐百氏的校园招聘过程包括资料筛选、面试、复试三个阶段。所学专业、成绩好坏以及是否在学校担任过学生干部在筛选资料过程中起很大作用。因为他们认为成绩好坏在一定程度上说明毕业生能力的好坏,而担任过班干部者思维比较活跃、擅长交际、有一定的号召力和组织能力,适合作为管理者培养。

在资料筛选完后,公司按照3∶1的比例确定面试名单。第一轮面试由人事部门主持,时间在半个小时到一个小时之间。在面试前,应聘者需要按照乐百氏的要求完成笔试测试。

乐百氏的笔试包括看图写故事、画图和性格分类测试。

看图写故事：公司为应聘者提供6幅图片，要求应聘者运用自己的想象，对每一张图写出一个故事。每个故事不超过150个字，6个故事要求在1个小时内完成。

画图：问卷上有8个画着不同图案的小方格，应聘者要用铅笔在小方格内画出任意的图形，从自己认为最简单的图形开始。完成之后，指出图画的含义和象征意义，以及完成的顺序。

性格分类测试：测试题目由多组词义相反的词汇组成，选择每组中最适合的一个词组，不同程度对应不同的分值，将每行的所得分值相加，得数填在该行的圆圈或方格中，没有圆圈或方格的不用填写。最后，将所有圆圈与方格中的分值分别相加，得数填写在最下面的圆圈与方格中。这份问卷要求在10分钟内完成。

测试完成之后，主考官根据测试的结果相应地提出一些问题，这些问题因人而异，没有统一的模式。经常被问到的问题包括为什么希望进入乐百氏、业余时间的兴趣爱好、读过哪些书、对个人的未来如何设计、如何评价自己的优点和缺点等。目的是了解应聘者的组织能力、领导能力、学习能力、语言表达能力以及知识结构等。

复试是由人事部门和用人部门负责人共同主持，提问的问题也是因人而异，重点是了解应聘者的个人综合素质和对自身及社会的看法和态度，不涉及专业知识的考试。乐百氏的几位中高层管理人员都表示，在这个过程中，他们希望看到应聘者表现出还有很多不足的地方，如果公司给他机会，他会努力适应公司并尽快为公司创造价值。

（资料来源：http://bbs.hrfree.cn/hr-22261-1-3.html，有删减。）

思考题

结合案例，谈谈笔试在招聘中的作用。

5

面　试

（1）理解面试的含义与特点；

（2）了解面试的类型与评价要素；

（3）掌握准备、实施面试的程序与技巧；

（4）掌握面试评价的方法；

（5）掌握面试题目的设计与编制。

引例

11 位商业领袖面试时喜欢提的问题

除了"上一份工作为什么离职？""目标薪水是多少？"这些常规面试问题之外，还有一些面试问题，应聘者想要出色地回答，不仅需要智商、经验，还需要一些创意。在招聘面试时，成功的商业领袖往往有一个自己最喜欢问的问题，能够帮助他们迅速了解求职者是否符合他们的招聘需求。以下是 11 位商业领袖在面试时最喜欢提的问题。

（1）"地表上的什么地方，首先向南行走 1.6 公里，然后分别向西、向北各走 1.6 公里，最后刚好回到起点？"

《硅谷钢铁侠：埃隆·马斯克的冒险人生》这本传记中这样写道。身为两家公司 CEO 的马斯克喜欢用上面这个谜题来测验求职者的智商。这个谜题有多个正确答案，其中一个就是北极。

（2）"如果给自己的古怪程度打分，从 1 到 10，你会打几分？""用 1 到 10 分来打分，你觉得在生活中你的幸运程度如何？"

美捷步（Zappos）的 CEO 谢家华说，他们公司有一条核心价值就是"创造乐趣和一点古怪"。为了确保招到最合适的员工，谢家华通常会问求职者："如果给你自己的古怪程度打分，从 1 到 10，你会打几分？"，这个分数其实不太重要，重要的是求职者如何回答这个问题。从 Zappos 的企业文化来看，如果你给自己打 1 分，可能有点墨守成规，但如果你打了 10 分，可能又会觉得你太过了。同样地，对于另一个问题而言，分数本身也没多大重要性，如果你给自己打 1 分，你可能就不知道为什么糟糕的事情总是发生在你的身上，且还有可能经常抱怨他人，但如果你打 10 分，那你就不太了解为什么好事情总让你碰上了，还有可能是缺乏自信。

（3）"在认识的人中，你是最聪明的吗？"

达特茅斯学院商学教授悉尼·芬克斯坦在他的新著作《超级上司》中描述道，甲骨文的首席技术官兼董事会执行主席拉里·埃里森强调，他们只招聘才干超群和聪明绝顶的员工，因此，他们会指导公司的招聘人员向大学毕业生提出上面的问题。如果应聘者回答"是的"，那他们就会获得工作；如果他们回答"不是"，那招聘者就会问"那谁是？"，然后试图招聘这个应聘者口中最聪明的人。芬克斯坦教授表示，像埃里森这样的超级上司有充足的自信，他们相信自己的能力，毫不担忧员工胜于自己。他们的目标是招聘比自己更有头脑的人才，因为这些员工会向他们挑战，提出更好的想法并解决各种难题。

（4）"在你事业最得意的那天，当你回到家，觉得自己拥有一份世界上最好的工作，那么你做的是什么？"

这个问题其实在问——在你工作里的那个"完美日"，是什么事情让你"开了挂"，得以成就一番。脸书（Facebook）的人力资源总裁罗莉·格勒尔建议有意进入 Facebook 的求职者申请能发挥自身优势的职位。

（5）"告诉我一些绝大多数人都会跟你意见相悖，且真实存在的事情。"

贝宝（PayPal）创始人彼得·蒂尔一直倾向于聘用能够大胆说出自己想法的人。因此，他总爱向求职者和寻求投资的创业公司提这个面试题。

2012 年,在福布斯的一个采访中,蒂尔向读者解密了他喜欢这道问题的原因:"这是在考验人的思维独创性,在某种程度上,它考验了你是否有勇气在压力重重的面试中说出自己的想法。"

(6)"你还没机会写到简历上的是什么?"

维珍集团创始人理查德·布兰森在他的新书《维珍方法论:关于领导力我所知道的一切》中称,他对传统类型的面试不感冒。布兰森在该书中写到:"一份好的简历很重要,但如果你打算依据他们简历上所写的内容来雇用他们的话,就没必要浪费时间进行面试了。"

(7)"你所在领域做得最好的是谁?""你受到了哪些人的影响?""去年你学到了什么?""如果能够回到 10 年前,你会给当初的自己什么建议?""你学到的最重要的教训是什么?"

云储存公司多宝箱(Dropbox)创始人豪斯顿认为,这些问题有助于他辨识求职者是否热衷于持续提升自我。"吸引我的是那些真正热爱自身的行业,并一直尝试做得更好,对'卓越'感到痴迷的人。"

(8)"几岁时获得第一份正式工作?"

互动广告代理公司帕拉摩尔(Paramore)位于美国纳什维尔,总裁汉娜·帕拉摩尔说道:"我想从中了解的是,求职者的职业道德以及独立性。如果他们高中和大学期间出于需要曾做过兼职,特别是艰苦的工作,那就显示他们很有责任感。而我喜欢那些在不同领域获得过成功的人。"

(9)"告诉我你的失败经历。"

珍妮·明曾任零售品牌老海军(Old Navy)的 CEO,现任服装品牌夏洛特·鲁斯(Charlotte Russe)的总裁兼 CEO,她最喜欢问求职者的失败经历。她认为人们惯于谈论他们的成功,但出了问题则倾向于闭口不谈。因此,回答好这个问题很重要,这意味着求职者不怕冒风险,而且出了问题会勇于承认。她说:"不一定非得是工作上的失败,也可以是生活上的教训。他们失败后是怎么做的? 如何从失败中走出来的? 我一直找的是出问题了能够坦然承认的人。"

(10)"你对上一家公司最大的影响是什么?"

奢侈美容用品零售商蓝水星(Bluemercury)的 CEO 马拉·马尔科姆·

贝克更倾向于只花7到10分钟时间进行面试,若有疑问,会问得很具体。她说道:"重要的是求职者能掌控他们曾经做过的项目。从他们讲述的方式,就可以辨别他们是真的负责过这个项目,还是说只是公司里有过这个项目而已。"

(11)"你如何在中央公园里通过卖雪糕来赚钱?"

雅斯明·格林是谷歌(Google)母公司旗下的一家科技孵化器的研发负责人,由Google旗下智库(Google Ideas)转型而来。她想招富有创意且能够独立思考的人,因此,她让求职者快速思考如何管理一个假想中的雪糕摊位。她说:"我想知道求职者如何应付模棱两可的问题,在快速思考的同时,是否还能找点乐子。"格林说,想要在Google找到一份工作,你还要向问题提出一些挑战。

面试问题在精不在多,往往一个问题就能得到求职者的很多信息,让你快速判断面前的这个求职者是否与公司的岗位匹配。

(资料来源:http://www.ruthout.com/information/1372.html,有删减)

面试是企业招聘中最常使用的一种甄选方法之一。一项调查显示,70%的企业在招聘和筛选过程中使用了某种形式的面谈技术或方法。对于企业来说,做好面试工作是提升招聘效果的重要措施。

5.1 面试概述

1. 面试的含义与特点

面试是一种经过精心设计的、在特定场景中以面对面交谈与观察为主要手段,由表及里地测评应试者相关素质的一种方法。面试包括五大要素:面试官、应试者、面试内容、面试程序、面试结果,如表5-1所示。

表5-1 面试的五大要素

要素	说 明
面试官	面试官即面试考官,是面试的直接组织者,在面试中扮演着十分重要的角色,考官的素质水平对于面试活动的效果起着决定性的影响。考官的任务是提出面试问题,了解考生在面试中的行为表现并进行素质评定

要 素	说 明
应试者	应试者即面试考生，即参加面试的应聘者，是面试问题的直接承受者。在面试中，考生通过对面试问题的"反应"，即作答，达到被测试的目的
面试内容	面试内容，也称面试测评要素或测评项目，是指面试考生的基本素质内容，在面试时一般把考生的素质结构划分为许多具体的素质指标，测试时，只选择部分重要的和相关的素质指标进行测评。因此，如何恰当地、有针对性地选择与岗位要求密切相关的素质进行测评，是十分重要的问题
面试程序	面试通常分为五个阶段：关系建立阶段、导入阶段、核心阶段、确认阶段、结束阶段
面试结果	面试考官在面试结束后对面试考生能力情况进行评分或评价

相对于纸笔测试、心理测验等其他测评技术，面试有以下特点：

（1）交流的直接互动性。面试是面试官与应聘者面对面直接沟通的过程，应聘者的言谈及行为表现与面试官的评价是直接相连的，中间没有任何中介形式。由于是面对面进行的，因此信息的交流与反馈也是相互作用的。面试官可以向应聘者提问，应聘者也可以向面试官提问，面试官在观察与评估应聘者素质、技能的同时，应聘者也在了解用人单位的相关信息。

（2）形式与内容的灵活性。面试的形式多种多样，从非结构化面试到结构化面试，从一次性面试到分阶段面试，从常规面试到情景面试，从现场面试到视频面试，总之，企业可以根据不同的岗位选择合适的面试形式。面试内容的设计既可以针对应聘者的个人经历、背景等情况，也可以根据不同岗位的工作内容、职责范围、任职资格条件等岗位信息，还可以根据应聘者在面试过程中回答问题的情况而灵活调整面试内容。

（3）信息的复合性。面试过程中任何信息的确认，都是通过我们的感官完成的。面试中的信息既有语言形式的信息，也有非语言形式的信息。语言形式的信息就是面试官与应聘者之间的一问一答，而非语言形式的信息则是依靠面试官对应聘者面部表情及身体语言的观察。面试官既收集了语言形式信息，又注意到了非语言形式信息，这种信息的复合性，增强了可信度。

2. 面试的类型

1）结构化面试、非结构化面试和半结构化面试

根据面试的结构化程度可以将面试分为：结构化面试、非结构化面试、半结构化面试。

（1）结构化面试，又称为标准化面试，是指对面试的内容、题目、实施程序、评价标准、考官组成等要素在面试进行前都进行了统一明确的规定。面试时，面试考官按照预先设计的试题向应聘者提问，不能随意变动，并根据应聘者的回答，给出应聘者在各个测评要素上的得分，各个测评要素得分总和就是应聘者结构化面试的最后成绩。结构化面试的结构严密，层次性强，评分模式固定，面试的程序、内容以及评分方式等标准化程度都比较高。

结构化面试的优点是由于对所有应聘者均按同一标准进行，可以提供结构与形式相同的信息，便于分析与比较，减少主观性，同时有利于提高面试的效率，而且对面试考官的要求较低。其缺点是面试内容固定，谈话方式过于程式化，难以随机应变，限制了面试的深度，应聘者自由发挥的机会受限，收集到的信息范围有限。

（2）非结构化面试，又称随机性面试，是指面试没有要遵循的模式、程序和框架，面试官可以向应聘者提出随机想起的问题，问题的内容和提问顺序都取决于面试官本身的兴趣和现场应聘者的回答。

非结构化面试的优点是灵活自由，面试问题可以因人而异，可以得到更深入的信息。其缺点是由于缺乏统一的标准，因此容易带来偏差，而且受面试官个人因素的影响较大，实施非结构化面试需要面试官具有丰富的经验，掌握良好的谈话技巧，否则很难掌控面试的进程以及保证面试的效果。

（3）半结构化面试是介于结构化面试与非结构化面试之间的一种形式，是指对面试构成要素中有的内容作统一的要求，有的内容则不作统一的要求。半结构化面试会对一些关键因素进行限定，如面试流程、评分标准等，但允许面试官针对具体情况对问题进行随机调整。

半结构化面试综合了结构化面试与非结构化面试的优点，既避免了结

构化面试的僵化,又保证了对非结构化面试中可能疏漏的问题的全面提问,因此,企业在实践中经常使用这种半结构化面试的方式。

2) 情景面试和行为描述面试

根据面试的内容可以将面试分为:情景面试和行为描述面试。

(1) 情景面试。情景面试事先假设应聘者处于某一具体情境,通过询问应聘者一系列问题来预测其在给定情境中的行为能力。主要关注的是应聘者与未来行为相关的意向或倾向。情景面试是结构化面试的一种特殊形式,题目是事先设计好的,多来源于工作或是工作所需的某种素质的体现,面试考官根据应试者对问题的回答情况进行评分。例如,一个应聘主管职位的人可能被问及:"过去几天里一名向你汇报工作的员工一直迟到,你会怎样做?"针对这一问题,有的应聘者会回答"询问该员工迟到的原因,然后给予记过处分";有的应聘者能会回答"直接给予该员工记过处分";还有的应聘者可能会回答"对该员工做出开除的决定"等。根据不同的回答,按照事先制定的评分标准,对应聘者进行评价。

(2) 行为描述面试。行为描述面试是结构化面试的另一种重要形式,是面试官根据应聘者有关以往行为的回答来推断其未来某一时期内工作态度、工作潜能和工作绩效的一种面试形式。该面试形式是基于行为的连贯性原理发展起来的,即通过一个人过去的行为能够预测其将来的表现。面试官通过了解应聘者过去的工作经历,判断他选择本企业发展的原因,预测他未来在本企业中采取的行为模式,并将其行为模式与空缺职位所期望的行为模式进行比较分析。

行为描述面试与情景面试的主要不同之处在于,情景面试关注的是应聘者对某一情境将会作出什么反应,行为描述面试关注的则是应聘者曾经怎样处理这种情景,即通过询问应聘者过去的行为来对其未来的行为表现进行预测。

一般来说,一个完整的行为事件包含以下四个因素,简称"STAR"。①情形(Situation):行为事件所发生的背景或情境,即该事件是在什么样的背景或情况下发生的。②任务(Task):在一定情境下所需达到的目标,或应完成的工作任务。③行动(Action):为达到目标所采取的行动,或采取什么样的行动确保任务的顺利完成。④结果(Result)：该事件所产生的效果如何，或最终取得了什么样的结果或成果。

面试官可以采用上述"STAR"面试法对应聘者进行细节追问以确定其表述的真实性。例如，面试官要求应聘者按照上述四要素，就某个具体行为事件展开，描述事件所处的环境，应聘者当时是如何进行的，需要达到什么样的目标，最后的结果如何。面试官根据应聘者对以上问题的回答可以深入了解应聘者的工作方式、思维方式和行为方式。

小专栏 5-1

"STAR"面试法的实例演示

情形：请详细描述一件你通过学习尽快胜任新工作任务的事情。

追问：

(1) 这件事情发生在什么时候？（S）

(2) 你要从事的工作任务是什么？（T）

(3) 接到任务后你怎么办？（A）

(4) 你用了多长时间获得完成该任务所必需的知识？（深层次了解）

(5) 你在这个过程中遇见困难了吗？（了解坚韧性）

(6) 你最后完成任务的情况如何？（R）

小专栏 5-2

"SOARA"面试法

SOARA 来自 Situation（情形）、Objective（目标）、Action（行动）、Result（结果）、Aftermath（后续）五个单词的首字母，与 STAR 相比，SOARA 增加了对候选人是否在行动之前对目标的关注和了解，以及候选人是否关注事后的总结和完善，比 STAR 更关注候选人的宏观思维习惯和系统化处理事件的能力。

情形：让候选人展示一个最近遇到的挑战和情形。

追问：(1) 你实现了什么目标？

（2）你做了什么？为什么这样做？有没有后备行动方案？

（3）你行动的结果如何？是怎么通过你的行动达到这样的结果？有没有实现目标？

（4）你从中学到了什么？在今后的工作中将有怎样的经验？

3）压力面试和非压力面试

根据面试的目的可以将面试分为：压力面试和非压力面试。

（1）压力面试。将应聘者置于一种人为的紧张气氛中，让应聘者接受诸如挑衅性的、非议性的、刁难性的刺激，以考察其应变能力、压力承受能力、情绪稳定性等，面试官会问一些让应聘者比较难堪的问题或者针对应聘者不愿回答的某一问题以穷追不舍的方式连续发问，问题刁钻棘手，甚至逼得应聘者穷于应付。面试官以此种"压力发问"方式迫使应聘者充分表现出对待难题的机智灵活、应变能力、思考判断能力、气质性格和修养等方面的素质。

小专栏 5-3

压力面试中常见的问题列举

（1）与其他应聘者相比，你的表现好像不怎么好，你觉得自己在哪个环节存在明显的不足？

（2）你的工作经验并不符合我们的职位要求，为什么还要应聘这个职位？

（3）你在过去的两年里换了四次工作，你不觉得这是一种不负责任和不成熟的行为吗？

（4）如果你的同事一直在上级面前说你的坏话以至于上级对你越来越不信任，你会怎么办？

（5）你在以前的工作中并没有突出的业绩，我们该如何相信你的工作能力？

（6）你原来做的是部门经理，而到我们公司要做一名基层员工，你心里有不平衡吗。

　　如今,随着在市场上面临的竞争压力越来越大,企业对员工抗压能力的要求也越来越高,压力面试成为企业招聘中经常使用的方法之一。但需要注意的是,并非所有企业、所有岗位的招聘都适合使用压力面试。面试官在使用压力面试前,应当确定使用该面试方法的合理性以及应付压力的能力是否符合招聘岗位工作的需要,例如销售人员、公关人员、高级管理人员等岗位,此类岗位需要较强的情绪稳定能力、抗压能力和应变能力,使用压力面试可以了解应聘者的这些能力。但是,如果招聘岗位对人员的承压能力要求并不高,则不必进行压力面试。盲目热衷压力面试会给应聘者留下负面印象。

　　(2)非压力面试。与压力面试相反,在非压力面试中,面试官力图创造出一种宽松亲切的氛围,使应聘者能够在最小压力下,在轻松自然的状态下回答问题。非压力面试适用于绝大多数岗位与应聘人员。压力面试只适合部分对抗压能力要求较高的岗位,大部分面试应该在一种相对和谐轻松的氛围中进行,这样可以考察应聘者在常态环境中的稳定表现,以便测试应试者的真实能力与素质。

　　4)单独面试和集体面试

　　根据应聘者数量可以将面试划分为:单独面试和集体面试。

　　(1)单独面试。单独面试是指面试官与应聘者单独进行面谈,是面试中最常见的一种形式。单独面试的优点是能够提供一个面对面的机会,让面试双方深入地交流。

　　单独面试有两种情况:一是只有一个面试官负责整个面试,这种面试大多在较小规模的单位录用较低职位人员时采用;二是由多位面试官参加整个面试过程,但每次均只与一位应聘者面谈,公务员面试大多属于这种形式。

　　无论哪种情况,单独面试的目的都是尽可能地挖掘出应聘者的真实内涵,通过深入交谈,相互进行了解。

　　(2)集体面试。集体面试又称为小组面试,指多名应聘者同时面对面试考官的情况。在集体面试中,通常要求应聘者进行小组讨论,相互协作解决某一问题,或者让应聘者轮流担任领导主持会议、发表演说等。这种面试方法主要用于考察应聘者的人际沟通能力、团队合作能力、洞察与把握环境的能力、领导能力等,优点在于节省时间,效率较高,便于同时对不同的应聘者进行比较,近年来被越来越多的企业采用。

5) 现场面试、电话面试和视频面试

根据面试途径可以将面试划分为:现场面试、电话面试和视频面试。

现场面试是指不借助任何媒介,面试官与应聘者直接进行面对面地交流沟通。

电话面试是指不是直接面对面,而是以电话交流为途径的面试。电话面试成了人才初选的新方法,一方面为企业获取人力资源节省了时间,另一方面也节省了人力资源招聘成本。

视频面试是指面试官与应聘者利用连通了互联网的电脑,通过视频摄像头和耳麦以语音、视频、文字的方式进行即时沟通。随着经济信息化和全球化发展的加速,企业跨地区、跨国经营日益活跃,这客观上要求企业跨地区、跨国配置人力资源。由本土招聘变为跨地区、跨国招聘。远距离招聘和评价成为必要。在人力资源实践活动中,一些全球化较早的企业早已开始尝试远距离招聘,他们常常采用视频面试和电话面试作为远距离招聘的两种主要方式。

根据面试的进程,可以将面试划分为:一次性面试和分阶段面试。一次性面试是指用人单位将应聘者集中在一起一次完成的面试。分阶段面试是指用人单位分几次对应聘者进行的面试。

小专栏 5-4

使用远程视频面试,HR 需要注意什么

1. 设计好视频面试的流程

好的流程,可以让你事半功倍。实施一场视频面试一般需要经历筛选简历、向应聘者发出面试邀请、确定面试官及视频场地、进行远程笔试与面试等一系列环节。

2. 确定视频面试的工具

虽然目前能够支持视频面试的工具有很多,但需要注意的是在使用前HR 务必要进行测试,确保面试效果。

3. 调试好网络与设备

面试环节中如果网络不稳定,很容易出现卡顿的情况,不仅会让双方陷入焦虑的情绪,还可能导致 HR 漏掉应聘者重要的回答内容,从而影响面试结果。因此,双方均需要提前调试好网络。

此外,HR 还需要把设备调配到最佳状态,以便确保应聘者能听清楚你的问题。

4. 保持良好的专业形象

HR 需要和现场面试一样保持良好的专业形象。仪表整洁、着装得体、坐姿端正、面带微笑这些都是最基本的商务礼仪要求。

5. 利用好辅助资源

视频面试过程中,HR 需要对应聘者的信息做一些记录,所以在电脑上新建一个文档或者准备一个小本子很有必要。

3. 面试的评价要素

面试的评价要素是指面试活动中需要针对应聘者进行评价的具体内容。在招聘与选拔中,我们并不是以面试去测评一个人的所有素质与能力,而是有选择性地去测评与招聘岗位要求密切相关的内容。一般来说,面试评价要素可以分为通用评价要素与特殊评价要素。

1) 通用评价要素

通用评价要素是指不论招聘岗位的工作性质与工作内容如何,不论应聘者的经历、背景是否有差异,通常都会被列入面试考察范围的要素。通用评价要素如表 5 - 2 所示。

表 5 - 2　面试通用评价要素表

要素名称	要素定义	操作定义	操作方法
仪容举止	应聘者的外在形象与言谈举止	衣饰妆容得体;言谈举止有礼	观察法
表达能力	应聘者用语言表达自我的能力	口齿清晰,用词恰当准确;语言表达流畅,逻辑性强,有条理;内容清晰易理解,有说服力	观察法;交谈法

（续表）

要素名称	要素定义	操作定义	操作方法
综合分析能力	应聘者通过分析与综合，对事物、现象、问题进行解释、判断的能力	能从整体对问题进行分析；能够观察到问题较小的细节；关注整体与部分的联系	观察法；提问法
应变能力	应聘者在压力环境中的表现	情绪稳定；反应迅速，思维敏捷；举止沉着冷静，考虑问题全面	提问法；情景模拟法
人际交往能力	应聘者的交往倾向与交往技巧	能积极主动地开展人际交往；掌握一定的人际交往技巧；有较稳定的交往原则	观察法；询问法；情景模拟法
自我控制能力	应聘者在紧张、不利、危险环境中的情绪稳定性与自我控制能力	能理智地处理不良事件；避免个人情绪不影响正常的工作；对工作有耐心和韧性	提问法；情境模拟法
组织协调能力	应聘者对自己、岗位或部门的活动进行计划、调配、安排、协调的能力	合理利用现有资源应对面试；为完成企业、部门目标有效分析各方因素，做出合理安排	测试法；情境模拟法
求职动机	应聘者选择岗位的现实需要与内心活动	现实需要与岗位要求相匹配；成就动机与岗位要求相匹配；价值观与企业相匹配，对企业文化有强烈的认同感	询问法；审核资料法
进取精神	应聘者对职业发展的渴望与规划	喜欢挑战，勇于尝试；有创新精神；事业心较强，有发展欲望	询问法；观察法

（续表）

要素名称	要素定义	操作定义	操作方法
工作态度	应聘者对职业发展的渴望与规划	喜欢挑战,勇于尝试;有创新精神;事业心较强,有发展欲望	询问法;观察法
兴趣爱好	应聘者在业余时间的偏爱	兴趣广泛,并精通某一方面;热爱生活,有乐观的生活态度	询问法
专业知识	应聘者具备胜任招聘岗位所需要的专业知识与技能	熟练掌握岗位所需专业知识;熟练掌握岗位所需工作技能;有良好的学习能力	测试法;实际演练法

2）特殊评价要素

特殊评价要素则是招聘人员根据企业所在行业的特殊性、部门工作的特殊性、岗位工作内容的特殊性及企业领导的用人偏好等个性化的因素对应聘者提出的特殊要求。

需要注意的是,不同的岗位在企业中有不同的重要性,其素质要求也各不相同。因此,在岗位分析的基础上进行合理的权重分配是相当重要的。

在招聘面试前,人力资源部门工作人员应该通过关键事件访谈法或工作分析法确定岗位的胜任素质,在此基础上,根据岗位胜任素质确定面试中需要对应聘者进行测评的要素及其权重,然后在每一个测评的维度上预先编制面试题目及相应的评分标准,从而实现对应聘者进行全面、准确的评价。

5.2　面试的程序

总体来说,一场完整的面试活动包含：面试的准备、面试的实施、面试的评价。本节将着重介绍面试从开始准备到完成结果应用的规范化流程。

1. 面试的准备

1）面试考官的选择与培训

通常情况下，面试由多名考官共同参与。面试考官的选择，主要考虑两个方面：一是具备人力资源面试技巧；二是对招聘岗位的职责、知识、技能都比较熟悉。前者负责考察应聘者的综合素质、潜在素质及职业发展轨迹；后者负责考察应聘者的岗位胜任能力。基于这两方面的考虑，面试考官以人力资源部门和用人部门人员为主。

很多大型企业都有比较完善的、系统的面试规范，针对不同岗位的面试有不同的面试程序，面试考官小组成员的配置也不相同。例如，对基层岗位进行的面试，一般由人力资源部门人员和用人部门负责人主持，总经理只需要根据人力资源部门与用人部门的面试意见做出综合评价，决定录用与否；在对中高层管理职位进行面试时，则必须有总经理或分管的副总经理在场，以确保招聘质量。此外，有的企业会在重大面试工作中聘请外部专家参与，这些专家或是向企业提供人力资源方面的帮助，或是对应聘者给出专业技术领域的评价，他们以第三方的立场，更加客观专业地提出录用意见。面试考官小组成员各自的分工如表 5-3 所示。

表 5-3　面试过程中的分工

部门	人员	工作内容
人力资源部	人力资源部经理	指导、审核面试方案，参与初试和复试
	招聘专员	设计面试方案，准备面试资料，通知面试，参与初试
用人部门	部门经理	参与技术类面试题目设计，参与复试，对考试进行评判打分
	技术人员	参与技术类题目设计，对应聘人员的表现给出自己的观点
专家顾问		参加特殊项目的考察的初试和复试

面试考官是企业形象的代言人，是企业文化的象征，不仅直接影响应聘者的选择意向，更是关乎招聘成败的关键因素之一。因此，在选择面试考官时一定要慎重，不仅要强调专业能力，还要重视其品格素养。良好的

品格素养是面试考官能够客观公正地评价应聘者的前提条件。总的来说，一个合格的面试考官应具备的基本素质有：良好的个人品格和修养；具备相关的专业知识；丰富的社会工作经验；良好的自我认识能力；善于把握人际关系；熟练运用各种面试技巧；能有效应对各类应试者，控制面试的进程；能公正、客观地评价应试者；掌握相关的人员测评技术；了解单位状况及空缺职位要求。

研究与实践表明，不论是评分的信度还是评分的质量，经过培训的考官都明显比没有经过培训的考官要高。因此，在正式开始面试前，需要对面试考官进行培训。培训的内容包括应聘职位说明、面试的方式、考评指标设定及其原因、评分的标准和方法、如何观察和评价不同应聘者的表现、如何规避可能发生的错误等。其目的是帮助考官了解应聘岗位的要求，统一面试的有关标准和操作方式。

2）面试相关材料的准备

（1）阅读职位说明书。在进行招聘面试时，如果没有清楚了解职位的职责与要求，很难准确评价应聘者。因此面试前面试官需要阅读职位说明书，清楚了解招聘职位的职责任务、工作关系、工作环境、业绩标准以及素质技能要求等，从而能在面试中准确判断应聘者胜任职位的程度。

（2）阅读应聘者的应聘材料。在面试前，需要将应聘者的应聘材料和简历提供给面试官，一来能使面试官熟悉应聘者的背景、经验与资格，并将其与职位要求进行对照，对应聘者的胜任程度做出初步判断；二来可以发现应聘者应聘材料和简历中的问题，在面试中进行有针对性地提问。

（3）查看应聘者前几轮的测试成绩及演讲稿。应聘者面试前如有进行测试，其测试情况也需要提前掌握，包括笔试成绩、人-机对话的成绩和评价、模拟考试成绩、外语考试成绩、竞聘演说的演讲稿以及其他收集到的信息。通过对前面测试情况的了解，既可以淘汰一部分应聘者，从而筛选出面试对象，也可以预先掌握应聘者的情况，为面试确定提问重点。

（4）设计面试问话提纲和评价量表。面试问话提纲是根据所选择的评价要素以及从不同侧面了解到的应聘者的背景信息预先设计的。它由两部分构成，一是通用问话提纲，二是重点问话提纲。通用问话提纲是根据面试岗位制定的通用性问题，一般包括应聘者的基本信息、求职意向、教育背景、工作经历是否与应聘岗位要求相符等相关问题。重点问话提纲是在通用问话提纲的基础之上，针对每个应聘者的情况而制定的个性化问题，主要适用于面试官希望深入了解应聘者的情况。关于面试问题的设计详见本章第三节内容。

面试评价量表由若干评价要素构成，是面试过程中考官现场评价和记录应聘者各方面能力优劣程度的工具。在设计面试评价量表时，要注意评价要素应能反映出工作岗位对人员素质的要求，并且必须是可以通过面试技巧进行评价的。由于面试没有标准答案，评分往往带有一定的主观性，为了使面试评分尽量具有客观性，在设计评价量表时，应使评分具有一个确定的计分幅度及评价标准。评价等级的确定一般可采用五级、九级或十级评定，每一等级赋予一定的标准内容，评价等级越多，对考官的面试能力及技巧要求也越高，采用最多的方法是五级评定法。有时可以将各等级进行量化，等级量化就是对各评价标准予以标度。一是定量标度，就是采用分数形式进行标度，如百分制中的 90 分、80 分、70 分、60 分等；二是定性标度，如优、良、中、差、劣或 A、B、C、D、E 等。表 5-4 是一个面试评价量表的示例。

表 5-4　面试评价量表示例

| | 姓名： | | 性别： | | 年龄： | |
| | 应聘职位： | | 所属部门： | | 编号： | |

评价要素	评 定 等 级				
	1(差)	2(较差)	3(一般)	4(较好)	5(好)
求职动机					
个人修养					
语言表达					
专业知识					
工作经验					
人际交往					

（续表）

评价要素	评 定 等 级				
	1(差)	2(较差)	3(一般)	4(较好)	5(好)
情绪控制					
自我认知					
综合分析					
应变能力					
评价					

我们还可以进一步采用加权的方法,制定面试加权评价量表,如表5-5所示。

表5-5　面试加权评价量表示例

编号:　　　　姓名:　　　　出生年月:　　　　性别:

应聘岗位:　　　　所属部门:

评价要素	权重	评 分 标 准					
		具体指标	优秀100%～90%	较好90%～80%	一般80%～70%	较差70%～60%	很差60%以下
身体外貌	20	健康程度10					
		气质10					
知识经验	20	知识水平5					
		实际经验5					
		职业道德5					
		专业知识5					

（续表）

评价要素	权重	评分标准					
		具体指标	优秀 100%～90%	较好 90%～80%	一般 80%～70%	较差 70%～60%	很差 60%以下
能力方面	40	社交能力 10					
		口头表达能力 10					
		应变能力 8					
		创新能力 6					
		处理问题能力 6					
性格方面	20	工作热情 6					
		自信心 6					
		开放性 4					
		态度 4					
	小计						
综合评价	级别标准	95～100分	90～95分	80～90分	70～80分	60～70分	60分以下
主试评价意见	评委甲：						
	评委乙：						
录用决定							

3）面试场所的选择与布置

（1）面试场所的选择。面试场所首先必须是安静的，与其他公共场所隔开，以避免各种不必要的干扰，例如公司会议室或专门的面试室。面试不宜在人员聚集的大办公室或靠近公共办公区域的地方进行，容易受到工作和电话的干扰。面试的环境要求舒适，室内的温度、湿度与采光要适宜，以保证面试在轻松、积极的环境与氛围中进行。

面试场所的大小要根据招聘职位的高低、面试人数的多少、面试方式的选择、是否需要听众而定。通常来说，较高职位的面试通常选择面积较小的场所，便于长时间和深入的交流；面试人数较多时，选择较大的空间；如面试需要展示表达能力，场所应大一些；若面试需要听众且听众人数多则需要较大的空间。

在应聘人数较多时，招聘单位还应设置若干候考室供应聘者休息、等候。候考室同样应该安静、舒适，距离面试考场不远，但要有一定的距离，以免相互影响。候考室可以放置一些公司的宣传册或杂志、报纸供应聘者翻阅。若应聘人数较少，则不必另外准备候考室。

（2）面试场所的布置。面试场所的布置应既严肃又有人情味，既紧张又不失温馨。具体来说，招聘人员在布置面试场所时，应从座位安排、光线布置、颜色搭配和噪声控制几方面考虑。

面试的座位安排通常有以下五种类型，如图 5-1 所示，其中 a、b、c、d 都是一位面试官面试一位应聘者的情形，e 是多位面试官面试一位应聘者的情形。通常情况下，我们更建议采取 d、e 两种座位安排方式。

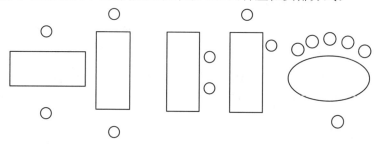

a. 对抗型   b. 远距离型   c. 亲密型   d. 沟通型   e. 圆桌型

图 5-1　面试座位安排的方式

对抗型：面试官和应聘者相对而坐，距离较近，虽然可以方便面试官与应聘者的沟通，但容易使双方的眼睛直视对方，会给对方造成心理压力。这种座位安排会在无形中增加双方的对抗性。通常情况下，应该尽量避免这种座位安排方式，但是如果面试官想要测试应聘者的压力承受能力或心理素质，那么这种类型的座位安排符合其氛围需要，可以采用。

远距离型：面试官和应聘者相对而坐，距离较远，这种座位安排虽然可以弱化面试双方眼睛直视的缺点，但双方距离过远，面试官较难观察应聘者的表情反应并从中获取信息，而且空间距离过远也会增大双方的心理距离，不利于交流。因此，通常情况下，会避免这种座位安排方式。

亲密型：面试官和应聘者并排坐在桌子的同侧，若采用这种座位安排方式，面试的双方将被置于一种完全平等的心理地位上，虽然大大减轻了应聘者的心理压力，但是面试官的心理优势地位也基本丧失，显得不够庄重，这种座位安排方式一般适用于比较熟悉和亲密的人之间进行，在面试中很少采用，而且这种座位安排方式会造成双方的面试姿势过于别扭，影响交流。

沟通型：面试官和应聘者成一定角度而坐，避免双方目光直视，可以缓解应聘者的心理压力，也有利于对应聘者进行观察。因此，通常情况下，建议采用这种座位安排方式。

圆桌型：圆桌会议的形式，适合多位面试官共同面试一位应聘者，其中主考官与应聘者正面相对而坐，这样的座位安排既可以体现面试的正式性与严肃性，又不会对应聘者造成太大的心理压力。

（3）在光线的布置上，面试官不应坐在背对光源处，这样会使他们的形象放大，对应聘者的心理会产生不利影响，还要避免强光灯、一般电灯或日光灯的光线照射到面试官或应聘者的眼睛。

（4）颜色可以影响人的情绪、意识和行为。招聘人员在对面试场所的颜色进行搭配与调整时，应尽量采用令人感觉舒适与温馨的色彩，桌椅、沙发、墙壁、地毯甚至装饰品的颜色都要相协调和谐。

（5）面试时不应受到干扰，考官的移动通讯工具应该关掉，其他干扰也要降到最低。

　　总之,面试环境是求职者了解企业的重要通道。如果求职者对企业没有更多的了解,那么走进企业的第一眼所见、身处企业后的感觉是难受还是舒适或是压力等,就决定了他对企业的接纳程度。企业的整体环境与面试的小环境,都影响着求职者对企业的认可度及信任度,是人力资源部门制造企业吸引力的重要环节。

小专栏 5-5

企业面试环境的文化信息传递

　　如果企业的日常管理就能做到有序与文化传达,那么在招聘的时候则无需刻意装饰。如果企业的日常管理还做不到有序,环境布置也没有文化传达的意识,那么想要吸引更好的人才,则需要有所准备、刻意改变。

　　(1)公共区域。在公共写字楼时,一楼大厅摆放明显的欢迎牌与楼层指示图。在独立办公楼时,接待大厅应地面整洁、物品摆放有序、有明显的欢迎牌、有摆放着宣传画册与零食鲜花的独立接待区。

　　(2)接待区域。前台区域资料摆放有序、快递包裹没有私人信息、办公桌上没有敏感性文件。接待台可以放置鲜花绿植,也可放置工作人员的私人相框等。展现职业化环境里的人文气息,传递出员工与企业高度融合的信息。

　　准备关于面试流程的温馨提示卡以及公司资料,以备接待人员不在时,求职人员不会产生紧张心理。接待人员尽量保持不要离岗,对求职人员保持礼貌的接待。

　　(3)公共办公区。公共办公区的物品摆放有序,能从视觉上看出分区管理、标识管理的思想。走廊整洁通常,不需要刻意做绿化处理。走廊的墙壁如果是普通的白色隔断墙,挂上有关于战略进度、产品画册、设计方面的画框。如没有,宁愿空着也不要随意贴着空白打印稿或手写稿。如果墙壁是可作写字板的玻璃隔断,上面有计算题、设计图、脑图类的手写体也是一种体现企业风格的呈现。

　　(4)面试等待间。等待间的墙面和走廊的墙面,最好能有表现出企业办公氛围、文化风格的挂图或手写体文案,如果没有就宁愿空着,也不要随意贴些打印稿或不经装裱的宣传画。

地面不要有杂物,室内可以有绿植。窗帘拉开,保持室内的明亮度。接待室最好有产品展示柜,如果没有,可以做临时产品展示区。循环播放的企业宣传片、广告片,音量调至适度,不要给人以噪声的感觉(如果人工智能运用深入的公司,可以选择智能播放,增加求职者的体验)。

求职者需要用到的笔、纸、空白申请表、企业宣传册等,依次摆放在桌上,注意色调的和谐。桌上需要有一张办公区平面图,标明逃生通道与卫生间,这能给求职者很强的安全感。招聘助理详细解说招聘流程以及表格填写方式,并留下自己办公电话的卡片,以供求职者有事时能找到可以解决的人。

(5)面试间。面试间不一定需要播放企业宣传片,但可能需要播放试题,所以需要准备投影仪或者移动播放器。面试间其他布置与等待间相同,特别强调要有产品展示柜或临时产品展示区。如果是重工业企业,可以有历史相册或零件展示。如果是虚拟互联网公司,则可以通过电子设备来展示企业的服务端、储存端、数据端等。产品展示永远是企业最具诚意的表现。

从进入企业大楼的每一步、每一个空间,都在给求职者诠释企业的一个侧面、传递企业的一种信息,所有的信息组合起来,能在求职者脑海里形成一个较为具象的、认可度高的企业形象。

4)发出面试通知

(1)电话通知。电话通知是企业发出面试通知最常用的方法,电话通知可以使面试通知更及时有效地传达给应聘者,可以就一些基本问题与应聘者进行初步沟通,进一步了解和确认应聘者的信息,还可以初步判断应聘者前来面试的意向。

电话通知的具体流程如下:①确认应聘者身份并自报家门;②说明获取应聘者简历的渠道,确定应聘岗位;③确定面试时间;④告知面试地址并说明面试需要应聘者携带的材料;⑤再次确认信息,礼貌结束通话。

(2)短信或邮件通知。短信或邮件通知也是企业发出面试通知的重要方式。通过发送短信或邮件,可以帮助招聘人员在短时间内通知大量的应聘者,提高效率,节约时间成本,但是由于缺乏双向沟通,容易使应聘者产生不信任感和不尊重感,而且招聘人员也丧失了初步了解应聘者的机会。因此,短信或邮件通知最好和电话通知相结合,两者相互补充。

短信通知与邮件通知的编写流程类似如下:①礼貌问好,说明自己身份;②发出面试邀请,写明面试时间、地点以及应聘者所需要准备的材料;③注明企业招聘人员的联系方式;④最后表达企业对应聘者的欢迎,礼貌结束。

如果采用电子邮件通知,招聘人员还可以在邮件末尾附上企业简介、企业标志、官网网址、乘车路线等。这也是与短信通知相比,邮件通知更为优越的地方,即可以表达更为详实、丰富的信息内涵。图5-2是某公司的面试邮件通知示例,供读者参考。

_____先生/女士:

您好! 首先感谢您对我公司的关注与支持。很高兴您通过了我公司的初步审核,现邀请您前来公司参加_____岗位的面试。

面试时间:_____年_____月_____日,_____时。

面试地点:_____路_____号_____大厦_____室。

来时请您携带以下资料:

1. 一寸免冠照2张;

2. 身份证原件及复印件1张;

3. 学历证书原件及复印件1张;

4. 学位证书原件复印件1张;

5. 英语等级证书原件及复印件1张;

6. 其他相关荣誉证书原件及复印件。

如有疑问,可来电详询。

联系电话:×××××××××××

联系人:×××

公司地址:×××××××××××××××××

乘车线路:××××××××××××××××

××公司人力资源部

××年××月××日

图5-2 面试通知书示例

(3) 其他通知方式。目前国内的第三方招聘网站都有比较完善的服务程序,当企业招聘人员选定了某一求职者的简历时,网站后台系统会自动发出消息,向求职者传达面试通知。通过网站发布面试通知,非常快捷方便,减少了招聘人员的工作量,提高了招聘工作的效率。

除了以上几种通知方式之外,随着社交网络的不断发展,也有一些企业会通过 QQ、微信来发送面试通知。采用这两种方式时应该注意,很多应聘者会怀疑信息的真实性,招聘人员最好将"公司人力资源部×××"设为昵称,将企业标志或其他有代表性的图片设为头像,以获取应聘者对招聘人员、对企业的信任。

2. 面试的实施

1)面试提问方式的选择

面试实施过程中如何对应聘者进行有效提问,需要讲究一定的技巧,我们在介绍面试实施的具体流程之前,先来探讨一下面试的提问方式,以便做出选择。

(1)开放性问题。开放性问题要求应聘者在回答中提供较多的信息,而不能简单地使用"是"或"否"来回答。开放性问题能够引起面试官与应聘者的讨论与互动,面试官可以从应聘者的回答中找出新的问题以获取更多有价值的信息。例如,"请谈谈你的优点和缺点""你觉得良好的沟通须具备哪些条件""你的同事或同学是怎样评价你的"。

由于开放性问题可能会引出一些缺乏实质性内容的描述性回答,因此为了能对应聘者进行更深入地考察,可以要求应聘者在回答中增加一些具体的事例进行阐述,即在开放式问题的基础上构建行为性问题或假设性问题,而这些问题往往能够让我们得到对应聘者进行判断的重要依据。例如,"你认为自己应付难缠客户的能力如何?"(开放性问题),在此基础上继续提问"假设一位不讲理的客户一定要让你为一件并非你的过错所导致的事情负责时,你会怎么做?"(假设性问题);"你认为一个高效的团队具备哪些条件?"(开放性问题);"请举一个你曾经领导一个团队完成某项任务的事例,包括当时的客观条件、工作是如何进行的以及最后完成的结果"(行为性问题)。

(2)封闭性问题。封闭性问题要求应聘者用非常简短的语言对给定的问题做出明确的答复,如"是"或者"不是"。尽管我们常常建议采用开放性提问方式以帮助我们获得足够的信息,但封闭性问题也有许多特有的作用:此类问题能使面试官掌握更多的主动权,能使应聘者心情放松;能帮助澄清事实,当面试官需要核实情况时,往往能得到准确的答复;此外,如果发生了可能导致面试终止的情况,那么直截了当地提出一个封闭性问题能使你迅速简单地获得你想要的信息。

很多时候,封闭性问题本身的回答似乎并不重要,而在于它后面的探究性问题、行为性问题等其他问题。例如,"你喜欢你上一份工作吗?",这个问题回答得到的信息本身并不重要,关键在于后面探究性问题"为什么?"的回答。再比如,"你善于处理人际关系吗?",在这个问题后面紧接着一个行为性问题"请你举一个在过去的工作经历中处理与同事摩擦的例子,当时你是怎么做的,结果如何?",这种行为性问题才是面试者真正关心的问题。

(3) 行为性问题。我们在本章的第一节中,已对行为描述面试进行了说明,即基于行为的连贯性原理发展起来的面试方式,是一种采用专门设计的问题来了解应聘者过去在特定情况下行为的面试方法。行为性问题就是为了满足行为描述目的而专门设计的,此类问题要求应聘者描述过去工作中的实际行为或者经历来证明其素质与能力。例如,"请描述一个在团队活动中,你曾提出的正确建议/意见没有被采纳的事例,当时你是如何处理的?"采用此类问题时,需要面试官对细节进行追问以确认应聘者回答的真实性。一般来说,第一个问题要求应聘者描述一个过去曾经发生过并且与要评价的能力相关的具体事件,后续问题则用来弄清事件细节,由一系列追问构成,要求应聘者回答自己在该事件中承担什么任务、采取什么行动、最后结果如何。可以采用前文介绍的 STAR 面试法进行提问。例如,就我们前面举的那个例子,可以这样进行提问:

面试官:请描述一个在团队活动中,你曾提出的正确的建议/意见没有被采纳的事例?

应聘者:当时的情况是……

面试官:当时你是怎么想的?

应聘者:……

面试官:你有没有争取过? 具体是如何做的?

应聘者:……

面试官：最后的结果如何呢？

应聘者：……

（4）假设性问题。假设性问题是情景面试中经常采用的问题形式，情境式面试为应聘者提供一个与工作有关的虚构情境，让其回答在这种情境中会有何反应或采取什么行动。假设性问题和行为性问题的相似之处在于二者都是将应聘者置于具体的情境之中，考察应聘者的行为表现，区别在于行为性问题是让应聘者描述一件发生在自己身上的真实事件，假设性问题则是采用假设的方式，应聘者所面对的是假设的工作情境，假设性问题一般使用一些假设问句来提问，例如，"假设现在你所负责的部门，其中有两个优秀的员工之间存在强烈的摩擦，由于二人之间关系的不协调，已经严重影响到部门业绩。请问，你将如何改变这一现状？"

（5）探究性问题。探究性问题通常是一些追问性问题，当面试考官想要继续挖掘信息或者当应聘者对上一个问题的回答引起面试官的兴趣时，他会进行追问，以获取更多、更详细的回答。探究性问题通常运用一些简短的问题提问，例如，"为什么？""如何？""什么时候？""谁""多长时间一次""在哪里"等，要求应聘者进一步回答，从而得到有关这些内容的信息。例如，"你认为什么样的领导是一个好领导？为什么？""你刚才说你们团队曾获得竞赛的第一名，你认为最重要的原因是什么？当时你主要负责哪一块工作？碰到困难没有？你是如何解决的？"一般来说，那些难以完整回答问题的应聘者往往比较欢迎探究性问题为他们提供额外帮助。

2）面试实施的各个阶段

面试是一个循序渐进的过程，面试的实施具体可以分为以下五个阶段：

（1）开始阶段。开始阶段约占面试过程的 2%，虽短暂但重要。面试的开始通常围绕一般性社交话题，问题大多友善客套，目的在于打破隔阂，减轻应聘者的紧张情绪，为面试创造轻松友好的氛围。

开始阶段通常进行一些与工作无关的问题谈论，例如"路上顺利吗？""来公司方便吗？"，这些问题与招聘岗位关键胜任力没什么关系，并且是随意且封闭式的，旨在建立面试双方融洽的关系。

（2）导入阶段。导入阶段约占面试过程的 8%，该阶段的主要任务是帮助仍然有些紧张的应聘者放松心情并给予应聘者自我介绍的机会。面试官应提问一些应聘者比较熟悉的且可能有所准备的问题，并且以开放式的问话方式为主，一方面可以缓解应聘者紧张的情绪，另一方面也为面试官后面的提问做准备。

例如，"请您花一分钟的时间简单介绍一下你自己""请谈一下你的教育经历""目前为止，对您影响最大的人是谁"等是在导入阶段经常会被问到的问题。

（3）核心阶段。核心阶段是指对应聘者胜任能力进行测评的阶段，约占面试过程的 80%。在该阶段，面试官将着重收集关于应聘者关键胜任能力的信息，主要需要明确三方面的信息。一是确认某些模糊的背景信息；二是评估应聘者以往的教育专长及工作成绩；三是根据应聘者对问题的回答及观察，推断其与企业及职位的适合度。因此这一阶段的面试问题也主要是关于关键胜任能力的行为性问题及情境假设问题，并配合使用其他问题，以便能够基于这些信息或事实做出客观的评价和判断。例如"您在哪方面的优势可以胜任该职位"，以考察应聘者的求职动机、专业技术能力、知识水平、个性特征等。

核心阶段在整个面试阶段尤为重要。面试官将根据应聘者在这一阶段的表现对其关键胜任能力做出评价。

（4）确认阶段。确认阶段，面试官可进一步对核心阶段所获得的对应聘者关键胜任能力的判断进行确认，约占面试过程的 5%。在此阶段，一般不再引入新话题，可将前面提及的内容请应聘者概括或再次深入阐述。这一阶段使用的问题以开放式为主，可以避免对应聘人员产生诱导，也可以适当提一些封闭性问题。

（5）结束阶段。结束阶段约占面试过程的 5%。这一阶段是面试官检查自己是否遗漏了关于关键胜任能力的问题并加以追问的时间，当然，面试官也应该给应聘者一个最后展示自己的机会，可以针对关键胜任能力再提出几个行为性或开放性问题，例如"你能再举个例子证明你在某方面的专业能力吗?"

最后,应该留给应聘者提问的机会。例如,"请问你还有什么要补充的吗?""对于我们公司您还有什么想了解的吗?""对于××职位,你还有什么问题要问吗?"

在结束面试时,不管录用与否,面试官均应礼貌感谢应聘者前来参加面试,并将下一步的面试程序告知应聘者。例如,"非常感谢你今天过来参加我们公司的面试。""面试结果将在××天内公布,我们届时会通知你。"

3. 面试的评价

在所有应聘人员面试结束后,面试官需要对本次面试结果进行处理和评价,包括三方面内容:综合面试结果、面试结果反馈以及面试结果存档。

1) 综合面试结果

(1) 形成综合评价。面试中,每位考官对每位应聘者在面试评价表中都有一个独立的评价结果,现在需要做的是将所有考官的评价结果进行综合,形成对应聘者的统一认识。这个工作可以在综合评价表上完成。综合评价表是将多位考官的评价结果汇总得出的,有时根据需要还要将所有应聘者的面试结果综合排序。

表5-6　面试评价表

姓名:	性别:		应聘职位:	应聘部门:		编号:
评价要素	表达能力	人际协调能力	快速反应能力	综合分析能力	组织协调能力	责任心
权重	5%	20%	20%	20%	10%	25%
要素得分						
评价标准	好:7~9分;中:4~6分;差:1~3分					
面试考官意见	面试考官签字:　　　年　月　日					

表5-7　面试综合评价表(1)

姓名:	性别:		应聘职位:	应聘部门:		编号:
评价要素	表达能力	人际协调能力	快速反应能力	综合分析能力	组织协调能力	责任心
权重	5%	20%	20%	20%	10%	25%

（续表）

评价要素	表达能力	人际协调能力	快速反应能力	综合分析能力	组织协调能力	责任心
考官 1						
考官 2						
考官 3						
……						
要素得分（加权后）						
面试总分						
综合意见	面试考官签字： 　年　　月　　日					

表 5-8　面试综合评价表（2）

应聘者	评价要素及权重						面试分数	面试排名
	表达能力	人际协调能力	快速反应能力	综合分析能力	组织协调能力	责任心		
	5%	20%	20%	20%	10%	25%		
A								
B								
C								
……								

（2）得出面试结论。依据面试目的和对所有应聘者的分析比较确定最终结果。具体步骤如下：首先，根据面试评价汇总表的平均分，对应聘者进行综合评价；其次，对全部应聘者进行比较；最后，将岗位条件和应聘者的实际情况作比较，应特别重视那些和招聘岗位最为密切的评价项目。总之，面试考官衡量应聘者的素质时，应以岗位需求为前提，着眼于应聘者的长期发展潜力，判定其是否符合公司的需要。

2）面试结果反馈

面试结果反馈是指将面试的评价与建议通知给用人部门，经协商后，做出录用决策,并通知应聘者的过程。有时还要进行一次"录用面谈",目的是解释录用的各种相关事项,解答应聘者的疑问以及要求。

对于未被录用的人员,应表示公司的辞谢。

3)面试结果的存档

以上工作全部结束后,应将有关面试的资料备案。对企业而言,这些资料是企业人力资源档案管理系统的基础资料。这些资料体现了企业对新员工的首次全面性的评价,是企业对新进员工系统考评的开始。

5.3　面试题目的编制

1. 面试题目的编制要求

面试题目的质量直接影响面试的信度和效度。面试题目尽管类型繁多、性质不同、功能各异,但在设计、编制面试问题时,会有一些共同的要求。

(1)面试题目要直接体现面试的目的。企业要通过试题进一步考察应聘者的能力水平、工作经验以及其他方面的情况,为选择合适的人才提供充分的依据。

(2)面试题目必须围绕面试的重点内容。编制题目是为了完成对重点内容的考查,进而实现面试的目的。所以,题目所涉及的内容必须是面试所要考察的重点。

(3)面试题目要兼具科学性和可测性。面试试题不仅应该是正确的、科学的,而且还应是实用的、有效的、可测的。并不是任何表述科学、严密的问题(如笔试中的问题)都可以用在面试之中。例如,用逻辑类试题来测试应聘者的思维能力,效果往往并不好,因为应聘者在面试的压力下解答这类题时,常常会张口结舌,无话可说,使面试无法进行下去;而请应聘者就某一社会现象自由地发表自己的看法,常常能使他们有话可说,于自然表述中体现出其思维水平。

(4)面试题目要共性与个性相结合。每项面试内容可从不同角度出一组题目,面试时根据情况有选择地提问,这样效果更佳。同类岗位的面试题目可分为共性问题和个性问题两大类。共性问题主要指围绕岗位所需专业知识所提出的问题,对各个应聘者提问的范围和重点应基本相同;个性问题主要针对应聘者不同的经历和岗位要求提出。

(5)面试题目要有可评价性、透视性。面试问题的可评价性是指在面试过程中提出的问题在应聘者回答之后是可以评价的;面试题目的透视性是指面试题目能从一些特定的角度折射出应聘者特定的素质。

(6)面试题目要将新颖性与启发性相结合。编制面试题目,应注意材料新、视角新、观念新、表述新、形式新,避免重复,特别是简单重复,以便于测评应聘者某些素质的真实水准。并且,这种新颖性要与启发性相结合,从而促使应聘者的相似联想和对比联想,思维进入活跃状态,摆脱拘束与紧张,切实挖掘自身潜力,表现潜在素质。

(7)面试题目要有目的性及可比性。面试题目的内容要有价值,必须明确考察应聘者某个方面的具体素质。另外,进入面试的可能是多位应聘者,因而面试内容要有可比性,即通过对应聘者按规定内容进行面试,不但可探知某个人在这方面的情况,还可对所有应聘者进行比较,以定优劣。

(8)面试题目要注重形式。除了内容,面试题目在形式上也要达到一定的要求:题目的长短要适度;试题所引用的材料应是应聘者熟悉的;试题的表述要清晰无误。

2. 面试题目的编制步骤

面试题目的编制通常以工作分析,特别是对关键事件的分析为基础,常用的方法包括观察法、问卷法、访谈法等。编制一套完整的面试题目一般需要经过以下几个步骤:

(1)明确面试需要考察的维度。在全部需要考察的要素中选择适宜面试测评的要素。

(2)为每个维度下定义。下定义的过程实质是将每个考察维度行为化,即将需要测评的要素转化成在面试中可以被观察到的行为。在这个转化过程中,可以从以下要点出发:每场面试应聘者可能表现出哪些行为?不同水平层次的应聘者在同一考察维度会有怎样不同的表现?怎样的情境可以激发应聘者表现出与特定素质相关的行为?针对同一面试测评要素,哪些行为是有效的,哪些行为是无效的?

(3)收集能够表现这些行为的情境或事件信息。例如,需求岗位的工作内容;需求岗位的关键工作任务;决定任务完成质量的关键事件;工作中的重点、难点问题。

(4)加工信息,整理题目。首先提取关键事件信息作为题干,即以岗位关键事件作为题目的出发点,要求应聘者描述与关键事件相关的行为,可能是过去的行为或在假设情形下可能采取的行动;而后编制追问题目,可按前文提到的 STAR 模式进行设计。

例如,经常处理问题员工是人力资源经理工作内容中频率比较高的事件,于是我们将"处理问题员工"作为关键事件。首先形成一个问题的题干"您能否给我们举出一个您在过去成功处理某个问题员工的例子?",然后根据行为面试的要求,设计对应聘者的追问,可以利用 STAR 方法,充分挖掘背后的信息,比如"当时的情境? 您的任务? 您采取了哪些措施? 结果如何?"等。这样与前面的题干就形成了完整的面试题目。

(5)根据题目设计答题要点与评分标准。答题要点的设计就是将与岗位绩效相关的关键性行为进行罗列,而评分标准则是对每个关键行为依据有效性划分等级,并对每个等级的行为进行定义,在评分时将应聘者描述的行为与不同等级进行比照,确定分数。

(6)在面试前对题目进行测试并及时调整。面试题目在编制出来后,需要进行测试,测试内容包括问题的可理解性、信度与效度等。

◉ 本章小结

面试是一种经过精心设计的、在特定场景中以面对面交谈与观察为主要手段,由表及里地测评应试者相关素质的一种方法。面试的特点主要表现为:交流的直接互动性、形式与内容的灵活性、信息的复合性。依据一定的标准,我们可以将面试划分为不同的类型。

确定面试评价要素可以加强面试内容的针对性,提高面试的有效性,在招聘与选拔中,我们并不是以面试去测评一个人的所有素质与能力,而是有选择性地去测评与招聘岗位要求密切相关的内容。

一场完整的面试活动包含：面试的准备、面试的实施、面试的评价。

面试题目的质量直接影响面试的信度和效度。面试题目的编制通常以工作分析，特别是对关键事件的分析为基础，常用的方法包括观察法、问卷法、访谈法等。

 复习与思考

（1）简述面试的含义与特点。

（2）面试的基本类型有哪些？各自有哪些优缺点？

（3）面试的评价要素有哪些？

（4）面试前需要做哪些准备工作？

（5）面试中的提问方式有哪些？

（6）如何对面试结果进行处理和评价？

（7）简述面试题目编制的要求与步骤？

 **课后案例**

谷歌的结构化面试

谷歌的结构化面试会先识别出需要考察的人的特点，然后把它们导入一套标准和稳定的工作流程中去，以此来确保招聘的高效、公平和公正，同时也能给候选人带来良好的应聘体验。

谷歌曾经对所有参加过面试流程的候选人做过调研，发现结构化面试流程下的候选人体验比没有结构化的时候提升了 35%。未来很多谷歌面试的候选人，很有可能以前曾经都被谷歌面试过。所以，让他们愿意重走一遍面试流程是至关重要的。建立结构化面试流程的关键主要有三点：

第一，使用与面试岗位相关的高质量面试问题。谷歌发现，招聘提高效率的关键就在于，持续地使用一套标准的高质量面试问题，而不是让每个人在招聘过程中去随心所欲地问问题。

谷歌 HR 部门开发了一个在线工具，根据岗位高低，输入岗位级别后，直接弹出相关的面试参考问题。针对每一个要考察的候选人特质，都有标准面试问题。在面试之前,由 HR 提前将问题发给面试官,每个面试官分工不同,分别考察候选人身上不同的特质。

谷歌的面试问题分为两大类。第一类是行为性问题,问题主要集中在候选人的过往经历,考察其是否匹配正在申请的职位。例如,"告诉我你曾经的一次经历,你是如何通过影响你的团队最终做出了一个困难的决定?""告诉我你最成功的一次说服客户的经历?"

根据这些问题,再深入提问,包括了解候选人在解决这些问题上都采取了哪些步骤?动用了哪些资源?如果现在让你重做,你会在哪些地方做得不一样?等。

第二类是假设性问题,即候选人会如何解决未来岗位上存在的一些实际问题。众所周知,谷歌是一个创新型公司,在谷歌工作,你可能会遇到在其他地方从未遇到过的问题,这就对候选人的开拓创新能力有很高的要求。

第二,对候选人的回答按既定标准评估。先建立一套问题回复标准,然后以此来评估每名候选人的回复,这样做有几个优点。首先,可以确保面试官客观稳定地评估候选人的回答;其次,可以确保所有候选人在面试中被公平对待;最后,还可以准确地预测候选人在未来工作中的成功可能性。

谷歌对所有的面试问题,都提前制订了四类标准:差(Poor),中(Mixed),良(Good)和优(Excellent)。凡是回复差(Poor),基本上属于被淘汰的类别。

比如,考察候选人的项目管理能力,如果是初级岗位,如果候选人不能优先安排好自己手头的工作,他就会得到一个低分;相比之下,如果一个候选人既能优先安排好自己手头工作,还能安排好其他团队成员的工作,那就会得到一个高分。

同样是考察项目管理能力,如果是高级岗位,答案标准也会发生相应变化。那些能够在整个组织内部安排好工作优先顺序的人才会得到高分。

不仅如此,谷歌还要求所有参加面试的面试官写下详细的面试反馈。不仅要写下候选人具体回答问题给出的答案,还要写下面试官自己对候选人的评论。

每次面试结束后,招聘委员会成员会聚在一起,汇总并仔细阅读每个面试官的书面报告,然后对照前述的问题回复标准,最终给出评估意见。通过这种形式,谷歌可以最大程度地避免因为某个面试官的个人因素导致候选人入选。

第三,对所有面试官的培训和校准。谷歌内部所有的面试官都必须在参加第一次面试前接受 HR 的标准培训。新任面试官可以先去现场观摩那些资深面试官的面试。HR 还会尽力给面试官提供大量的反馈意见,并经常组织面试工作坊,反复练习,提升大家的面试水平。

值得一提的是,谷歌还会让候选人对面试官给出反馈。研究发现,面试官在整个面试过程中对候选人的影响最大。每次面试结束后,HR 会发问卷让候选人对面试官给出反馈意见,然后把意见整合后以匿名的书报告形式发给面试官们参考。

 思考题

如何评价谷歌的招聘面试流程?

6

评价中心

学习目标

（1）了解评价中心的起源；

（2）理解评价中心的含义与特点；

（3）理解评价中心的主要形式与各自的优缺点；

（4）了解评价中心的测评维度；

（5）掌握无领导小组讨论的设计与实施流程；

（6）掌握公文筐测试的设计与实施流程；

（7）掌握角色扮演的设计与实施流程；

（8）掌握管理游戏的设计与实施流程。

引例

乙先生的一次应聘经历

当天，一起来应聘的总共有 5 个人。前台小姐友好地将我们带入一间办公室，稍后进来了两位主考官。经过程序式的自我介绍之后，他们先给我们发了一套题目，有图形的，也有文字的，感觉上像心理测验之类的测试。

待我们都上交问卷后，考官让我们各自到指定的地点分别去参加一个测试，测试中需扮演公司分部的华北地区区域经理，模拟真正的区域经理一天的工作。

（1）我拿到的是一叠资料，需要在短时间内阅读这份资料，以了解公司的基本情况并进入角色。

（2）我了解到自己所扮演的区域经理刚外出培训回来，培训期间办公桌上已经累积了一大堆文件，他必须马上做出相应处理。

（3）在处理文件的过程中，突然有一个客户跑过来投诉。

（4）待处理完投诉后，好不容易把一大堆文件也处理好了，接到通知说要召开一个会议，布置下半年的主要工作。

（5）以上任务完成后，我们5个人被再次召集到一起，让我们准备一个5分钟左右的竞职演说。

上述案例中的 Z 先生所经历的一整天的测试活动，其实就是一个典型的评价中心在企业招聘中的应用实例。评价中心是一套选拔人才的方法和技术，被越来越多地广泛运用于人力资源招聘和配置领域之中。本章我们将对评价中心及其常用的几种技术做具体介绍。

6.1 评价中心概述

1. 评价中心的起源

评价中心（Assessment Center）是一种包含多种测评方法和技术的综合测评系统。通过对目标岗位进行工作分析，在了解岗位的工作内容与素质要求的基础上，预先设计一系列与工作高度相关的模拟情景，然后将被评价者纳入该模拟情景中，要求其完成该情景下多种典型的管理工作，如主持会议、处理公文、商务谈判、处理突发事件等。

评价中心最早起源于德国心理学家哈茨霍思等人在1929年建立的一套用于挑选军官的多项评价程序，这种技术是对候选军官的整体能力而不是单项能力做出评价。评价中心技术的评价工作必须在与实际工作类似的环境中进行对候选人的行为观察和评价。

在第二次世界大战期间，美国运用了评价中心技术进行了候选军官的挑选，并且将这项技术运用到了小组测评的活动中。评价中心技术广泛应用于非军事领域的基本模式是起源于美国电报电话公司。管理专家道格拉斯·布雷等人在这个公司进行管理进步研究项目,主要是考察青年员工需要具备什么特性才能得到向高一级职位晋升的机会。在这个研究项目中,评价专家组综合研究了与成功有关系的个人评价的方法,采用了无领导小组讨论、公文处理训练、投射测验、能力和个性测验、面谈、自我描述和商业游戏等方法。这个项目从 1956 年持续到 1960 年。这项评价在结束之后,评价专家组将报告封存起来,在 8 年之后,专家组将评价的这些员工的实际发展和评价的预测进行比较,比较的结果发现:在得到晋升的员工中,80%的评价预测是和事实相符的;在没有晋升的员工中,有 90%的评价预测是和实际情况相符合的。

在此之后,美国的许多大型公司,例如通用电气公司、福特汽车公司、柯达公司等都采用了这项技术,一些美国的政府部门也建立了相应的评价中心机构来评价管理人员,评价中心在欧洲、美洲等国以及苏联和日本等都得到了广泛的应用。20 世纪 80 年代后期,评价中心开始随着欧美企业的流入而流入中国。进入 20 世纪 90 年代以后,我国许多政府部门和企业事业单位也开始采用评价中心技术甄选人才,同样收到了良好的效果。

过去几十年中,评价中心在管理选拔中发挥着重要的作用,这得益于其有着相对较好的预测效度。在评价过程中,一旦评价中心将所得到的测评结果反馈给候选人,候选人就会在相关的问题上进行调整和提高,因此,对被评价者而言,整个过程其实是一个很好的培训过程。

2. 评价中心的特点

1)情境模拟性

情境模拟性是评价中心最重要的特点。不同于传统的面试形式,它将被评价者置于与真实工作情境高度相似的情境下,评价者运用多种测评技术考察被评价者在这种情境下所表现出来的行为,对具有代表性的行为进行观察和记录,并做出判断和评价。评价中心技术对于工作情境高度仿真这一特点,使其能考察出一般测评方法难以测试出的多种素质。

2)技术运用综合性

就人才评价的技术而言,评价中心具有综合性。任何一项技术都存在不足,评价中心使用多种测评手段对人员进行评价,可以弥补彼此的缺陷,被评价者在这些测评形式中行为的多样性和广泛性使测评的效度和信度大大增加。

3）评价来源多样性

评价中心对被评价者行为的评价是通过多名评价者共同实施的。评价者来源于用人部门经理、人力资源部招聘经理、企业高管/总监、咨询顾问等，评价者从多角度对行为进行标准化的评估，属于群体决策。

4）评价过程动态性

评价中心将被评价者置于动态的模拟情境中对其动态的实际行为进行评价，这种对实际行动的观察往往比被评价者的自陈式报告更为准确有效。而且，动态的测评中，被评价者之间可以进行相互作用，在一定程度上也减少了掩饰与伪装，使某些特征能更清晰地被观察和比较。

5）评价内容全面性

评价中心综合运用了多种测评技术，使它不仅能够有效测评被评价者的实际工作能力，还能测评性格、品质等综合素质特征。此外，由于评价中心测评指标体系的设计是从岗位的工作分析出发，根据不同层次、不同类别人员的岗位要求和必备素质，设计不同的模拟情境，使得所测评的素质是与拟任岗位高度相关的处理工作的实际能力以及工作中所必需的心理素质，因此，测评的针对性很强。

3. 评价中心的优势与不足

1）评价中心的优势

（1）测评形式和内容灵活。评价中心是具有针对性的测评方法，针对不同的测评目的和指标，会灵活地使用各种形式的测试。目前比较流行的评价中心技术包括公文筐测试、无领导小组讨论、案例分析法等。公文筐测试适合考察管理人员的组织、计划、分析以及决策能力；无领导小组讨论适合考察团队领导能力；案例分析法适合考察分析思维能力。

（2）行为解释方法标准化。评价中心虽然以行为观察法为主，但是评价者对被评价者的行为观察并不是随心所欲的。而是由多个评价人员按照严格的评审程序对被试者进行集体评价，最后通过讨论和统计整合测评结果，整个测评过程都是在标准化控制之下进行的。

（3）内容效度和表面效度高。评价中心测评主要是在与真实的工作环境十分相似的模拟情境下进行,并提供客观的测评标准,能够直接观察和测量被试者解决问题的实际能力。对于测评在实际工作中需要具备的能力大有裨益。

2）评价中心的不足

（1）操作复杂、程序繁琐。评价中心既然是标准化施测,必然会使得整个测验过程操作起来复杂并且程序繁琐。施测过程一般包含分析目标岗位,确定测评标准和评分标准,设计情景模拟,培训测评人员,实施测试,记录被试者行为,对结果进行讨论和统计,整合结果等多个环节。

（2）对测评人员要求严格。评价中心技术的实施过程中需要多名测评人员,且都经过专业训练,测评人员中包含心理学工作者和高级管理人员,这种对测评人员的严格要求自然就增大了对人员配置的要求。

（3）适用范围有待拓宽。评价中心适合测评那些方便被观察到的管理品质,比如领导组织能力、人际沟通能力、问题解决能力等。并不适合测评所有的管理品质。有的管理品质如领导威信、成就动机、个人价值观等都需要借助心理测验的方式来进行测量。所以,将评价中心与心理测验两种方法常结合起来使用,能够进一步提高测评的效度。而且,典型的评价中心测评方法只适合于高级管理人员,并不适合非管理人员和技术人员,这是评价中心在测试对象上的局限性。

4. 评价中心的主要形式

评价中心包含了多种测评技术与方法,从测评形式来看,主要有管理游戏、公文筐测验、角色扮演、小组讨论、演讲、案例分析、事实判断、模拟面谈等,如表6-1所示。本章后面几节会就常用的几种测评技术做具体说明。

表6-1 评价中心的主要形式及使用频率

复杂程度	形式	实际运用频率(%)
更复杂	管理游戏	25
	公文处理	81

（续表）

复杂程度	形式	实际运用频率(%)
	角色扮演	没有调查
	有角色小组讨论	44
	无角色小组讨论	59
	演说	46
	案例分析	73
	事实判断	38
更简单	面谈	47

5. 评价中心的测评维度

评价中心的测评维度是指评价中心的主要测评内容。保罗（Paul Jansen）和费里（Ferry de Jongh）总结了评价中心的四个元维度，如表6-2所示。在国内外对于评价中心的研究和应用中，所采用的维度大多包含在这四个元维度之内。

表6-2 评价中心的测评维度

元维度	子维度	定义描述
智力	问题分析	分析面临的问题，找到完善的解决方法
	问题解决	先将问题分解，仔细考虑各个方面，然后综合各个方面，提出可行的解决方法
	创造力	找到新的解决办法，提出新的问题
社交技巧	人际敏感性	愿意以开放和建设性的态度参与团队活动，并为达成团队目标做出自己的贡献，而不是抱怨或是引起混乱
	社会性	能带领团队向着某一特定目标前进，运用自己热情和实践经验，对团队的结构和气氛产生决定性影响
	领导力	能够说服其他团队成员，按照他的建议完成团队共同目标
决断力	计划与组织	一个人计划、检查、指导和实施方案的能力，以及对时间进程的控制和管理
	授权与管理	通过授权和管理控制工作的进展

（续表）

元维度	子维度	定义描述
意志力	主动性	积极主动地去做事情,而不是被动地等待别人的命令和指导
	坚持性	遇到困难不轻易放弃,而是能坚持下去,不断发挥自己的主动性
	坚定性	在压力下,能够坚持自己的观点
	决定性	对团队的决策产生决定性影响,能做出果断、独立、深思熟虑的决定

（资料来源：JANSEN P, JONGH F D. Assessment Centers：A Practical Handbook［M］. John Wiley& Sons，1997：25－26．）

6. 评价中心的操作流程

一般来说,一次完整的评价中心的操作流程如下。

1）确定评价目标

评价中心在人才识别、人才培养与人力资源优化配置领域中都有广泛应用。因此,首先要确定评价中心是运用于招聘选拔、晋升评价、培训诊断或是人力资源管理的其他目标。

2）胜任力分析

不论出于何种目的,运用评价中心都需要进行目标岗位的胜任力分析。调查和分析待测评岗位所需要的关键工作行为或者应该避免的工作行为。

3）确定评价标准

明确目标岗位的素质要求,确定出胜任该岗位的知识、能力和动机等素质要求,并界定素质维度的定义,作为测评的标准。例如,销售人员的素质要求(胜任力)可以是人际敏感性、说服力、客户服务意识、分析能力、成就动机等。

4）选择评价工具

针对目标岗位的素质维度,选择合适的评价工具。选择评价工具的原则：

（1）必须与测评的素质维度标准直接相关。

（2）难度适中、内容丰富，具备与岗位相关的情景，并保证该评价工具经过专家的精心设计，具有合理的信度和效度。

（3）针对企业的特点、时间、费用要求进行工具选择。

5）设计评价方案

（1）设计素质评价矩阵。评价矩阵包括评价工具和素质维度（胜任力）两部分内容，每项素质维度可以通过多个评价工具进行观察，以保证测试的效度。本章开篇引例中的 Z 先生，其素质评价矩阵如表 6-3 所示。

表 6-3 素质评价矩阵

素质维度	公文处理	客户沟通	召开会议	竞职演说
计划与组织	****	**	***	**
沟通与谈判	*	*****	**	**
分析解决问题能力	****	***	**	***
快速反应能力	****	***	*	****

注：表中的 * 代表权重，即反映该项素质维度在整个素质维度结构中的重要程度。

（2）制定评价行动计划。包括确认评价目标，设计测评流程和测评的时间进度表，并将测评时间表提供给每位测评人员。测评应按照时间进度进行，确保每位候选人在公平的条件下进行测试。

6）选择和培训评价人员

测评效果的好坏在一定程度上依赖于评价人员的技术水平，评价人员要从专业人士中挑选，需具有丰富的测评实践经验，并且接受过有针对性的培训，培训内容一般包括：

（1）熟悉评价的素质维度（胜任力）和评价工具，了解特殊测验的一些细节内容。

（2）测试过程中的行为观察、归类和行为评估技巧。

（3）统一评价的标准和尺度，提高考官评价的一致性。

7）实施评价中心

按照设计好的行动计划依次进行各项活动，直到评价过程的最终完成。

8）报告和反馈评价结果

测评结束后，每位评价人员要将观察记录进行归类、评估，写出评语，然后一起对每位被评价人员在不同测评活动中的表现进行分析整合，对每一项素质维度逐一出具分数，并按照严格的格式撰写测评报告，给被评价人员适当的结果反馈，同时追踪收集相关资料，衡量评价中心结果的信度和效度，进一步改进评价中心流程。

小专栏 6-1

评价中心的发展趋势

1. 重视心理测验

随着评价中心的发展和实际的需要，人们开始重视心理测验，尤其是一般认知能力测验和个性测验，在评价中心中起到补充作用。将心理测验与评价中心结合起来使用，对于关键岗位的选拔与晋升测评格外重要。

2. 利用计算机和传统多媒体技术

当前，计算机在评价中心方法上越来越多地得到运用，如在公文筐测验中，用 E-mail 来发放文件，传递信息。传统的评价中心对测评信息的整合，往往要求评价者通过面对面的讨论，统一对测评对象的评估意见。如今，他们只需要提交经过电脑编辑的报告和评价结果，专门的计算机程序就会根据测评指标的相对重要性和测评师的不同评价意见，最后将计算机处理结果返回给测评师，由测评师对总体评价结果划分等级。这些评价等级再经过集中处理，最后反馈给管理层和测评对象本人。

3. 降低施测成本

为了适应社会的需要，研究者在降低评价中心的施测成本方面已做出了许多尝试，比如实行评价中心的非正式化和电脑化，有效缩短测评流程，从而减少成本与时间上的消耗，使整个测评过程变得更加简化而有效率。

6.2 无领导小组讨论

1. 无领导小组讨论概述

1) 无领导小组讨论的概念

小组讨论形式有两种：一是角色指定形式，二是角色自由讨论形式。前者的代表是有领导小组讨论，后者的代表是无领导小组讨论，无角色小组讨论是典型形式，是评价中心一种常用形式。

无领导小组讨论（Leaderless Group Discussion，LGD）是评价中心常用的一种无角色群体自由讨论的测评形式。测试中，通常把应试者分成6~8人一组，不指定小组的领导人，由主试（即测试主持人员）说明要求、给出要讨论的问题（一般是一个实际业务上的问题），请应试者小组自由讨论，最终形成统一的讨论结果，并向评价小组汇报。

2) 无领导小组的优缺点

（1）无领导小组讨论的优点如下：

① 能检测出笔试和单一面试所不能检测出的能力或者素质。

② 能观察到应聘者之间的互动。

③ 能依据应聘者的行为特征来对其进行更加全面、合理的评价。

④ 能够涉及应聘者的多种能力要素和个性特质。

⑤ 能使应聘者在相对无意中暴露自己各个方面的特点。

⑥ 能使应聘者有平等的发挥机会从而很快地表现出个体上的差异。

⑦ 能节省时间，并且能对竞争同一岗位的应聘者的表现进行同时比较。

（2）无领导小组讨论的缺点如下：

① 对测试题目的要求较高。

② 对考官的评分技术要求较高，考官应该接受专门的培训。

③ 对应聘者的评价易受考官各个方面，特别是主观意见的影响，从而导致考官对应聘者评价结果的不一致。

④ 应聘者有存在表演或者伪装的可能性。

⑤ 指定角色的随意性，可能导致应聘者之间地位的不平等。

⑥ 应聘者的经验可以影响其表现。

3）无领导小组的适用对象

无领导小组讨论是通过模拟团队情境来考察被评价者的能力，它的适用对象为具有领导潜质的人或某些特殊类型的人群（如营销人员），以及一些专业机构的专业人士，比如咨询公司、律师事务所等。而对于较少与人打交道的岗位，比如财务人员和研发人员的选拔，无领导小组讨论测试并不十分合适。

4）无领导小组讨论题目的类型

（1）开放式问题。开放式问题的答案的范围可以很广、很宽，主要考察应试者思考问题时是否全面，是否有针对性，思路是否清晰，是否有新的观点和见解，例如："你认为好的领导是应具备哪些基本素质？"关于此问题，应试者可以从很多方面来回答，如领导的人格魅力、领导的才能、领导的亲和力、领导的管理取向等方面。开放式问题对于评价者来说，容易出题，但是不容易对应试者进行评价，因为此类问题不太容易引起应试者之间的争辩，所考察应试者的能力范围较为有限。

（2）两难问题。两难问题，是让应试者在两种互有利弊的答案中选择一种的问题。主要考察应试者的分析能力、语言表达能力以及说服力等。例如："你认为好的领导是应该注重公平，还是应该注重效率？"一方面此类问题对于应试者而言，不但通俗易懂，而且能够引起充分的辩论；另一方面对于评价者而言，不但在编制题目方面比较方便，而且在评价应试者方面也比较有效。但是，此种类型的题目需要注意的是两种备选答案一定要有同等程度的利弊，不能是其中一个答案比另一个答案有很明显的选择性优势。

（3）多项选择问题，也称为排序题，此类问题是让应试者在多种备选答案中选择其中有效的几种或对备选答案的重要性进行排序，主要考察应试者分析问题实质，抓住问题本质方面的能力。例如："你要去野外露营，请从'登山鞋、瑞士军刀、火种、背包、食物、手表、手电筒、睡袋、急救箱'中选择5样必备的工具，并按重要性进行排序。"此类问题对于评价者来说，比较难出题目,但对于评价应试者各个方面的能力和人格特点则比较有利。

(4) 操作性问题。操作性问题会给应试者一些材料,让他们利用所给的这些材料,设计出一个或一些指定物体,主要考察应试者的主动性,合作能力以及在实际操作任务中所充当的角色。例如给应试者一些材料,要求他们相互配合,构建一座铁塔或者一座楼房的模型。此类问题在考察应试者的操作行为方面要比其他方面多一些,同时情境模拟的程度大一些,但考察言语方面的能力则较少。考官必须准备好所能用到的一切材料,所以这类问题对考官的要求和题目的要求都比较高。

(5) 资源争夺问题。此类问题适用于指定角色的无领导小组讨论,是让处于同等地位的应试者就有限的资源进行分配,从而考察应试者的语言表达能力、分析问题能力、概括或总结能力、发言的积极性和反应的灵敏性等。如让应试者担当各个分部门的经理,并就有限数量的资金进行分配,因为要想获得更多的资源,自己必须要有理有据,且能说服他人,所以此类问题可以引起应试者的充分辩论,也有利于考官对应试者的评价,但是对讨论题的要求较高,即题目本身必须具有角色地位的平等性和准备材料的充分性。

2. 无领导小组讨论的设计

1) 岗位分析

岗位分析是进行其他相关程序的基础,特别是在编制题目和制定指标时,一定要与招聘岗位的特征紧密结合,因为不同的岗位对任职者的个性、能力、素质要求是不同的。岗位分析的重点在于总结出那些与企业的愿景、价值观、工作战略等相关的活动,分析他们的特征,并由此概括出胜任岗位所需的竞争能力。

2) 确定测评指标

根据胜任目标岗位所需要的能力和无领导小组讨论的特点确定测评指标。指标应以 4~6 个为宜,一般不超过 6 个,所以只需要把注意力集中在几个关键指标上就可以了。通常,无领导小组讨论测评的素质指标主要有:

（1）在团队中的人际交往能力。主要包括言语和非言语的沟通能力、说服力、组织协调能力、影响力、团队意识等。

（2）处理实际问题的思维分析能力。主要包括理解能力、分析能力、推理能力、创新能力、信息搜索利用能力等。

（3）个性特征和行为风格。主要包括自信心、独立性、灵活性、决断性、情绪的稳定性等特点，以及考虑问题时喜欢从大处着手还是关注细节，喜欢快速决策还是全面考虑各种因素，是否喜欢设定行动目标和计划等行为风格。

3）编制测试试题

在编制设计题目时，要尽量能覆盖到各个需要测评的能力素质。从编制要求来看，要符合以下三方面要求：

（1）讨论题目要具备争议性。

（2）题材为大家所熟悉，保证被测评者可以有感而发。

（3）试题内容不会诱发被测评者的防御心理。

从编制程序上看，主要有四个步骤：

（1）案例收集。收集竞聘岗位在以往工作中的相关案例，注意所收集的案例要求难度适中，同时带有一定的选拔性质。

（2）案例甄选与归类。对收集到的原始案例进行甄别，选择出内涵丰富、难度适中，典型性、现实性较好的案例，并将它们按不同的特点、专业等予以归类。

（3）案例加工、整理，编成试题。加工的目的主要是删除案例中不宜公开讨论的部分或琐碎细节，充分考察各种要素所需要的内容，特别是要设定一些与岗位工作相关而又符合讨论特点的情况或问题，使之既来源于实践，又不是一般的工作分析，具备科学性、实用性、可评性特点，可能的话将其凝练成典型的讨论题。

（4）试测与修正。选取相关的一部分人员（非应聘者）进行模拟测试，以此来判断试题的质量，并且根据模拟测试的效果对试题做出相应调整，以便达到测试的效果。

4）设计评分表

评分表的设计要素一般包括被试编号、评委姓名、评价指标和标准、评委观察记录、评分范围、定量评价、评语评价。图6-1是一个评分表的示例。

	考场： 组别： 测试时间：					
	评价指标				总得分	考官建议
	沟通表达（25分）	分析判断（25分）	团队合作（25分）	组织协调（25分）		
评分标准	能积极主动地沟通，能清晰表达观点，能积极倾听别人观点与建议；通过沟通能促进共识的达成。	分析问题有较强的逻辑性，思维严密、有深度，判断力准确，善于抓住问题的本质。	尊重与信任他人，乐于和团队成员共同合作，具有团队责任感，愿意为团队目标持续付出努力。	目标明确，有效组织各类资源，协调各方关系，保证工作任务的顺利完成。		
考生编号						
1						
2						
3						
4						
5						
6						
7						
8						
小组评分： （A：优秀；B：良好；C：一般）				评委签名：		

图6-1 无领导小组讨论评分表

3. 无领导小组讨论的实施与评分

1）测评准备

（1）选择与培训考官。一般来说，无领导小组讨论的考官应由竞聘职位的直接上级、心理学家（或人事选拔专家）与企业人力资源部门人员共同组成，人数以3～6人为宜。

171

没有经验的考官需要事先接受人事选拔专家或者心理学家的培训,使其深入理解各评价要素的含义与评价标准,掌握无领导小组讨论的观察方式与评分方法,必要时还要进行模拟评分练习。

(2)选择适当的测试环境。测试环境要满足安静、宽敞、明亮等条件;为了使所有应聘者处于平等的地位,最好选取圆桌,而不是方形桌子;座位的安排无主次之分,应聘者在测试前以抽签的方式决定座位顺序;考官的座位,安排在易于观察到所有应聘者的位置,考官与应聘者应该保持一定的距离,以减轻应聘者的心理压力;最好准备一台摄像机,这样评分时可以反复观看录像,以提高测评的准确性;如果条件允许,可以在专门的行为观察室或监控室进行,这样可以将考官与应聘者分隔在两个不同的房间,以减少对应聘者的影响。

(3)组织安排应聘者。讨论小组人数以 6~8 人为宜。人数太少,应聘者之间争论较少,不易充分展开讨论;人数太多,组员之间分歧可能过大,难以在规定时间内达成一致意见。

为应聘者分组时,应将竞聘同一岗位的应聘者安排在同一小组,以便于相互比较,也可保证相对公平性。

2)测评实施

做好了充分准备之后,可以进入测试实施阶段,一次完整的无领导小组讨论需要 45 分钟到 60 分钟,具体可以分为四个阶段。

(1)准备阶段。主考官介绍整个测评程序,宣读指导语、讨论题目与注意事项。应聘者了解试题,独立思考,列出发言提纲,准备时间一般为 3~5 分钟。

(2)独立发言。应聘者轮流发言,初步阐述自己的观点,发言顺序不做规定。主考官控制每个人的发言时间(一般不超过 3 分钟)并观察、记录发言者的主要内容,对应聘者形成初步印象。

(3)自由讨论。个人发言后,小组进入自由讨论阶段。应聘者自由发言,不但要阐述自己的观点,而且要对他人的观点做出反应。此阶段中,各个成员的优缺点展现得一清二楚,优秀的成员往往会充分展示自己的聪明才智从而脱颖而出。在讨论的最后,必须达成一致意见。自由讨论的时间一般为30~40分钟,此阶段主考官不作任何干预。

(4)总结陈词。达成小组意见后,由小组成员推选出一名代表,对所讨论的结果进行总结陈词。

在整个讨论过程中,考官只在一旁观察小组各成员的表现,并依据评分标准在评分要素上打分,不能参与讨论或给予任何形式的指导;主考官把握时间进度,同时根据讨论进展情况适时宣布讨论结束,并收回应聘者的讨论发言提纲。

3)测评评分

考官可以在小组讨论现场进行评分,也可以事后对照录像资料进行评分,当然最好是两种方法相结合,在讨论过程中进行现场观察评分,在总结阶段再参考录像资料进行讨论评定。

为了达到良好的测评效果,考官在评分时务必对照评分表的观察要点仔细观察应聘者的各项表现。评分一定要客观、公正,以应聘者的行为表现为依据,避免主观偏见。

最后,主考官收集各所有考官的评分表,统计测评结果后得到每个应聘者的最终得分。

4)结果反馈

无领导小组讨论结束后,所有考官结合应聘者在讨论过程中的具体表现进行沟通,沟通的内容包括应聘者的总体表现、讨论的总体情况、出现的相关问题等。然后出具评定报告,内容包括此次讨论的整体情况、讨论问题的内容等,重点说明每个应聘者的具体表现、最终的录用决定以及考官的建议等。

小专栏 6-2

无领导小组讨论案例

案例 1

问题背景

某银行分行计划与 S 大学开展合作,提升公司在大学中的企业形象和

影响力。目前,已有如下几套合作备选方案,分别是:

(1) 冠名赞助 S 大学百年校庆,届时会有很多 A 校知名校友返校参加活动,需要 12 万元。

(2) 赞助 S 大学篮球队,需 7~8 万元,A 校篮球队实力强劲,多次在各类省级、市级比赛中获奖,具有较高的知名度。

(3) 赞助 S 大学"金融俱乐部",需 3~4 万元,"金融俱乐部"在 S 大学属于新兴社团,目前知名度一般,但发展势头良好。

(4) 在 S 大学设立助学基金,帮助品学兼优的贫困学生 20 名,需 8 万元。

(5) 赞助 S 大学承办"金融陈品创新创意大奖赛",获胜的创意可以为公司所用,需 10 万元。

(6) 帮助 S 大学改善体育馆照明设施,S 大学体育馆照明问题在学生中一度引起激烈争论,需 3~4 万元。

任务要求:

现在,共有 20 万元的资金预算。在座的各位作为该银行分行的项目组成员,请经过小组讨论,并从以上备选方案中进行选择,指定合作方案。

案例 2

问题背景

J 公司是一家中等规模的汽车配件生产集团。最近由于总经理临近退休,董事会决定从该公司的几个重要部门的经理中挑选接班人,并提出了三个候选人:王亮、李杰、张强。这三位候选人都是在本公司工作多年,经验丰富,并接受过工作转换轮训的有发展前途的高级职员。就业务而言,三个人都很称职,但三个人的领导风格有所不同。

王亮对他本部门的产出量非常满意。他总是强调对生产过程和质量控制的必要性,坚持下属人员必须很好地理解生产指令,迅速准确、完整地执行。当遇到小问题时,王亮喜欢放手交给下属去处理。当问题严重时,他则委派几个得力的下属去解决。通常他只是大致规定下属人员的工作范围和完成期限,他认为这样才能发挥员工的积极性,获得更好的合作效果。王亮认为对下属采取敬而远之的态度是经理最好的行为方式,亲密关系只会松懈纪律。他不主张公开批评或表扬员工,相信每个员工都心中有数。王亮认为他的上司对他们现在的工作非常满意。王亮说过在管理中的最大问题就是下级不愿意承担责任。他认为,他的下属可以把工作做得更好,如果他们尽力去做的话。他还表示不理解他的下属如何能与前任——一个没有多少能力的经理相处。

李杰认为应该尊重每一位员工。他同意管理者有义务和责任去满足员工需要的看法。他常为下属员工做一些小事:帮助员工的孩子上重点学校,亲自参加员工的婚礼,同员工一起去郊游等。他还给一些员工送展览会的参观券,作为对员工工作的肯定。李杰每天都要到工作现场去一趟,与员工们交谈,共进午餐。他从不愿意为难别人,他还认为王亮的管理方式过于严厉,王亮的下属也许不那么满意,只不过在忍耐。李杰注意到管理中存在的不足,不过他认为大多是由于生产压力造成的。他想以一个友好、粗线条的管理方式对待员工。他也承认本部门的生产效率不如其他部门,但他相信他的下属会因他的开明领导而努力地工作。

张强认为作为一个好的管理者,应该去做重要的工作,而不能把时间花在与员工握手交谈上。他相信如果为了将来的提薪与晋职而对员工的工作进行严格考核,那么他们会更多地考虑自己的工作,自然地会把工作做得更好。他主张,一旦给员工分派了工作,就应该让他以自己的方式去做,可以取消工作检查。他相信大多数员工知道自己应该怎样做好工作。如果说有什么问题的话,那就是本部门与其他部门的职责分工不清,有些不属于他们的任务也安排在他的部门,但他一直没有提出过异议。他认为这样做会使其他部门产生反感。他希望主管叫他去办公室谈谈工作上的问题。

任务要求:请以推举候选人的董事身份,参加讨论,决定总经理的最终人选。首先,你有5分钟的时间阅读题目和进行独立思考,拟写讨论提纲;接下来,每个人有3分钟的时间阐述自己的观点。之后,请你们用30分钟时间就这一问题进行讨论,并在结束时达成一个一致性的意见,即得出一个你们共同认为最好的解决方案。最后,派出一个代表来汇报你们小组的意见,并阐述你们做出这种选择的原因。

6.3 公文筐测试

1. 公文筐测试概述

1) 公文筐测试的概念

公文筐测试(In-basket)也称公文处理测验、文件筐测试,是评价中心技术中最具有情境模拟性的一种测评技术,它是针对实际工作中管理人员掌握和分析资料、处理各种信息以及做出决策的能力的一种抽象和集中测验,是评价中心最常用和最核心的技术之一。

一般来说,公文筐测试的具体做法是:假定应试者接替某个管理人员的工作,其办公桌上有一大堆急待处理的文件,包括信函、电话记录、报告和备忘录,分别来自上级和下级、组织内部和外部各类典型问题和指示、日常琐事和重要事件等。所有这些信函、记录与急件要求其在2~3小时内完成。处理完后,还被要求填写行为理由问卷,说明这样处理的原因。

评价人员观察应试者对公文处理是否有轻重缓急、请示、授权的运用,测评应试者组织、计划、分析、判断、决策、分派任务的能力和对工作环境和理解与敏感程度。

公文筐测试的形式灵活多变,可以归纳为以下三种类型:

(1) 所需处理的公文已有正确结论,是已经处理完毕、归入档案的材料,要求测评对象对处理结果提出意见或建议,用这样的文件让候选人处理,是要检验候选人处理得是否有效、恰当、合乎规范。

(2) 完成公文处理所需要的一切条件和信息均已具备,要求测评对象在综合分析已有信息的基础上做出决策。

(3) 完成公文处理所需要的条件或信息尚不完全,缺少某些条件或信息,考察测评对象是否能够发现问题和提出进一步获取信息的要求。

2) 公文筐测试的优缺点

(1) 公文筐测试有以下优点:

① 考察内容范围广泛。除了必须通过实际操作的动态过程才能体现的要素外,任何背景知识、业务知识、操作经验以及能力要素都可以涵盖于

文件之中,借助于应试者对文件的处理来实现对应试者素质的考察。

② 表面效度很高。公文筐测试所采用的文件,十分类似甚至有的直接就是应聘岗位中常见的文件,因此,如果应试者如果能妥善处理测验公文,就能理所当然地被认为具备职位所需的素质。

③ 应用范围广。考察内容范围的广泛使得公文筐测试具有广泛的实用性,并且表面效度高,易为人所接受,因此,公文筐测试是在众多公选考试测试中普遍使用的一种。

④ 高度仿真性。公文筐测试完全模拟现实中真实发生的经营、管理情景,对实际操作有高度仿真性,因而预测效度高。

⑤ 综合性强。公文筐测试的测试材料涉及日常管理、人事、财务、市场、公共关系、政策法规等行政机关的各项工作,因此,能够对高层及中层管理人员进行全面细致的测评与评价。

(2) 公文筐测试的缺点如下:

① 对公文的编制人员要求很高。编制文件的人员应由测试专家、管理专家和行业专家(实际工作者)三部分组成,三类专家相互配合才能完成公文的编制工作。

② 花费的精力和费用都比较高。公文处理测试的试题不论从设计、实施到评分都需要较长时间的研究与筛选,都必须投入相当大的人力、物力和财力才能保证较高的表面效度,因此成本会很高。

③ 评分难度大。由于不同的组织具有不同的机构、氛围和管理观念,文件处理结果的评价往往受多种因素的影响。在公文筐测试的评分确定过程中,由于专业人员和实际工作者往往存在理解上的差异,所以评价标准一般不会相同。

④ 在缺少人际沟通能力评价的公文筐测试中,由于应聘者是单独作答,因此很难看到他们与他人交往的能力。

3) 公文筐测试的适用对象

公文筐测试是一种很好的选拔中高层管理者的测评工具。首先,从成本核算的角度考虑,公文筐测试的成本高(测验题目设计、实施、评分都需要较长时间的研究与筛选,必须投入相当大的人力、物力和财力才能保证较高的表面效度,因此花费的精力比较多,费用比较高)、耗时长,对于责任重大、关键性的职位,采用这一测试较为合算,否则得不偿失。其次,公文筐测试是基于中高级管理人员的特点设计的,它的测试形式、测评素质同高层管理者的工作形式与素质要求比较接近,所以它自然也最符合高层管理者的职位特点与职责内涵。而基层管理者的工作内容往往较少处理公文,一般不采用公文筐测试。综上所述,公文筐测试的适用对象是国家机关、事业单位和企业中的中高层管理者。

2. 公文筐测试的设计

1) 工作分析

通过工作分析,确定岗位的任务、职责、工作中的人际关系,以及时间安排与工作的特点,确定胜任该职位必须具备的知识、经验和能力等,由此可以确定每种工作对于一个管理人员来说的相对重要性。通过工作分析,可以确定公文筐测试要测评什么要素,哪些要素可以得到充分测评,各种要素应占多大权重等。

2) 确定测评指标

指标体系的建立是测评活动的中心和枢纽,它把测评的客体、测评的对象、测评的主题、测评的方法和测评的结果联为一体,同时也是整个测评工作指向的中心,在测评工作中具有重要的作用和意义。这一阶段主要完成以下两个工作:测评指标的确定和指标权重的确立。

(1) 测评指标的确定。在确定测评指标时,我们可以借鉴已有研究的指标体系,但如果没有较为权威的体系可以借鉴时,我们就必须进行调查研究,以确立一个适合本测验的科学指标体系。具体的方法是运用因素分析来确定评价体系,一般来说公文筐测试能够测评处理实际问题的能力、分析能力、决策能力、规划能力、组织协调能力、表达沟通能力以及创新能力等。通过前面的工作分析,我们了解了管理工作所需要的所有素质,并对所牵涉的每一项素质,都尽可能进行详细地描述,然后针对具体行业、具体岗位的管理者素质调查问卷,要求被调查者对每一项的重要性打分,再对数据进行因素分析,探索出管理者所需要的关键素质。在各项能力维度上的关键素质就构成了测评指标体系,如表6-4所示。

表 6-4　测评指标体系

测评指标	内 涵 界 定
综合分析能力	对问题的敏感性强,能把问题分成几个方面,并能抓住事物的本质或主要方面,进行全面、透彻、系统、逻辑的分析,最后得出正确的结论
统筹能力	在纷繁复杂的工作中能够准确把握轻重缓急,抓住工作重点问题,并分阶段、分步骤、循序渐进地安排复杂的工作
组织能力	能准确认识自己的工作责任,善于分配工作与权利,并能积极传授工作和知识,引导、督促部属高效地完成任务
协调能力	能够巧妙地处理各部门之间的利益关系,合理地调配组织资源,使组织内外关系和谐。从而能将组织中各方面力量拧成一股绳,相互密切配合
决策能力	善于对复杂问题进行审慎地剖析,能灵活地搜索各种解决问题的途径,并做出合理的评估,从而及时、果断地做出带有全局性的、可行性的高质量决策意见和行动方案
书面表达能力	书面表达结构严谨,逻辑严密,文字生动流畅,言简意赅,准确反映自己的想法

此时,确定的指标往往是比较抽象的,评分者在评价时很难据此做出准确评价,因此根据需要,要常常把初级指标要素进行分解,确定出更具体的、可操作性更强的二级指标,表 6-5 是关于"决策能力"和"统筹能力"的二级指标示例。

表 6-5　二级指标示例

一级指标	二级指标
决策能力	决策时效性
	方案可行性
	考虑全局性
统筹能力	事件判断准确性
	工作安排计划性

（2）指标权重的确立。由于不同系统、不同岗位对管理者的能力要求是不同的,因此各个关键指标的权重分布肯定也是不一样的。因此在设计

179

管理者素质调查问卷时必须考虑到行业和岗位的能力针对性,问卷设计的针对性能为确定具体行业、岗位的指标权重打下基础,我们可以依据因素分析之后的每一维度的因素负荷来确定其权重。当然权重的分配也可以根据以往的经验进行,这要在对行业的访谈调查中获得。

3) 设计试题

测试能否达到预期的功能取决于公文筐设计的好坏。由于公文筐测试是一种较为复杂的测试工具,因此试题设计必须遵循科学的原则,具体可以按照以下几个步骤进行。

(1) 公文收集。公文筐测试的优势在于其情景模拟的特性,因此必须进入一线管理部门收集管理者日常公文,以确定其遇到的典型公文、在工作中经常出现的典型事件,以及熟悉公文筐中公文最终的形式与结构。公文的收集必须注意公文的全面性,首先体现在内容上的全面性,公文收集过程中要考虑到法规性公文、指挥性公文、知照性公文、报请性公文、记录性公文等各自的比重。其次必须考虑到公文形式上的全面性,在公文收集时,电话记录、请示报告、上级主管的指示、待审批的文件、各种函件、建议等多种文件形式都要占到一定的比例。

(2) 制定多项细目表。在公文筐测试中公文与能力的对应关系较为复杂,一种能力可能涉及多个公文,一个公文也可能对应着多个能力,各份公文在公文筐测试中扮演着不同的角色、承担着各自的功能,互相牵制从而构成了一个有机的系统,作为一个整体来测量被考察者的各种素质。因此,必须在进行设计之前建立一个多项细目表,以整体勾画出公文筐测试的设计思路。一般来说,在多项细目表中,必须考虑到公文的重要性和紧迫性、公文的形式、公文的内容、公文所涉及的要素等多项指标。这些指标值的确定必须依据深入的调研与访谈。

(3) 设计公文筐测试。依据多项细目表我们就可以逐项来设计公文筐试题了。公文筐测试的主干部分是 1~2 组组合公文,每个组合大概包括 5~8 份相关的公文。这些公文互相牵制,必须考虑到各个相关公文的内部联系才能发现有效合理的解决方案。这一组合公文在收集公文时很难直接找到,需要结合访谈得到的复杂关键事件,参照各种公文的形式来设计。在完成组合公文的设计之后,我们可以依次针对各种需要考察的能力来设计公文。在设计过程中多项细目表中各指标不可能一步到位,要有一定的先后顺序,一般首先考虑公文涉及的要素,然后是公文的重要性和紧迫性的比例,再是考虑公文的形式和内容的比例。最后还必须设计好测验的复本、指导语和答题纸。

4) 确定评分标准

由于公文筐测试有别于传统的能力测试,并没有完全客观的答案,评分会受到评分者主观判断的影响,为了减少主观因素的影响就必须在设计时尽量使评分标准做到客观、详细。可以根据确定的测验内容,设定相应的评分标准。例如,我们可以把评分标准分为六级:0 分——说明根本没有显示出评定要素;1 分——远远低于可接受的标准,明显不适于从事该项文件处理工作;2 分——低于可接受的标准,基本上没有达到所需行为的质量、数量标准;3 分——可以接受,基本达到所需行为的质量、数量标准;4 分——高出可接受的水平,基本超过所需行为的质量、数量标准;5 分——远远高出可接受的水平,明显高于成功的工作绩效所需要的各项标准。

分数也可以转化为百分制,例如,划分为 0～19 分、20～39 分、40～59 分、60～79 分、80～100 分共五个分数段。在评价时还须注意对各要素的等级有一个详细的对照说明,表 6-6 给出了"决策能力"的等级说明,以供参考。

表 6-6 "决策能力"评定等级说明

等级	说 明
优	能够及时做出决策,在决策时能全面考虑到各方面的因素,并能提出可行的方案
良	能够及时做出决策,在决策时能考虑到各方面的因素,但不能提出可行的方案
中	能够做出决策,在决策时考虑因素较少,也不能提出可行的方案
差	基本能够做出决策,在决策时考虑因素很少,也不能提出可行的方案
劣	不能做出决策

3. 公文筐测试的实施与评分

公文筐测试可以集体施测,实施过程分为准备、测试和评分三个步骤。根据事先测试的要求控制好测验的时间,一般测验的时间为两个小时左右,如果职位比较重要,测试的内容比较多,可以加长时间。

1)准备测试

(1)材料准备。准备好测验要用的各种测验材料、答题册、橡皮、铅笔等,保证每位考生拥有以上测验材料和工具。给每个考生的测验材料事前要编上序号,答题纸也要有相应序号,施测前要注意清点核对。

答题纸主要由三部分内容构成:一是考生姓名和编号、文件序号、重要和紧迫程度(高、中、低)等,二是处理意见(或处理措施)、签名及处理时间,三是处理理由。答题纸样表详见图 6-2 所示。文件序号只是文件的标识顺序,不代表处理的顺序,应允许考生根据轻重缓急调整顺序,但给所有考生的文件顺序必须相同,以示公正。答题册一般可以附在每一份公文后面。

考生编号:	文件序号:	重要程度:	紧迫程度:
处理意见:			
		签名: 年　　月　　日	
处理理由:			

图 6-2　公文筐测试答题纸示例

（2）地点准备。依据预定的面试人数选择好合适的测验地点，布置考场。考场环境应布置得安静和整洁，避免干扰，室内光线亮度良好。因为要处理许多文件，办公桌要足够大。如果人数较多，相互之间要保持一定距离，避免相互干扰，最好所有考生在同一时间完成。

（3）人员准备。如果文件内容涉及招聘单位内部的一些情况，测试前应对所有考生提供培训，介绍相关情况，减少内部考生和外部考生对职位熟悉程度的差别。

此外考官在测试前要熟练掌握施测程序和内容，需要对考官进行必要的培训。

2）实施测试

完成对考生的身份确认以后，考官发给考生测试指导语、答卷纸和装试题的密封公文袋。指导语分为两个部分：第一部分是总指导语，是对测验规则、目的的说明和对公文处理情境的描述，主要包括考生扮演的角色、情境中组织的构架等；第二部分是对整个测验中各个题目反应方式、答题要求以及测试时间的说明。一般总指导语由主考官朗读，而第二部分的内容则由考生在答题过程中自行阅读。

在考生正式进入文件处理后，除非是测验材料本身有问题，一般不允许考生提问。

3）评分

当测试结束之后，就要开始对测试结果进行评分。为了保证评分尽可能客观，我们可以将评分过程分为三部分。首先，请每一位评价人员独立对每一位考生进行评价，然后由工作人员汇总。第二，对评分人员给每一位考生的得分进行比较分析，观察是否在某些指标上出现的差异较大。如果没有就可以确定最终的得分。第三，如果在某些指标上出现的评分差异较大，就必须进行讨论，然后在此指标上分别重新打分，若还有争议继续讨论继续打分，直到意见较为一致为止。

小专栏 6−3

公文筐测试案例

注意，为了不影响考试，请大家关闭所有通讯设备。

请大家查看一下手头材料，我们为您准备了一本答题册、公文袋材料、橡皮、铅笔、计算器。这是一个"公文筐测验"，它模拟实际的管理情境，请您处理商业信函、文件和管理人员常用的信息。我们会根据您的表现来评估您在真实工作情境中的潜力和胜任能力。

在测试过程中，您必须遵守以下规则要求：

（1）必须对所有的文件给出自己的处理意见（或方案），同时还要写明处理的依据或理由，分别写在对应的"您的处理意见"和"处理依据或理由"栏内。

（2）对于文件的处理意见（或方案），要求语言表述准确、清晰，以便相关部门能按照您的意图执行。

（3）为了全面了解您的能力优势，请务必在对每个文件做出批示之后，完整写明您处理该文件的依据或理由，处理依据或理由主要是要求把您思考问题的过程和内容用文字表述出来。

（4）凡需交下属执行的，请注明承办部门，相应的处理原则或方案；凡需答复的函电，请写明内容要点，以便秘书通知安排。

（5）您必须在120分钟内完成对所有文件的处理。

具体情境：今天是2019年9月2日，星期一。您是某旅游酒店的总经理王××，您在该职位上已经任职1年。该酒店是一家四星级的旅游酒店，下设总经理办公室、客房服务部、餐饮部、公关部、行政部、人力资源部、财务部、市场部、采购部、商务部，共有员工400多人。

现在是下午3点钟，4点30分你必须去主持一个重要会议，因此您总共只有一个半小时的时间处理下面这些文件。您的秘书已经为你推脱了所有的事情，这段时间不会有人来打扰您。但抱歉的是，电话线路正在维修，处理这些文件时您也无法和外界联系。现在您可以开始工作了，祝您顺利！

文件一

王总：

客房部在分析最近几个月的客人来源时发现，入住我们酒店的日本游客较去年同期有所增多，预计还有不断增加的可能，但餐厅和客房部的服务员绝大部分不懂日语，平时接待工作还得依靠翻译，十分不便，有时还会发生误会客人服务请求的情况，这对酒店形象和生意都带来一定负面影响。

我们考虑了两条解决方案，请您定夺。

方案一：招聘部分懂初级日语的服务员，如果为每个楼面配 1 名、五个餐厅各配 1 名的话，得新招聘 12 名这样的服务员。他们的工资估计比同级别的员工高 10%～15%。

方案二：对现有的服务员进行初级日语培训。考虑业务需要，可主要培训与工作相关的日语日常会话，训练其基本的日语听、说能力。通常这样的培训可以选择轮流选送部分员工外训或请相关的培训讲师到公司来内训两种方式。

人力资源部　方××

2019 年 8 月 29 日

文件二

王先生：

我谨代表组委会真诚地邀请您参加于 9 月 14 日举行的"2019 年旅游文化节"开幕式，并请您在大会上作相关主题演讲。

大会将于 9:30 开始，你的演讲将安排在 10:10 左右，时间大约 40 分钟。会议地点在国际展览中心。

2019 年旅游文化节组委会　秘书长　张××

2019 年 8 月 30 日

（本文件要求：您必须设计好一个相关的演讲题目，并用 3～5 句话拟定好演讲大纲，以便相关人员为你做进一步准备演讲稿）

文件三

（电话留言）

王总：

向您汇报一个重要情况。

最近已经先后有六个旅游团队取消了十一度假订房计划，其直接后果就是预计十一期间的客房空置率将达到40%，这与往年旅游旺季高达99%的入住率相去甚远。

前几天市场部、客房服务部和公关部几位相关负责人一直在研讨相关对策，但是目前还没有会议报告及解决方案呈送我办。

总经理办公室　主任　谢××

2019年8月30日

文件四

王总：

餐饮部联合客房服务部最近就入住客户及用餐基本情况作了一项调查，发现82%的入住客户在我们酒店所属的4个中餐厅及西餐厅用早餐（其中有90%的房客享受免费赠送早餐），但午餐和晚餐在本酒店用餐的比率分别只有27%和44%，导致餐饮部在本年度第一季度对公司的利润贡献率只有不到5%。调查发现，客人们普遍反映在酒店餐厅的价格偏高、餐饮缺乏特色，但基本认可我们的服务，总体上我们认为本饭店的餐饮部与周边餐饮业相比缺乏竞争力，因此打算做出相应的改革调整。

餐饮部　张××

2019年8月30日

文件五

王总：

我们饭店所在的街道居委会传来一封群众来信，信中反映我们饭店的排风机噪音太大，且排出了大量油烟，影响了部分居民的休息和正常生活，要求我们尽快处理此事。

该如何处理,请您指示。

秘书 黄××

2019 年 8 月 30 日

附(群众来信)

街道居委会:

我们是××公寓的住户,靠近我们公寓的四季花园饭店所产生的噪音和大气污染严重干扰了我们的正常生活。该饭店的厨房排风机正对着我们公寓大楼,每天排出大量的油烟和热气,害得家住二、三楼的居民整天不敢开窗,而且排风机的噪音也很大,影响我们正常休息。

望居委会能出面协调处理,还我们一个正常的生活环境。

××公寓部分住户

2019 年 8 月 22 日

文件六

王总:

上周武汉××旅行社发来一封传真,希望能与我们酒店建立长期合作关系,该旅行社主要负责组团来华东旅游(包括上海、杭州、苏州及周边地区),客源主要是武汉地区的游客。之前××旅行社在上海的合作伙伴是另一家四星级宾馆××宾馆,因多方面原因他们已经于半个月前解除了合作关系。

我们部门已经去电表示合作意愿,但了解下来发现对方一直坚持要让我们把客房价格优惠至 4 折以内,并说明如果这样,可以保证每个月至少 4 个规模约 50 人的团队到我们饭店住宿消费。但他们的要求似乎太苛刻了一些,如果客房价格优惠至 4 折以内,我们的利润空间就会很小,而且其他的旅行社若了解了该情况,恐怕会要求同等待遇。

此事我们该如何处理?请您指示。

市场部 孙××

2019 年 8 月 30 日

文件七

王总：

一个月前，我们委托猎头公司找来了有着丰富从业经验且业绩显著的江××任公关部经理。但近来公关部反映出一些情况，因多种原因公关部副经理与江××在工作上配合得不尽人意，并产生了一些矛盾，这对公关部员工的情绪和工作产生了不利的影响，有时甚至影响公司的整体形象。我们认为此事关系重大，应该向您汇报。

人力资源部　方××

2019 年 8 月 30 日

文件八

王总：

上午我们接到区消防局的电话通知，说我公司上次的消防安全检查没有通过，9 月 6 日他们将组织一个有关加强消防意识的会议，请公司的负责人务必出席。会议具体时间是 9 月 6 日上午 9 点 30 分，地点在区消防局办公大楼五楼会议室。

公关部部长　胡××

2019 年 8 月 28 日

6.4　角色扮演

1. 角色扮演概述

1）角色扮演的概念

角色扮演(role play)源自心理剧，最初用于心理咨询和心理治疗，尤其是儿童心理治疗和社会技能训练。由于角色扮演在社会技能、行为评估方面的实践运用有相当成效，经过后来学者们的不断修正和完善，尤其是在评价中心技术蓬勃发展后，又成为一种具有较高信度和效度的测评技术，被应用于人员选拔、人才培训等领域。

角色扮演是一种主要用以测试被试者处理人际关系能力和实际操作

能力的情景模拟技术。评价人员根据测评目的编制一个具体的情景,设置一定的任务,被试者根据评价人员的要求和自己的理解,扮演相应的角色;评价人员观察、记录被试扮演过程中的行为,并给出评价。

2) 角色扮演的优缺点

(1) 角色扮演的优点:

① 仿真性。角色扮演最大的优点是与实际行为的关联度较高,通过模拟真实的工作场景,能够有效诱发被试者的真实行为。测评过程中互动压力较大,可以有效避免被试者掩饰其真实反应,有利于获取真实表现,判断其真实能力水平。

② 综合性。角色扮演可以评价被试者在人际交往、组织协调、领导行为等能力,尤其是化解矛盾和问题的能力。被试者在完成任务的过程中,其言语表现、肢体动作、行为模式得到全面展现,既可以通过问题的设定有针对性测评单项能力素质,也可以评价其综合能力。

③ 反馈性。由于角色扮演的情景一般是根据真实工作行为改编,被试者在高度仿真情景中的表现是一种可反馈的习惯性行为,可据此推断被试者在真实工作中面对类似情景的行为特征,从而判断其是否与岗位相适应。

④ 灵活性。角色扮演的情景设置、扮演内容和呈现方式具有多样性特点,根据不同的测试目的,设计者可以围绕"问题意识"相应设计不同的情景、任务和角色,最大程度体现人才测评的动态性。

(2) 角色扮演的缺点:

① 角色设置难度较大。角色扮演的具体角色情景必须是所招聘岗位涉及的、能够表现出该职位的胜任特征或者是目标岗位的胜任特征能够迁移的相关情景,同时要求所设计的任务能使被试者表现出评价人员需要测评的能力素质维度。

② 对评分者的要求较高。不仅要对所招聘岗位的胜任特征有充分的把握,还必须具备丰富的心理学知识,能够对被试者的行为进行正确的评价。在运用之前一定要对评分者进行培训。

③ 标准化程度不够。角色扮演通过还原目标岗位的真实工作情景来

考察被试者,有较强的灵活性,现场临时因素对其影响较大,因此对于角色扮演情景的设计开发及实施过程均难以形成较为规范的标准化模式。

④ 被试者难以进入角色,或出现刻板的模仿行为而非其自身的特征。角色扮演在实施过程中,对被试者而言,题目难易程度决定其现场表现。面对某些角色要求,被试者难以达到时,则其会出现无法进入角色的状况;或者被试者自身缺乏对角色的理解和认识,只能联想以往看到的他人行为并刻意地加以模仿,而无法表现出自身真正的能力水平。

3) 角色扮演的类型

角色扮演技术有多种活动方式,在不同的应用领域中的表现形式也会不同。在人员招聘与选拔领域中,常用的角色扮演类型如下。

(1) 按表演形式划分。角色扮演的形式很多,如即兴式扮演、固定角色扮演、预演式扮演、布偶剧、互换角色的扮演、集体角色扮演等,但比较适合人才测评研究的主要是前两种:即兴式角色扮演和固定角色的扮演。即兴式角色扮演,即主试者事先不编制情景脚本,只给被试者一个基本的要求,角色的表演由现场气氛即兴决定。这能够真实地表现出被试者的内在特质,但由于是即兴表演,被试者所表现的特质不一定是测评所希望的特质。固定角色扮演是根据活动的目的和要求,设置某一个固定的活动情境和角色管理游戏,让被试者扮演该角色。这种形式的角色扮演不仅在招聘中,在团体心理辅导、行为塑造、行为矫正、培训等领域都应用得十分广泛。

(2) 按有无助手划分,可以分为有助手参与和无助手参与两种。有助手参与的角色扮演是指角色扮演中有一个以上的助手在情景中承担一定的角色任务,并参与到整个角色扮演的过程。助手要根据测试情景事先安排好,并接受专门的培训和练习。在角色扮演情境中,根据测评的要求由助手对被试者进行相关的提问、刁难、设置困难等,并适当地引导和激发被试者的行为。在此期间,助手的行为必须按照规定的行为标准进行,以保证助手行为的一致性和有效性。无助手参与的角色扮演是指角色扮演过程中没有任何助手的参与,可以是单个被试者扮演规定情景中的某个或某些角色,也可以是几个被试者分别扮演规定情景中的不同角色,共同完成角色扮演。但后者在观察、评分时,对评分者的要求更高,常常需要事先进行较多的培训。

（3）按角色情景的任务内容划分为关系协调型、动手操作型和问题解决型三种。

关系协调型，这种类型的角色扮演要求被试者以某一特定的身份去协调组织内部或组织间的关系，主要考察被试的语言、思维、沟通、协调能力等。例如，要求被试者以某主管的身份协调其下属与其他部门经理的关系。动手操作型，这种类型的角色扮演提供给被试者一定的操作仪器或材料，要求被试者具体操作某一仪器。例如，折纸、堆塔、操作机床等。这种类型的角色扮演主要考察被试者的实际动手能力、学习能力等。问题解决型，这一类型的角色扮演测评就是在情景中设置问题让被试者以一定的身份来处理和解决。这种类型的角色扮演在招聘实践中运用得十分广泛，它能够全面地考察被试者的思维、应变、组织协调、说服能力等多方面的能力。在编制这一类型的角色扮演时，通常采用问题类型有两难问题、突发事件、危机事件、应急事件处理等形式。

2. 角色扮演的设计

1）角色扮演情景设计的原则

（1）自然真实。角色扮演的情景设计要求以真实还原目标岗位的工作场景为基准，可适当予以加工，如增加其矛盾冲突或待解决问题的难度，但一定要保证情景的真实性，合乎现实逻辑。

（2）具体。角色扮演的情景设计要具体，特别是对于情景中的细节描述要准确，如时间、地点、人物关系、事件起因、经过、矛盾点、待解决问题、角色立场及理由等信息，要一一阐述清楚，使应聘者能清晰明确题目任务，迅速进入角色。

（3）典型。角色扮演的情景设计要选取目标岗位中较为典型的或日常工作中频繁出现的工作场景，并且能够充分体现出岗位特点。

2）角色扮演设计的步骤

（1）角色的选择与定位。在角色扮演中，角色的选择一般根据招聘的岗位而定，通常让被试者扮演其应聘的工作岗位上的角色。因为角色扮演可以同时对多人进行测评，所以也可以让被试者扮演与主要角色相对的角色,如主要角色的下属、同事、对手或其他人等。在角色确定之后,赋予人物性格、经历、处境、思想道德,经济观念等,形成人物形象,然后对所选拔的岗位进行工作分析。通过工作分析,对职位的工作内容和职位对员工的素质要求进行阐述,从而为角色扮演所要评价的指标要素以及角色行为提供素材。如果企业已经进行过工作分析,则可以不必重复进行,直接查看已有的职位说明书即可。

(2)角色行为的调查与采样。所要扮演的角色确定之后,就要对角色的行为进行调查。如在选拔一个销售经理时,对该职位的关键事件进行收集。与工作分析的目的不同,工作分析的目的是形成素质能力指标,而角色行为的调查侧重于收集实际工作中选拔岗位所常常遇到的具体情境,在收集具体情境过程中,不仅收集所扮演角色遇到的一些人物及事件,还要关注时间、地点等要素。

(3)情景主题的定位与设计。在角色选择和角色行为调查的基础上,要进行角色扮演中重要而又困难的一步——情景主题的设计。在角色扮演中,可以直接应用在角色行为调查中收集到的一些案例,但更好的是自行设计角色情景。规定情景是角色展开行动的依据和条件,它决定着角色行动的性质、样式和角色的心理活动。

在构成角色情景的诸多因素中,人物及其相互关系是最为重要而且活跃的因素。因为设计角色情景的目的就是为了更迅速、更充分地通过处理人物关系来体现被试者的能力。一般来说,在多人同时进行的角色扮演测评中,角色之间的关系有冲突型和配合型两种。

冲突型,即角色之间存在"你多我少"这类明显的利益冲突且难以调和,需要角色之间通过不断的竞争与妥协方可达成任务。

合作型,即角色之间不存在明显的矛盾关系,而要共同合作方可完成题目要求,需要角色之间通过不断的沟通、协商,适当舍弃自身利益或做出更多贡献来达成任务。

其中,冲突设置是角色扮演中最为常用的方式,在被试者解决冲突矛盾的过程中,最容易对其能力进行全方位的考察。

(4)确定评价标准。根据不同的情景和人物,确定不同的评价标准也是角色扮演设计中的重要部分。评价标准是指每一评定要素各个等级判分的参照标准模型，或者说是帮助评分者按规范化要求进行标准化记分的具体说明。常用的评分参照标准有两种形式：一种为简化参照标准，另一种为具体参照标准。

简化参照标准缺乏详细的标准阐述，是一种主观上的模糊评定，受评分人员的影响较大，但它设计过程简单且成本低，评分人员仅需对评价要素的具体内涵和问题要点进行良好把握即可，且有利于对评价标准进行透彻了解和准确把握。

在简化参照标准的基础上，我们略加改善，可以先将每一个指标要素反映的行为特征进行严格界定，然后再将指标要素反映的行为特征划分几个程度等级，如优秀、良好、中等、较差、差，根据被试者的反应（答案）与各等级的主观拟合程度进行评分。如表6-7所示。

表6-7 具体参照标准示例

等级 要素	差	较差	中等	良好	优秀
逻辑推理能力	思考混乱，没有理由，结构很混乱，人们无法接受。	思考缺乏条理，根据不充分，结构有些混乱，他人不太容易接受。	逻辑性一般，有根据，但理由不充分，结构一般，有疏漏。	逻辑性强，有一定根据，结构较严谨，人们可以接受。	逻辑性很强，推理令人信服，结构严谨，无懈可击。

具体参照标准清晰、明确，评价者容易掌握和正确运用，感觉上更为客观和准确，有利于提高评定结果的可比性水平。但这种标准也有缺点：编制与检验难度较大且成本高；每个等级上的行为特征的具体描述很难涵盖每个人的具体情况；各等级描述较为模糊、笼统，无法做到标准的量化界定等。总之，两种参照标准各有优劣，由评价人员酌情使用。

3. 角色扮演的实施与评分

在确定了评价要素及角色情境之后，便可以进行角色扮演的测评工作。具体测评步骤如下：

（1）评价人员的选择与培训。评价小组可以由人力资源管理专家、拟招聘岗位实际从业人员、心理学家等人员组成。这样的评价小组结构较为全面与合理,能够胜任评价工作。确定评价人员之后,应对其进行相应的培训。培训过程分为三步:第一步是对评价人员进行角色扮演的总体讲解。第二步是对测评指标、评价标准、行为观察技术、权重及计分方式进行说明,使其熟悉评分的具体标准及计分方法,从而使评价人员熟悉基本的角色情境,并掌握实际的评价技能。第三步是告知测评程序及其他注意事项,如与测评对象的交流方式、交流的内容和语气等。

(2) 安排场地及其他设施。可以根据具体角色的不同,安排室内或室外的不同场地。如果是室内,则需要有个明亮、安静的房间,对房间的面积要求不高,测评者和测评对象要保持一定的距离。既能保证所有的测评者都能看清楚测评对象的面部表情,又要保证测评对象不会因为和测评者距离太近而产生紧张情绪。如果是室外,那么最主要的是要考虑能够让测评者进行有效的观察。此外,提前准备其他的设施和资料,比如要让测评对象了解的角色背景资料,测评现场的指导语、所需要的工具等都要提前准备好。

(3) 实施与评分。准备工作完成之后开始进行角色扮演测试。测试的程序为:①对被试者进行身份确认;②考务人员宣布规则;③考官对角色要求进行说明;④主考官宣读指导语;⑤被试者在规定时间内完成规定的任务;⑥考官根据需要进行讨论;⑦考官独立评分;⑧考务人员统计评分结果并存档。

(4) 总结与反馈。角色扮演测评结束以后,评价人员对测评结果进行数据统计和分析,撰写测评报告和提供反馈,并对此次测评工作进行总结,对测评的实施、测评工作的优缺点进行仔细回顾分析,为以后的测评工作提供信息。

6.5 管理游戏

1. 管理游戏概述

1) 管理游戏的概念和类型

管理游戏(management game)是一种以完成某项"实际任务"为基础

的情景模拟团队活动,数名被试者集中起来组成一个临时活动,就给定的材料、工具共同完成一项游戏任务,评价人员通过观察被试者在游戏中的行为表现,对预先设计好的某些能力与素质指标进行评价。因为模拟的活动通过游戏的形式进行,并且侧重评价被试者的管理潜质,所以被称为管理游戏。管理游戏是一种趣味性极强的情景模拟测评方法,它不仅在人才测评中得到广泛的应用,同时也广泛应用于管理培训中。

根据游戏要解决的问题类型,可以将管理游戏分为会议游戏、销售游戏、创造力游戏、破冰游戏、团队建设游戏、压力缓解游戏、激励游戏等。游戏中涉及的管理活动范围也相当广泛,包括市场营销管理、财务管理、人事管理、生产管理等。因此,管理游戏可以全面考查被试者的团队精神、适应能力、领导能力、理财能力、思维敏捷性、情绪稳定性和在压力下的工作效率等多方面的素质。

2) 管理游戏的优缺点

管理游戏作为评价中心的一种测评方式,其复杂程度是评价中心技术中最高的,另外,与其他方式相比,其使用频率相对偏低,但是它的测评效度较高。具体来看,管理游戏的优缺点如下。

（1）管理游戏的优点:

① 集中考察被测评者的多种能力。管理游戏是为了解决某一问题或达到具体目的而设计的,被试者在游戏过程中,参与问题的解决,集中反映了多种能力素质。

② 模拟内容接近与实际工作情况,真实感与操作性强。

③ 形式活泼,趣味性强。管理游戏将复杂的测评内容与有趣的游戏结合起来,形式活泼,消除了被试者的紧张感,使他们在游戏的过程中得到乐趣。在游戏结束后,通常会安排讨论,讨论的过程会揭示蕴含在游戏中的深刻寓意,被试者可以从中受到启发。同时,游戏的趣味性容易激发被测评者潜在的能力以及创新思维方法。

④ 测评效度高。在管理游戏测评过程中,由于被试者处于一种更为放松的状态,其行为表现会更加真实,可以减少掩饰的机会,提高测评的效度。

（2）管理游戏的缺点：

① 管理游戏对环境、道具的要求较高，且需要花费大量的时间去组织与实施。大多数管理游戏都要设置特定的场景，一些游戏还需要在户外进行，且根据游戏内容的不同要准备各种有形的道具，比如小溪任务中，需要选择特定的户外环境，以及准备滑轮、木板、绳索以及粗大的圆木等道具。

② 操作不便，较难观察，对评价者的要求较高。通常在游戏中，成员完成任务时要来回走动，此时，评价者的观察难以进行，假如评价者要观察一个以上被试者的行为，问题就更为复杂。鉴于这种活泼的测评形式在游戏过程中往往会产生混乱状态，评价者要在这样的情形中仍能观察并评价被试者细小的行为表现，确实需要评价者具有很高的水准。

③ 完成游戏所需时间较长。由于兼具行为运动与脑力活动的特点，管理游戏需要耗费更多的时间，大部分需要 1 个小时才能完成，一些要求较高的游戏则需 2 个小时甚至更多时间。

2. 管理游戏的设计

管理游戏题目的编制分为以下几个步骤。

（1）工作分析。对拟测评岗位的职责要求、能力要求、知识要求以及经常会遇到的问题等做全方位的了解。如企业已进行过工作分析，则不必重复进行，直接查看已有的职位说明书即可。

（2）对所获得的材料进行编码分析，从资料中提取实质内容，尽可能准确提炼出与拟测评岗位相关的、必不可少的测评内容。

（3）对提炼出来的素材进行加工，按照游戏的规则和规律加以趣味化，使其成为游戏的题目。游戏中的任务应注意难度需适中，要给参与者思考、创造的空间。

（4）对编制好的题目进行检验，主要是两个方面的检验：一是对游戏本身程序设计的检验，包括游戏的表述是否恰当，道具是否合适，规则是否合理，以及时间的安排、讨论题目的设置等方面；二是对游戏进行测试后其效果的检验，这是最重要的检验指标。

3. 管理游戏的实施与评分

1）向测评对象宣读游戏指导语

指导语是在测评过程中说明测评方式以及如何回答问题的指导性语言。指导语应清晰简明，使应试者能够很快明白管理游戏的主要目的、要求、程序和其他注意事项。在测试前应该使用统一的指导语，使其标准化，尽可能控制随机误差。

2）测评对象的准备

管理游戏是一种需要被测评者积极参与的情景模拟测评，测评对象主要根据测评者的指导语来把握其中的主旨，尽力去了解问题进展到什么程度，同时还要注意游戏导入的竞争因素，尽量合理解决游戏中反映现实的问题。

3）测评对象的游戏实施

测评对象在经过一段时间的准备后，置身于一个规范的游戏情境中，面临一些管理中经常面对的现实问题，要求其去想方设法解决，同时，测评者不得给予任何暗示性的建议。

4）测评者评分

测评者的计分从游戏开始时进行，对照评分标准在评分表上打分，针对每一个指标可以在评分表相应栏目记录下测评对象的典型行为，并初步打分。评分是管理游戏测评的关键环节，测评者不应做出迅速判断，而是要观察并记录测评对象的行为之后，经过仔细地思考和比较再做出判断。

5）总结与反馈

所有测评者在完成各自的评估表后，开始进行讨论来决定测评对象在评分标准方面的最终结果，如实给每个测评对象撰写评估报告，并对此次测评活动进行总结，将总结结果进行反馈。

小专栏 6-4

万豪酒店的游戏化招聘案例

万豪国际连锁酒店为了能吸引和招揽更多的国际人才，在脸书

（Facebook）上推出了一款叫做"我的万豪酒店"（My Marriott Hotel）小游戏,这个游戏允许玩家在一个酒店扮演经理的角色,但游戏一开始的场景是被限制在厨房里,玩家可以使用预算来购买设备和配料,雇用和培训员工,玩家通过为客户提供良好的服务来赚取积分,当然如果服务和食物很差的话,玩家将会被扣掉积分。在后面的游戏设计中,玩家还可以对酒店的客房进行管理,游戏会在不同场景中设置相应的岗位任务,玩家完成任务后,可以获得积分并进入更难的任务或酒店的其他职位。

这款游戏一经推出,就大受欢迎,短短两周内,来自 83 个国家的玩家都参与到这款游戏中来,据说有个玩家曾连续在线超过 36 个小时。这款游戏对于万豪酒店来讲无疑是一种新的吸引全球人们加入酒店事业的新手段。

值得注意的是,在这款游戏界面的右上角有个"Do It For Real"按钮,点击这个按钮就直接进入了万豪酒店的职业招聘网站。原来这款游戏背后的商业目的是为万豪连锁酒店在美国以外的地区（特别是中国和印度）招聘 5 万名新员工。万豪酒店通过这个手段很快就实现了这一目的。

● 本章小结

评价中心是一种包含多种测评方法和技术的综合测评系统。通过对目标岗位进行工作分析,在了解岗位的工作内容与素质要求的基础上,预先设计一系列与工作高度相关的模拟情景,然后将被评价者纳入该模拟情景中,要求其完成该情景下多种典型的管理工作。评价中心具有情境模拟性、技术运用综合性、评价来源多样性、评价过程动态性、评价内容全面性的特点。由于其有着相对较好的预测效度,在过去几十年间,评价中心在管理选拔中发挥着重要的作用。

评价中心包含了多种测评手段,本章重点介绍了无领导小组讨论、公文筐测试、角色扮演、管理游戏共四种测评技术,包括每种测评技术的概念、特点、适用对象以及设计、实施与评价的流程。

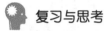 **复习与思考**

(1) 评价中心的含义是什么？

(2) 评价中心的特点有哪些？

(3) 评价中心有哪些主要形式？

(4) 无领导小组讨论的题目有哪些类型？请举例说明。

(5) 简述公文筐测试设计的程序及应注意的问题。

(6) 简述角色扮演的内涵、优点与缺点。

(7) 管理游戏的概念什么？管理游戏有哪些种类？

 **课后案例**

评价中心应用案例

1. 案例背景

随着业务的迅速发展，国内某知名制造企业去年收购了一家外地公司。收购行动主要由企业原财务总监K先生负责，K先生具有很强的财务知识和谈判能力，办事雷厉风行，为该企业的成功收购立下汗马功劳。收购完成后，K先生在当地主持分公司的工作。与收购过程中卓有成效的工作相比，K先生在总经理职位上的表现不太令公司总部满意。是继续留任K先生，还是从公司现有高级管理人员中选拔合适人选来解除K先生的职务，总部高层需要仔细斟酌。为此，公司总部希望邀请专业的评估机构对K先生和几位总部高管人员进行评估，为人事决策提供科学依据。

2. 人才评估解决方案

XD咨询公司接受该项目后，首先通过高层访谈和初步诊断，力求准确把握该企业的经营战略、企业文化以及对高级管理人员的要求。进而，XD咨询公司利用现有的能力素质模型库，结合该企业的行业特点和实际运作，为该企业提供了具有针对性的高级管理人员能力模型，包括全局观念、计划能力、沟通技巧以及培养和辅导能力等八大能力。该模型是评估的基础和标准，同时也是高级管理人员未来能力发展的重要指引。

然后,XD咨询派出由心理学博士和资深顾问领导的评估小组,运用XD咨询专业化的评价中心,对每一位被测人员进行全方位的能力评估。XD咨询采用的综合性评价方法包括:

(1)个人历史资料问卷——了解被测人员过去的工作经历、职业目标和兴趣等重要信息。

(2)认知能力测验——评估分析和推理、洞察和想象、开放性思维和战略性思维能力。

(3)个性测验——评估个性和行为风格,预测职业生涯发展。

(4)结构化行为面谈——通过收集与行为相关的信息,重点评估企业视为重要的领导能力。

(5)战略角色模拟——评估战略思考、计划和执行能力。

(6)下级辅导角色模拟——评估候选人激励和辅导下属的能力以及沟通能力。

(7)自我评估。

经过一系列科学、多角度和深入的观察和评估,XD咨询向公司总部提交了针对每一位被评价人的书面评估报告,综合分析被评价人的强项和弱点,提出相应的能力发展建议,并提供中立的推荐意见。

对于前面提到的K先生,评估小组最后的评价是:具有一定的全局观念和战略性思考能力,有丰富的管理经验,分析判断和计划能力较强,能够较好地贯彻和执行公司的目标和战略。但是,K先生缺乏亲和力,没有在分公司的主要骨干中形成强有力的领导团队,在人际沟通中缺乏开放性,尤其是与总部和上级的沟通中不能及时反映情况和自己的想法,未能获得总部的高度信任。

通过评估,XD咨询发现在总部现有高管人员中的W先生,具有以下特点:能与上司保持畅通的沟通渠道,战略思维能力强,有较强的客户服务意识,善于通过授权来培养下属的能力和激励员工的积极性,在团队中有很强的亲和力。W先生的这些特点刚好符合公司高层对分公司总经理人选的要求:要有良好的人际关系协调能力;推广企业文化;要能建立起好的管理团队;要能处理好双重领导的结构关系等。通过对数位候选人中的综合分析和比较，XD 咨询最后推荐 W 先生担任分公司总经理一职，而建议将 K 先生调回总部重新担任财务总监一职。

3. 评估的效果

公司高层认为这次评估的结果比较科学和客观，同时对于 XD 咨询公司能够在如此短的时间内准确地对被测试人员的能力、个性和行为特点做出判断表示赞赏，并认为该次评估报告在帮助公司高层做出重大人事调整决策的过程中起到了很好的参谋作用。该公司总经理最终作了如下评价："这次人才评估在相当程度上帮助了公司做出正确的人事决策，同时更重要的是帮助改进了高管人员的管理工作、高层领导班子建设工作。这是很重要的。"

 思考题

结合案例，谈谈评价中心技术在人才招聘中的意义。

7

员工录用

◉ 学习目标

(1) 理解员工录用的含义；

(2) 掌握录用决策的程序与方法；

(3) 了解背景调查的适用范围、内容与途径；

(4) 掌握薪酬谈判的技巧；

(5) 掌握发放录用通知、辞谢通知的方法；

(6) 掌握新员工入职的基本程序；

(7) 掌握新员工培训的内容。

◉ 引例

用人单位在试用期内应善用"录用条件"

某公司发布了数十个岗位的招聘广告，招聘条件均为"同行业两年以上工作经验；如果应聘的是管理职位，还需要有同行业管理职位两年以上从业经验"。小张应聘成功并签订劳动合同，约定试用期为两个月。试用期满前，该公司以小张未通过公司试用期的考核评估为由解除劳动合同。小张认为，公司属违法解除劳动合同，遂申请劳动仲裁，要求公司支付违法解除劳动合同的经济赔偿金。

劳动仲裁委员会经审理认为，由于公司无法举证其制定有符合法律要求的具体录用条件，故认定公司招聘广告中写明的招聘条件即为录用条件,鉴于小张符合该条件要求,最终支持了小张的仲裁请求。

按照《劳动合同法》第三十九条的规定,如果劳动者在试用期内被证明不符合录用条件,用人单位可以立即解除劳动合同,且无须支付经济赔偿金。很多用人单位据此认为,试用期内可以随意解除劳动合同,这是极其错误的。要想利用好"不符合录用条件"这一法定解除事由,前提是必须制定有明确具体、科学合理、可操作性强的录用条件。

在实践中,用人单位可以设定如下一些常用的录用条件:

(1)试用期实际出勤率不足的。

(2)无法提供办理录用、社会保险等所需要的证明材料。

(3)不能胜任用人单位安排的工作任务和岗位职责,如明确销售人员在试用期内需完成的销售额。

(4)患有精神病或按国家法律法规规定禁止工作的传染病。

(5)与原用人单位未依法解除、终止劳动合同。

(6)与原用人单位存在竞业限制约定且本单位在限制范围之内。

(7)未按用人单位要求的时间到岗。

(8)隐瞒受法律处罚或纪律处分的记录。

(9)入职后不同意参加社会保险。

用人单位在制定录用条件后,还得将录用条件告知劳动者,否则该录用条件对劳动者没有约束力,用人单位同样面临无法在试用期内以不符合录用条件为由单方解除劳动合同。常用的告知方式为设置书面的录用条件,并要求劳动者入职前签字确认。

综上所述,录用条件的制定与落实是一个系统、复杂的工程,用人单位需要根据不同的岗位设计不同的录用条件,而且应尽量量化指标。在试用期内,用人单位要根据录用条件对劳动者进行考核,并将考核过程、考核结果证据化,为淘汰与岗位不匹配的劳动者做好准备。

(资料来源:https://www.hroot.com/d-9347287.hr,有删减)

经过初步筛选、笔试、面试以及评价中心等各种测评之后,招聘工作进入到决定性阶段,即最终决定录用人选。录用阶段的主要任务是对甄选过程中产生的信息进行综合评价与分析,确定每一个候选人的素质和能力特点，根据预先设计的人员录用标准进行挑选，做出录用决策，并书面通知应聘者，签订劳动合同后，对招聘的新员工进行岗前培训，使之在进入组织之后能够尽快适应成为组织的一员。本章将对录用过程中的关键步骤做重点介绍。

7.1 录用决策

录用决策是指在对应聘者进行层层筛选之后，综合候选人的相关信息，最终确定拟录用人选并进行能岗匹配的过程。

1. 录用决策的程序

为了保证有效地对应聘者做出判断，正确做出接受或拒绝应聘者的决定，录用决策要遵循合理的程序。

1）总结应聘者的信息

评价小组根据企业的发展和职位的需要，对应聘者的知识、技能、潜力、工作动机及其他个人特性加以综合评价。

2）分析录用决策的影响因素

在做出录用决策时，一般需要考虑以下几个因素：

（1）是注重应聘者的潜能，还是根据组织的现有需要？

（2）企业现有的薪酬水平与应聘者预期水平之间的差距。

（3）以目前适应度为准，还是以将来的发展潜力为准？

（4）合格与不合格是否存在特殊要求？

（5）高于合格标准的人员是否在考虑范围之内？

3）选择决策方法

目前常用的决策方法有诊断法和统计法两种：

（1）诊断法。主要根据决策者对某项工作和承担者资格的理解，在分析应聘者所有资料的基础上，凭主观印象做出决策。这种方法比较简单，成本较低，在实际工作中得到广泛的使用。但是由于其主观性强，评价者的素质和经验在科学合理的判断中起着重要的作用。

（2）统计法。相比诊断法而言，这一方法所做的决定更为客观一些。

首先,区分评价指标的重要性,赋予权重,然后根据评分的结果,用统计法进行加权运算,分数高者即获得录用。这种评价方法对指标体系设计的要求较高。

使用统计法时,具体可以采取三种不同的模式。①补偿模式:某些指标的高分可以替代另一些指标的低分;②多切点模式:要求应聘者达到所有指标的最低程度,然后再从所有达标的候选人中按照统计分数高低进行决策;③跨栏模式:应聘者只有通过每次测试才能进入下个阶段的挑选和评判。

4)做出录用决定

让最有潜力的应聘者与用人部门主管进行诊断性面谈,最后由用人主管或专家小组做出决定,并反馈给人力资源部门,由人力资源部门通知应聘者有关的录用决定,办理各种录用手续。

小专栏 7-1

录用决策案例

某企业要招聘一名人力资源经理,经过多轮的甄选测试,最终确定了两名候选人,但招聘小组对于最终确定人选意见不一。两人的基本资料如表 7-1 所示。

表 7-1　候选人的基本资料

候选人	性别	年龄	专业	学历	本职工作经验	以前的工作表现	录用决定
甲	男	32	企业管理	本科	6	良好	可录用
乙	男	32	人力资源管理	本科	5	良好	可录用

在面试过程中,两人的表现各有千秋。招聘小组各执一词,一方认为候选人甲踏实、稳重,并且有多年的管理经验,相信在未来的工作过程中会有很好的表现;而另一方认为候选人乙擅长人际沟通,专业基础也扎实,加上其多年的工作经验,支持录用候选人乙。招聘小组双方争执不下,最后依据量化评价要素分析的结果,做出了录用的决策。

两人的综合评价要素得分如表 7-2 所示。

表7-2 综合评价表

评价要素	权重(%)	甲得分		乙得分	
		要素得分(满分：120分)	加权得分	要素得分(满分：120分)	加权得分
专业知识	12	10	1.2	14	1.68
人际沟通能力	15	12	1.8	14	2.1
计划组织能力	15	14	2.1	10	1.5
决策领导能力	16	15	2.4	13	2.08
分析判断能力	12	12	1.44	13	1.56
语言表达能力	10	13	1.3	14	1.4
责任心	10	10	1.00	10	1.00
团队合作	10	14	1.4	12	1.2
加权得分		12.64		12.52	

根据此表,甲的加权总分比乙高,因此,最终公司录用了甲。

2. 录用决策的误区与处理

录用决策过程中出现失误的情况不可避免,常见的一些误区如下。

1）录用决策前的甄选测试不规范、不科学

甄选测试直接为最终的录用决策提供依据,如果甄选测试欠缺规范性或科学性,会导致之后的录用环节决策不当。

2）评价标准不清晰

为了防止决策时依据的标准不统一,造成用人失误,在人力资源部门和用人部门之间应建立起统一的评价指标与评价标准。

3）录用决策前未对甄选过程中的模糊细节进行澄清

对甄选中存在疑惑之处不及时澄清,在尚存在疑点的情况下做出的最后决策,很可能就会增加失误的可能性。

4）录用决策小组成员之间不协调

录用决策的关键在于录用决策小组成员之间有一致的评价标准,使评价的结果尽量客观、真实。在实际招聘中,录用决策小组成员很可能对应聘者的判断不一致,如果未能充分地沟通与协调,必然会出现矛盾的结果。

5）最终录用决策权不独立

一些企业在最后决策时过于依赖人力资源部门，而不是真正独立地做出判断，事实上，录用决策的最终决定权应属于该职位的直接主管，主管可以在人力资源部门的参谋下做出独立判断，选择真正需要的人才。

为了有效避免上述录用决策过程中容易出现的误区，可以从以下几方面着手：

1）制定并形成统一的综合评价标准

录用决策最重要的依据是能岗匹配原理，在招聘工作开展之前，由人力资源部门协调各相关部门统一评价标准，并对相关人员进行培训，这样，进行录用决策的工作人员，就能够正确、清楚地做出录用决策。

2）明确招聘中人力资源部门与用人部门的责任

在招聘过程中，人力资源部门利用其专业技术和信息的优势，承担录用决策中专业性、技术性的工作，培训和帮助各部门管理者挑选合适的人选，而用人部门对岗位所需人员的资格要求更为熟悉，因此，双方需要紧密配合，共同完成招聘任务。

3）对最终的录用决策权进行严格明确

不同层次人员的最终决定权也不一样，对于一般的一线岗位，只要应聘者的直接上级进行决策就可以了，而对于管理岗位所需人员的录用，则需要录用决策小组共同讨论，这其中就必须包括应聘者的直接主管，才能做最后的录用决策，从而实现有效的招聘。

4）要留有备选人员名单

对于一个职位，初步录用的人选名单可能要多于实际录用的人数。这样做的原因是还要对初步录用的人选进行背景调查，与这些人选讨论薪酬待遇，因此，可能会有一些原因导致无法录用部分人选。如果初步决定录用某个人，而他实际遇到的问题是原来的单位无法让他离职，或者他对应聘单位提供的薪酬条件不满意，那么就不得不舍弃他而去考虑其他人。注意，在备选人员的名单中，一定要注明录用这些人的优先次序。

7.2 背景调查

　　背景调查就是用人单位通过各种合理、合法的方法和渠道,核实求职者个人履历信息的真实性的活动,它是保证招聘质量的重要手段之一。通过背景调查,可以核实外部求职者的真实身份、受教育情况、各类教育和培训证书、职业经历状况、合作精神和工作能力等情况,为用人单位挑选真正合适和优秀的人才提供保障,避免不必要的用工成本和用工风险。

　　1. 背景调查的适用范围

　　对于企业来说,如果对拟聘用的所有人员均进行背景调查,需要花费大量的时间、人力、资金,且也不太现实,因此,企业在进行员工背景调查时,均会根据情况进行区别处理,并不会对所有聘用岗位人员进行背景调查,一般来说,企业对拟录用人员进行背景调查的岗位主要有:

　　(1)涉及资金管理的岗位,如会计、出纳、投资等。出于对资金安全的考虑,一般企业都会对这些岗位的拟录用人员进行背景调查,主要是期望了解这些拟录用应聘者的工作能力、犯罪纪律和诚信状况。

　　(2)涉及公司核心技术秘密的岗位,如研发部的工程师、技术人员等。企业的核心技术秘密涉及企业的生存问题,如可口可乐的核心配方和产品样品等,如果一旦被卖给竞争对手,企业就会出现生存危机,因此,在企业招聘涉及核心技术秘密的岗位的拟录用人才时,都会非常慎重,花费一定的资金对拟录用者进行犯罪记录、诚信状况等背景调查。

　　(3)部分中高层管理岗位,如运营总监、销售总监、战略管理副总经理等。这些岗位主要涉及企业的运营战略,企业在战略周期的运营方向、核心客户资源等,都掌握在这些岗位人员手上,如果这部分人员产生动荡,会给整个企业的资金链或者运营层面带来极大的负面效应,大多数企业都会对中高层岗位聘用者进行背景调查,甚至不惜花费资金请外部调查机构。

　　2. 背景调查的内容与途径

　　背景调查需要证实的信息主要包括以下几个方面:

（1）基本身份信息，包括应聘者的姓名、性别、年龄、身份证号码、曾用名、有无犯罪记录、户籍所在住址、经常居住地址、有效联系方式和主要家庭成员构成状况等信息。

（2）教育背景信息，包括应聘者接受教育和培训的主要经历和学习效果。用人单位一般会详细了解以下两部分内容：一是应聘者的毕业院校、所学专业、入学时间、毕业时间、学历证书和学位证书等信息；二是应聘者的职业和岗位培训经历、职业技能证书和其他证书以及获得的奖励等信息。

（3）工作经历信息，包括应聘者的工作变动状况、历来的工作表现和工作能力等状况。用人单位可以对以下信息进行较为深入的调查：一是应聘者从事的每份工作开始和结束的时间、职务、基本职责、工作表现（主要指与职位说明书要求相关的工作经验、技能和业绩）、工作单位的评价、主管的姓名与职务以及离职后的经济补偿等情况；二是应聘者是否与其他用人单位仍有未到期的劳动合同；三是应聘者是否属于法律规定的用人单位不得招聘的人员。

（4）其他相关信息，例如应聘者的个人诚信状况和社会保险信息。个人诚信状况主要包括个人资信状况、人品、个人忠诚度等。个人诚信状况一般难以准确核实，但是核实个人诚信状况的意义非同一般。社会保险信息用于用人单位了解应聘者缴纳社会保险的情况，包括社会保险号、投保状态、保险账户情况等信息。社会保险信息对于用人单位核实应聘者的劳动关系状况有重要价值。

用人单位需要注意的是：应根据所要调查的内容选择相应的调查途径，如表7-3所示。

表7-3　背景调查的内容和途径

调查内容	调查途径
毕业证书、学历证书是否造假	通过中国高等教育学生信息网查询
简历的真伪	根据拟录用人员的回答判断简历各项内容的真实性

（续表）

调查内容	调查途径
职称、职业任职资格等证书是否造假	通过相关考试培训认证机构或网络查询
工作经历（时间、职务、工作内容）是否属实	向拟录用人员的原单位查询
是否已经与前用人单位解除劳动关系	要求拟录用人员提供离职证明
是否签有竞业限制协议并在期限内	向拟录用人员的原单位查询
职业道德如何、是否有职务犯罪记录	向拟录用人员的原单位调查
离职的真实原因	根据拟录用人员的回答向原单位查询，判断两者的一致性

3. 实施背景调查应注意的问题

（1）在进行背景调查之前，需要征得被调查者的同意。企业可以在调查者应聘时填写的应聘人员登记表的显著位置上提示："表内信息由本人填写，本人愿意对其真实性负责，并接受公司的监督、调查。如有虚假，一切后果本人承担，并无条件接受公司解聘，公司可针对本人提供的个人信息进行诚信调查，特此授权"，最后要求求职者亲笔签名，以获得对其调查的授权许可。或者事先和被调查者签订一份"背景调查授权书"，这个证明文件的作用在于：一方面体现了对被调查人的尊重，另一方面在进行背景调查的时候，也可以作为说服被咨询对象接受询问的有力的授权证明。在提供完授权书之后，可以要求被调查者提供一些能够作为他的证明人的联系方式。

（2）优先选取被调查人的前上司或同事进行调查，由于这些人跟被调查人有最多的工作接触，对被调查人的品行、能力、工作态度有更深刻的了解。

（3）对在职人员的调查要特别谨慎，难度也比较大，因为如果去进行背景调查可能会对被调查人造成不好的影响。如果条件允许，可以通过这个公司已经离职的员工来了解。

（4）背景调查要和人员测评结合使用。背景调查并不是万能的，错误和失真有时难以避免。但如果将背景调查同其他甄选手段相结合,就会大大提高选择的正确度。

(5) 与接受调查的人员沟通交流时,必须清楚表明身份及来意,明确告知对方目的所在,让对方确信你们之间的对话内容是绝对保密的,告知对方候选人目前所应聘的是哪一项职务,好让对方可以就事论事的评论。当对方在叙述时,不要中途插话,因为一旦被打断后,有可能对方不愿再继续原来的话题了。

(6) 如果觉得对方似乎有意回避某些问题时,你应该锲而不舍的追究,并诚恳的告知对方,之所以如此执着,无非是希望确定这个录用的决定对于公司及求职者双方都是最合适的选择。

7.3　协商确定薪酬

在企业做出初步录用决策之后,应该与拟录用的候选人讨论薪酬福利的相关问题,并在此方面达成共识。在候选人正式进入企业之前,企业有告知其详细薪酬福利信息的义务。

薪酬包括工资、奖金、津贴等。对于一个职位来说,薪酬往往是一个范围,根据候选人的胜任力水平决定具体的薪酬水平处在这个范围内的什么档次。例如,在某公司中一个客户经理的薪酬范围在 8 000 元到 12 000 元之间,而候选人的胜任力水平可以用 5 个等级来衡量,即

A 等:在各项胜任力上均很优秀,超出职位的基本要求;B 等:在大部分胜任力上超出职位的基本要求,没有明显的缺点;C 等:在主要胜任力上超出最低限制水平,在一些较次要的胜任力上有些不足;D 等:在主要胜任力上能达到基本要求,有比较明显的不足;E 等:在某些胜任力上有明显不足,但可以通过未来的培训与锻炼得到发展,迫于补充职位空缺的需要可以录用。

于是,在决定拟录用候选人的薪酬水平时,可以将其胜任力水平与薪酬水平对应起来。当然在决定薪酬时,还应该考虑其他一些因素,例如候选人过去的薪酬水平、市场上该职位的薪酬水平等。此外,候选人对薪酬

的期望值也很重要,如果候选人对薪酬的期望比职位所能提供的薪酬水平高,这种情况下要格外谨慎,一方面需要灵活地处理问题,另一方面也不能一味依照候选人的期望做决策。因为如果为了迎合候选人的愿望而提供给他较高的薪酬,这样会使企业中的其他员工感到不公平。

员工的福利则可能是多种多样的,不同公司提供的福利也是有差别的。一般来说福利中应该包括国家或地方政策规定中要求必须包括的部分,另外还有公司独特的部分。通常必须包括的有养老、失业、医疗等各项保险和住房公积金,还有各种法定节假日和年休假等;各公司不同的是有的公司提供专门的班车或交通补贴、餐费补贴、商业医疗保险以及其他一些福利。每个公司的薪酬福利策略是不同的,有的公司比较注重薪酬部分,有的公司则比较注重多样化的福利方面。在招聘录用阶段应该就这些信息与候选人进行清楚地沟通,特别要强调自己公司的一些独特的、吸引人的薪酬福利政策。

在与候选人确定薪酬时,经常需要双方签订一份书面的文件,约定双方确定的薪酬标准,这就是一份薪酬协议。通常来说,薪酬协议是与初步录用意向合并在一个文件中的,可以称作聘用意向书。聘用意向书中的内容包括聘用的职位、所属的部门、上级主管的职位、工作地点、薪酬水平、开始工作的时间、录用条件等。

7.4 通知应聘者

通知应聘者是指根据录用决策结果,给予被录用者录用通知以及给予未被录用者辞谢通知。对一个负责任的公司来说,辞谢通知更要求慎重处理,因为它能体现出公司对于人才的基本态度。

1. 通知录用者

发送录用通知要求传递及时、信息准确及确保到人。一般情况下,建议以邮件方式发送正式通知,并辅以电话、短信通知。在录用通知中,应该说明报到的时间、报到的地点、报到的程序以及其他应该说明的事项等。同时,要对新员工的加入表示欢迎。

这里以某企业的校园招聘为例,录用通知书模板如图 7 - 1 所示。

录用通知书

×××：

您好,很高兴地通知您,您已经通过我公司招聘环节的甄选,我公司同意录用您,现就相关事项通知如下：

- 如果您经过考虑并决定与我公司签约：

请您在××××年×月×日中午 12:00 前回复该邮件予以确认愿意与我公司签约,并准备如下材料办理签约事宜：

1. 已签字和盖好学校章的三方协议书。
2. 毕业生就业推荐表(原件,一份)
3. 成绩单(原件,一份)
4. 身份证复印件(一份)
5. 一寸彩色登记照(一张)

以上材料准备齐全后,请您于××××年×月×日前(以寄出时的邮戳日期为准),以特快专递的形式寄往以下地址：××××,人力资源部×××收。

- 如果您经过考虑,不选择与我公司签约,也请在×月×日中午 12:00 前回复该邮件,并敬请说明您个人选择放弃签约的原因。
- 特别声明：为保证签约工作的顺利进行,我公司将在三方协议书上补充以下条款：

1. 如在应聘过程中,毕业生提供虚假不实资料,我公司将不予签约。
2. 如毕业生到我公司入职报到时,未取得毕业证、学位证及英语六级证书,我公司将不予签约。
3. 本协议经用人单位和毕业生签字盖章后立即生效,如有违约,违约方须向另一方支付违约金壹万元。

欢迎您加入我公司!

××公司人力资源部
××××年×月×日

图 7 - 1　录用通知书

2. 通知未被录用者

对未被录用的应聘者的答复是体现公司形象的重要方面,应该注意的问题主要是：

1) 最好用书面的方式通知,并且有统一的表达方式

如果应聘者提供了电子邮箱的联络方式,可能这是最方便的传达信息方式。一个公司答复未被录用的应聘者最好采取统一的表达方式。这样一方面可以保持公司形象的统一,另一方面可以做到公平地对待每一位应聘者。

2) 注意拒绝信的内容和措辞

拒绝信使用的语言应该简洁、坦率、礼貌,同时应该具有鼓励性,并表示愿与应聘者建立长期的联系。

这里还是以上述某企业的校园招聘为例,该企业的辞谢通知书模板如图7-2所示。

辞谢通知书

同学:

　　您好!

　　感谢您应聘本公司。在跟你们相处的时间里,发现你们都是才华横溢,我们真心希望你们所有人都能留在公司,为公司未来发展出谋划策。但是,结合岗位要求,我们必须有所取舍,虽然这很困难,因为你们每一个人都非常优秀,都有各自的特点……

　　很遗憾地通知您,经过慎重的考虑,我公司不能录用您。但我们相信您的能力,相信您的优秀,并祝福您在不久的将来能找到更加适合您的公司,在未来事业的道路上一路风雨无阻、宏图大展!

　　最后为您应聘本公司的热诚,再次致谢。

××公司人力资源部
××××年×月×日

图7-2　辞谢通知书

7.5　员工入职与培训

1. 办理入职手续

用人单位经过层层选拔,最后确定录用人选,并向录用人员发出录用通知,待录用人员报到后,应为其办理入职手续。

一般来说,入职手续办理的种类大致可分为告知类、物品领取类、信息采集类和办理类等4类事项,详情如表7-4所示。

表7-4　入职手续办理事项及说明

办理事项	详 情 说 明
告知类	(1) 入职流程告知; (2) 公司规章制度告知; (3) 工资、福利、假期等告知。

（续表）

办理事项	详 情 说 明
信息采集类	(1) 填写《员工信息登记表》； (2) 员工指纹、照片等个人信息采集。
物品领取类	(1) 办公用品领用； (2) 电脑领用； (3) 员工手册（规章制度）签收。
办理类	(1) 办理各项社保转移手续； (2) 办理档案、党组织关系、工会组织关系转入。

2. 签订劳动合同

新员工入职后，劳动合同的签订是必不可少的，一般来说，企业和员工在劳动合同签订方面要注意以下事项：

（1）劳动合同必须自用工之日起 1 个月内订立。

（2）劳动合同中要明确约定被聘任者的职责、权限、任务。

（3）劳动合同中要明确约定被聘任者的经济收入、保险、福利待遇等。

（4）劳动合同中要明确约定试用期、聘用期限。

（5）劳动合同中要明确约定聘用合同变更的条件及违反合同时双方应承担的责任。

（6）劳动合同中还应明确约定双方认为需要规定的其他事项。

3. 录用面谈

新录用的员工根据来源不同，可以分为两类：一是从外部招聘进来的新员工，二是通过企业内部竞选到新岗位的员工。新录用的员工进入企业后，最好安排相关的负责人与其就工作职责、企业规章制度、企业文化、企业的组织结构等进行至少一次的沟通，这样可以增进双方对彼此的了解，有利于以后工作的开展。

4. 新员工培训

新员工培训是使新员工熟悉企业，适应环境和工作的过程，也叫岗前适应培训。

1）新员工培训的意义

通过有计划地安排与实施新员工培训,可以达成如下目的:

（1）使新员工轻松地适应组织,包括正式组织和非正式组织。新员工的特点是有激情、有创造性和比较投入,若他们不能融入工作小组,则这些优势可能就得不到体现。

（2）使新员工了解与其任务和业绩期望有关的信息,以增强员工的工作动力,增加工作投入及提高工作效率。

（3）使新员工减少可能感受的"现实冲击"。所谓"现实冲击"是指新员工对其新工作所怀有的期望与工作实际情况之间的差异。有效的新员工培训可以大大减轻新员工对自己是否做出正确工作选择决策的担忧,从而以现实的态度投入工作。

2）新员工培训的内容

新员工培训的主要目标就是使新员工适应新组织的要求和目标,学习新的工作准则和有效的工作行为。员工刚刚进入组织时,最为关心的是学习如何去做自己的工作和与自己的角色相应的行为方式。新员工培训的内容一般包括:

（1）组织的使命、政策规章、文化传统及各项工作制度等。

（2）组织与管理当局所期望的态度、价值观和行为规范,主要是人际交往的方式。

（3）工作中技术方面的问题。

3）新员工培训的程序

首先,应由组织的高层领导向新员工介绍组织的信念、使命和组织对员工的要求以及员工可以对组织怀有的期望。然后,由人力资源部门针对一些共同性的事项进行一般性的宣导,包括组织的概况、各种政策与规定、报酬福利、奖惩制度等。最后,由新员工的所属部门对其进行一些特定性的指导,包括介绍部门的功能、该员工的工作职责、工作的范围、注意事项、绩效考评标准以及一起合作的同事等。

本章小结

录用决策是指在对应聘者进行层层筛选之后,综合候选人相关信息,最终确定拟录用人选并进行能岗匹配的过程。做出录用决策要遵循合理的程序,主要包括:总结应聘者的信息,分析录用决策的影响因素,选择决策方法,做出录用决定。目前常用的录用决策方法有诊断法和统计法两种。

通过背景调查,可以核实外部求职者的真实身份、受教育情况、各类教育和培训证书、职业经历状况、合作精神和工作能力等情况,为用人单位挑选真正合适的人才和优秀人才提供保障,避免不必要的用工成本和用工风险。

在决定拟录用候选人的薪酬水平时,可以将其胜任力水平与薪酬水平对应起来,当然,还应该考虑其他一些因素,如候选人对薪酬的期望值也很重要。

通知应聘者是指根据录用决策结果,给予被录用者录用通知以及给予未被录用者辞谢通知。

在确定录用人选,并向录用人员发出录用通知,待录用人员报到之后,应为其办理入职手续,签订劳动合同,开展录用面谈,有计划地安排与实施新员工培训,帮助新员工更快更好地适应组织。

 复习与思考

(1)简述录用决策的程序。

(2)录用决策的方法有哪些?

(3)简述背景调查的适用范围。

(4)简述背景调查的内容与途径。

(5)与员工进行薪酬谈判时,应注意的问题有哪些?

(6)员工培训的意义有哪些?

(7)简述新员工培训的内容与程序。

📖 课后案例

华为的新员工入职培训

一、"721"培训法则

华为对自己的培训体系一直在不断进行优化，近几年来，华为取消了过去的授课式培训和网络化授课方式，在培训指导思想上进行了较大的调整，明确提出了"721"培训法则，即70%的能力提升来自实践，20%的能力来自导师帮助，10%的能力来自课堂学习。

这一培训法则的确立，是华为根据各方面变化做出的调整，并据此合理安排各个阶段的培训内容和时间安排，强调"实践出真知"，强调实践对新员工未来成长的重要性，也给新员工明确了一个信号，就是要想有所作为，就必须扑下身子实干。华为的这一观点，也反映了华为的务实态度与企业文化。

二、"三个阶段"环环相扣

华为对新员工的入职培训主要分为三个阶段：入职前的引导培训、入职时的集中培训、入职后的实践培训，整个流程完成基本上要3～6个月。其中，实践培训是三个阶段的重点。

华为的校园招聘一般安排在每年的11月份，对拟录用的人员，华为会将他们安排到各个业务部门，并提前安排每人的导师。为防止拟录用人员在毕业前这个阶段的变化，华为要求导师每月必须给他们打一次电话，通过电话进行沟通，了解他们的个人情况、精神状态、毕业论文进展、毕业离校安排等，并对他们进行未来岗位情况的介绍，提出岗位知识学习要求等等，为他们顺利走向岗位做好思想上的准备。

新员工入职后，华为要对他们进行为期一周的集中培训，要全部到深圳总部进行。这个阶段的培训时间已经比过去大大压缩，培训的内容侧重华为有关政策制度和企业文化两个方面。也就是说，作为一个新人，应该对华为了解些什么，应该清楚公司的政策制度为什么这样规定，应该清楚自己作为华为一员的基本行为规范等。

在集中培训结束后，华为会针对新员工的工作岗位安排，进行有针对性的实践培训。对国外营销类员工，会安排在国内实习半年到一年，让他们掌握运行流程、工作方法等。对技术类员工，会首先带他们参观生产线，让他们对接产品，了解生产线上组装的机器，让他们看到实实在在的产品。研发类员工在上岗前，安排做很多模拟项目，以便快速掌握一门工具或工作流程。这样，新员工全部在导师的带领下，在一线进行实践，在实战中掌握知识、提高自己。

三、"导师制"落实到位

华为是国内最早实行"导师制"的企业，实施的效果也非常好，主要是必须制定相应的保证措施。

华为对导师的确定规定必须符合两个条件：一是绩效必须好，二是充分认可华为文化，这样的人才有资格担任导师。同时规定导师最多只能带两名新员工，以保证传承的质量。

华为对导师有相应的激励政策：一是晋升限制，规定凡是没有担任过导师的人，不能得到提拔；二是给予导师补贴；三是开展年度"优秀导师"评选活动，以及导师和新员工的"一对红"评选活动，在公司年会上进行隆重表彰。这些措施，激发了老员工踊跃担任导师的积极性和带好新员工的责任感。

华为还规定，导师除了对新员工进行工作上指导、岗位知识传授外，还要给予新员工生活上的全方位指导和帮助，包括帮助解决外地员工的吃住安排，甚至化解情感方面的问题等。

华为的导师制和过去国企推行的"师徒制"有相似的地方，但又有很大的不同，华为对导师和徒弟都有非常明确的责任要求，并和个人发展紧密挂钩，保证了导师制能够落地，发挥积极作用。

（资料来源：http://www.chinahrd.net/blog/304/1008894/303404.html,（有删减））

 思考题

华为新员工培训给我们哪些启示？应如何评价？

8

招聘评估

学习目标

（1）理解招聘评估的含义与意义；

（2）掌握招聘评估的内容与方法；

（3）掌握招聘评估报告的撰写。

引例

结果导向：数据分析提升招聘效果

美国田纳西州的孟菲斯市号称美国的"物流产业之都"，位于几条州级高速公路和几条东西铁路大动脉的交汇处，得天独厚的地理优势吸引了大批物流分销企业到此落户。其中，最著名的一家企业就是联邦快递。但是，众多工业仓储企业蜂拥而至，也随之引出一个问题：企业之间的人才竞争趋于白热化。当地本来人才供应就比较有限，加上各家公司的薪资待遇差不多，有一段时间，很多企业都陷入了用工荒。于是，能否有效找到合适的仓储工人，成为各家企业管理者们最头疼的事情。

其中，当地一家大型物流公司管理层把解决招聘难题作为公司首要任务，希望 HR 团队跳出传统工作模式，积极创新地解决招人难的问题。公司董事长向 HR 提出问题：从人员搜寻、招聘和入职阶段来看，公司现有的高绩效员工都有哪些共同特征？

HR 团队接到这个任务之后，将绩效考核结果的数据与招聘渠道、招

聘方式、招聘流程之间进行对比分析,以期找到它们中间的关联。通过
HR团队的不懈努力,获得了以下发现:

(1) 大多数高绩效员工在申请岗位时,其现有公司到所申请公司的距
离都比较近。

(2) 大多数仓储岗位的应聘人员不愿意到离家远的地方工作。

(3) 申请人主要通过公司大楼外的醒目标识或其他在职员工(而不是
报纸或杂志的招聘广告)来了解岗位空缺。

(4) 诱人的员工福利计划是促使申请人决定跳槽的关键因素。

(5) 通过对整个招聘流程的数据分析,又获得了以下发现:

① 优秀候选人更倾向于到现场应聘,而不只是通过在线填写一堆表
格应聘。

② 把候选人未来可能工作的场所作为招聘现场,比到公司以外的地
方更吸引候选人。

③ 候选人通常在下午偏晚一些的时候才会提交他们的应聘资料,因
为此时正是他们在其他公司交接班之际。

④ 最有效的面试官是生产线工人领班,而不是工人主管。

基于以上分析,该公司采取了以下措施来改进招聘工作:

首先,HR重新设计了招聘方案,主题是"到一个离家近而且福利好的
公司工作是一种什么体验?"这个广告语出现在该工业区入口处一个醒目
的大广告牌上。另外,还广泛张贴在工业区内的一些餐馆和零售店的公告
栏里。

然后,HR重新设计了来公司的参访环节,辅之以现场面试,还能享受
美味零食。参访时间安排在每周二和周四的下午3点至7点,方便每天处
于交接班的候选人前来应聘。

最后,招聘人员还特别为每个前来公司的候选人准备了一份员工福利
手册,详细介绍公司各项福利政策。

在这些方案实施的头两个月,候选人人数上升了20%,接受工作邀约
的数量也上升了20%。更加让人惊喜的是,在对这批新员工完成进入公
司的第一次绩效评估后,高绩效的新员工人数比原来增加了35%。

这个案例带来的启示是：HR要有效利用数据来进行决策,提高工作的有效性。对于企业的招聘工作来说,进行数据分析同样能带来很多益处,优化企业的招聘流程,提高招聘工作质量。

8.1　招聘评估的意义

招聘评估是招聘管理全过程之中的最后一个环节,是招聘工作的重要组成部分之一,一般是在一次招聘工作结束之后,招聘人员通过对流程的效益和成本进行核算进而了解在招聘过程中相应的费用支出,并且可以有针对性地确定应支出项目和不应支出项目。通过这种方式的审核,可以相应地控制支出的成本。但前提必须是保证质量和效率,之后尽可能减少不必要的开支,并为以后的招聘提供丰富的参考资料以及经验。

招聘评估对企业的意义,主要体现在以下几个方面：第一,有利于为企业节省开支;第二,有利于检验招聘工作的有效性;第三,有利于正确评价招聘人员的工作业绩,调动其积极性;第四,有利于提高招聘工作质量;第五,有利于发现企业的其他问题。

8.2　招聘评估的内容

招聘评估实践中,企业可以就招聘成本与效用、招聘工作流程、某项具体活动、招聘方法、招聘中相关人员等方面进行评估,也可以选择其中的几个方面进行系统评估。本章主要从招聘成本、录用人员的数量与质量、招聘方法的信度与效度以及招聘各环节等方面进行说明。

小专栏 8-1

谷歌"4E"标准的招聘流程

有人认为招聘是科学,有人认为招聘是艺术。但当每年收到如此庞大数量的应聘者申请,你就不能再去相信招聘是光靠艺术就能解决的。

谷歌采用的办法是实行数据驱动招聘决策,通过数据来弥补人工本身经验和技能的不足,而非靠人工的主观判断来决定招聘。

谷歌通过对大量招聘数据的分析,得出结论:招聘流程必须满足 4E 标准,这样才能确保公司能够挑选到高质量的人才。4E 分别是:流程要效率高(Efficient);流程要效果好(Effective);候选人在整个流程中要有良好的应聘体验(Experience);流程要做到公平公正无偏见(Equitable)。

1. 招聘成本效益评估

招聘成本效益评估是指对招聘中的费用进行调查、核实,并对照预算进行评价的过程。招聘成本效益评估是鉴定招聘效率的一个重要指标。通过成本与效益核算能够使招聘人员清楚地知道费用的支出情况,区分出哪些是应支出项目,哪些是不应支出项目,以便降低今后的招聘费用。

1) 招聘成本评估

招聘成本分为招聘总成本与招聘单位成本。

(1) 招聘总成本。招聘总成本是指企业获取人力资源所消耗的资源总和,包括招募成本、选拔成本、录用成本、安置成本、离职成本、重置成本六个方面。

① 招募成本。招募成本是为吸引和确定企业所需内外人力资源而发生的费用,主要包括招募人员的直接劳务费用(工资与福利),直接业务费用(咨询费、广告费、宣传费、差旅费等),间接管理费用(行政管理费用、场地租赁费用等)。招募成本既包括在企业内部或外部招募人员发生的费用,同时也包括吸引未来可能成为企业成员人选的费用,如委托教育机构进行人才培养的费用、奖学金费用以及各种宣传费用。

② 选拔成本。选拔成本由对应聘者进行人员测评与选拔,以做出录用决定时所支付的费用所构成,主要在以下环节产生费用:初步面试,进行人员初选;汇总应聘者申请资料;进行各种书面知识测试与心理测验;进行诊断面试;内部选拔人员现有工作情况调查,提出评价意见;根据应聘者的资料、知识测试成绩与心理测验结果、面试中的表现、调查评价意见等,召集相关人员讨论录用人选;对录用人员进行背景调查,获取有关证明材

料;通知背景调查合格者体检,通知体检合格者录用。

③ 录用成本。录用成本是指在经过各种测评考核后,将符合要求的合格人选录用到企业时所发生的费用。录用成本包括录取手续费、调动补偿费、搬迁费和旅途补助费等由录用引起的有关费用,这些费用一般都是直接费用。有时可能还会发生一项费用,即被录用者在原工作单位劳动合同没有到期,如果要解除合同,原单位提出缴纳一定数额的补偿金,如果被录用者是企业的关键人才,双方协商该补偿金由企业来缴纳,该部分费用也应该进入录用成本。

④ 安置成本。安置成本是为新员工到具体的工作岗位时所发生的费用。安置成本由为安排新员工的工作必须花费的各种行政管理费用、为新员工提供工作所需要的装备条件、欢迎新员工入职的相关费用,以及录用部门因安置人员所损失的时间成本而发生的费用构成。一些比较重要的被录用员工,企业可能还需要支付其他安置费用,如住房费、安家费、配偶安置和子女入学费用。

⑤ 离职成本。离职成本是指因招聘不慎,员工离职给企业带来的损失。主要包括离职补偿成本、离职管理费用和空职成本。

离职补偿成本:是指企业辞退员工或者员工自动辞职时,企业所应补偿给员工的费用,包括至离职时间为止应付员工的工资、一次性付给员工的离职补偿金、必要的离职人员安置费等。

离职管理费用:是指企业管理人员因处理离职人员有关事项而发生的管理费用,包括面谈时间成本费、与离职有关的管理活动费用、离职前效率损失。

空职成本:是指员工离职后职位空缺的损失费用。职位空缺可能会使某项工作或任务的完成受到不利影响,从而造成企业的损失。

⑥ 重置成本。重置成本是指招聘方式或者程序错误使招聘失败而重新招聘所发生的费用。重置成本具有职务重置成本与个人重置成本的双重概念。职位重置成本是指重新配备一名能够胜任某一职务的员工所必须发生的成本。个人重置成本是指重新配备一名与原有员工各种能力基本相同或相似的员工而必须发生的成本。

招聘总成本的计算公式为：

$$招聘总成本＝招募成本＋选拔成本＋录用成本＋$$
$$安置成本＋离职成本＋重置成本$$

（2）招聘单位成本。招聘单位成本也是招聘成本评估的一个重要指标。企业除了要考虑招聘总成本外，还要考虑招聘单位成本。招聘单位成本包括年人均招聘成本和年人均有效招聘成本。

① 年人均招聘成本。年人均招聘成本是指企业录用一个人员所花费的平均招聘成本。计算公式为：

$$年人均招聘成本＝年招聘总投入÷录用总人数$$
$$（含试用期后未录用人员）$$

该比例越大，说明企业每做出一个录用决定所花费的费用越高；相反，该比例越小，说明企业每做出一个录用决定所花费的成本越低。

② 年人均有效招聘成本。年人均有效招聘成本是指企业实际签约一个人所花费的平均招聘成本。计算公式为：

$$年人均有效招聘成本＝年招聘总投入÷录用总人数$$
$$（不含试用期后未录用人员）$$

该比例越大，说明实际招聘每个员工的招聘成本越高；相反，该比例越小，说明企业实际招聘每个员工的招聘成本越低。

2）成本效用评估

成本效用评估是对招聘成本所产生的效果进行分析，主要包括招聘总成本效用分析、招募成本效用分析、人员选拔成本效用分析和人员录用成本效用分析等。

（1）招聘总成本效用。招聘总成本效用是指全部招聘费用对实际录用人数的效用，用录用人数除以招聘总成本来表示。该比例越大，说明企业花费的招聘费用所获得的效果越好，即每单位招聘成本录用的人数越多；反之，则说明效用较低。计算公式为：

$$总成本效用＝录用人数÷招聘总成本$$

(2) 招募成本效用。招募成本效用是指招募工作的费用支出对吸引应聘者的效用,用应聘人数除以招募期间的费用表示。该比例越大,说明企业花费的招募费用的效用越高,能为企业吸引大量的应聘者,有利于扩大企业的备选人数量;反之,则说明效用较低。计算公式为:

招募成本效用＝应聘人数÷招募期间的费用(招募成本)

(3) 选拔成本效用。选拔成本效用是指选拔所花费的费用支出对挑选应聘者的效用,用被选中人数除以选拔期间的费用来表示。该比例越大,说明企业的选拔成本效用越高;反之,则说明效用较低。计算公式为:

选拔成本效用＝被选中人数÷选拔期间的费用(选拔成本)

(4) 录用成本效用。录用成本效用是指在录用过程中所发生的费用对正式录用应聘者的效用。用正式录用人数除以录用期间的费用来表示。该比例较小,说明企业用在每位正式录用员工身上的平均费用较高;反之,则说明企业用在每位正式录用员工身上的平均费用较低。计算公式为:

录用成本效用＝正式录用的人数÷录用期间的费用(录用成本)

3) 招聘总收益-总成本比

招聘总收益是指所有招聘成本所能带来的收益,包括招募产生的效益、选拔的有效性、录用人员的数量、录用人员的素质和能力、录用人员的工作绩效、由于录用新员工而带来的企业整体效率的提高和企业文化的改善等。招聘总收益-总成本比既是一项经济评价指标,同时也是考察招聘工作有效性的一项指标。该比值越高,说明招聘工作越有效。计算公式为:

招聘总收益-总成本比＝所有新员工为组织创造的总价值÷招聘总成本

值得注意的是,这里的总价值在实际操作时很难确定,因此,该指标到目前为止很少真正在实际中使用,但确实值得去关注和思考。

以上就是考察招聘成本效益的三大指标。一般来说,企业应该根据自身实际情况和历年招聘成本的实际数据,在参考当地同行相关数据的基础上制定招聘的标准成本制度,并依据该制度,在每次开始招聘前,制定相应的招聘预算,作为招聘成本控制的依据。而且,每年的招聘预算应该是全年人工成本总预算的一部分,主要包括招聘广告预算、招聘测试预算、体格检查预算、其他预算等。其中招聘广告预算占据相当大的比例,一般来说按4:3:2:1比例分配预算较为合理,还可以按职位类别和层次进行细目分类。当然,这个标准成本也应该根据时间的变化和实际招聘成本的变化不断调整,保持充分的动态性和适应性。

2. 录用人员评估

录用人员评估是根据企业招聘计划和招聘岗位工作分析,对所录用人员的数量和质量进行检测与评价。招聘工作结束后,及时对录用人员进行评估是十分必要的,因为只有在较低招聘成本的基础之上,使录用人员的数量和质量达到预期招聘目标,才能被称为一次成功的招聘。

1)数量评估

对录用员工数量的评估是检验招聘工作有效性的一个重要方面。通过数量评估,分析在数量上满足或不满足需求的原因,有利于找到各招聘环节上的薄弱之处,改进招聘工作;同时,通过人员录用数量与计划招聘数量的比较,可以为企业人力资源规划的修订提供依据。

录用人员的数量评估主要从应聘比、录用比和招聘完成比三方面进行。

(1)应聘比。应聘比是指应聘人数和计划招聘人数的比值,反映员工招募的效果,该比例越大,则招聘信息发布的效果越好。

$$应聘比 = 应聘人数 \div 计划招聘人数 \times 100\%$$

(2)录用比。录用比是录用人数和应聘人数的比值,也是最终产出率。录用比越低,通常表明企业可以进行人才选择的余地较大,录用者的素质越高。

$$录用比 = 录用人数 \div 应聘人数 \times 100\%$$

（3）招聘完成比。招聘完成比是指录用人数和计划招聘人数的比值，是反映招聘完成情况的一个指标。

招聘完成比＝录用人数÷计划招聘人数×100％

一般来说，该指标越接近100％。招聘的效果越好。而当招聘完成比≥100％时，则说明在数量上全面完成或超额完成了招聘任务，但在实际工作中超额完成的情况很少发生，因为一般都会根据招聘计划中确定的人员需求数量招人，除非遇到了很优秀的候选人而临时决定增加招聘指标，将其作为人力资源储备，或者用于替换一些业绩相对较差的员工。

2）质量评估

录用人员的质量评估实际上是对录用人员在甄选过程中表现出的能力、潜力、素质等进行的各种测试与考核的延续，也可根据招聘的要求或从工作分析中得出的结论，对录用人员进行等级排列来确定其质量，其方法与绩效考核方法相似。

录用人员在进入岗位后的工作业绩、工作表现等也是对录用人员质量进行评估的指标，如录用合格比、录用员工的稳定性、录用员工的成长性、录用员工的业绩等。

（1）录用合格比。录用合格比是指所录用的员工胜任岗位的人数占实际录用人数的比例。一般用试用期考核合格的人数与同批次总的员工录用人数之比表示。也就是说，这里的录用人员胜任工作人数指"顺利通过岗位适应性培训、试用期考核最终转正的员工"。

录用合格比＝录用人员胜任工作人数÷实际录用人数×100％

（2）录用员工的稳定性。员工的稳定性受多种因素的影响。新员工在三个月、半年内的离职率，在一定程度上反映了录用人员的质量。如果招聘了能力素质不符合企业要求的员工或者求职动机不端正的员工，说明录用人员的质量较低。新员工的离职率的计算公式为：

新员工的离职率＝离职的新员工人数÷实际录用人数×100％

（3）录用员工的成长性。录用员工的成长性是指新员工在入职后的职务晋升、技能晋级。在一定时间内,职务晋升与技能晋级的新员工的人数越多,说明新员工的综合素质越高,潜力发挥越充分,新员工的质量越高。具体可以用一定时间内新员工职位晋升率和一定时间内新员工技能晋级率来衡量,计算公式分别为:

一定时间内新员工职位晋升率＝晋升新员工的人数÷新员工总数×100%

一定时间内新员工技能晋级率＝晋级新员工的人数÷新员工总数×100%

(4) 录用员工的业绩。录用员工的业绩最能反映录用员工质量的指标,可以由人力资源部门或所在部门进行月度、季度或年度考核来衡量录用员工的业绩。录用员工的业绩越高,说明录用员工的质量越高。

3. 招聘方法的信度与效度评估

招聘方法的信度与效度评估特针对检验招聘过程中所使用的各种测评方法的正确性与有效性进行,有利于提高招聘工作质量。信度和效度是对测试方法的基本要求,只有信度和效度达到一定水平,才可根据测试结果做出录用决策,否则将误导招聘人员,影响其决策质量。

1) 信度评估

信度主要是指测试结果的可靠性或一致性,即反复测试总是得出同样的结论。也就是说,如果重复这个测试,其结果是否基本一致? 如果基本一致,测试方法的信度就高,反之则信度低。信度通常可分为稳定系数、等值系数、内在一致性系数。

稳定系数是指用同一种方法对同一(组)应聘者在两个不同时间进行测试的结果的一致性。一致性大小可用两次结果之间的相关系数来测定。相关系数高低既与测试方法本身有关,也与测试因素有关。此法不适用于受熟练程度影响较大的测试,因为被试在第一次测试中可能会记住某些测试题目的答案从而提高第二次测试的成绩。

等值系数是指对同一应聘者使用两种对等的、内容相当的测试的结果之间的一致性。例如,如果对同一应聘者使用两张内容相当的个性测试量表进行测试,结果应当大致相同。

内在一致性系数是指将对同一(组)应聘者进行的同一测试分为若干

部分加以考察,各部分所得结果之间的一致性,可用各部分结果之间的相关系数来判断。

此外,还有评分者信度,即不同评分者对同一对象进行评定时所给分数的一致性。例如,多个考官在同一次面试中使用同一种工具给同一个被试打分,如果所给的分数相同或相近,则这种工具具有较高的评分者信度。

2) 效度评估

效度,即有效性或准确性,是指实际测试到应聘者的有关特征与想要测的特征的符合程度。一个测试必须能测出它想要测度的性能才算有效。效度主要有三种:预测效度、内容效度和同侧效度。

(1) 预测效度是指测试用来预测将来行为的有效性。预测效度是考察人员选拔方法是否有效的一个常用指标。可以将应聘者在选拔中得到的分数与他们入职后的绩效分数相比较,两者的相关性越大,则说明所用的方法越有效,以后可根据此法来评估和预测应聘者的潜力。反之,说明此法在预测人员潜力上效果不大。

(2) 内容效度,即测试方法能真正测出想要测试的内容的程度。内容效度主要考察所用的方法是否与想测试的特性有关,如招聘打字员,测试其打字速度和准确性、手眼协调性和手指灵活度的操作测试的内容效度较高。内容效度多应用于知识测试与实际操作测试,而不适用于测试能力和潜力。

(3) 同侧效度是指对现有员工实施某种测试,然后将测试结果与员工的实际工作绩效考核得分进行比较,若两者的相关系数很大,则说明此测试效度很高。这种效度测试方法的特点是省时,可以尽快检验某种测试方法的效度,但若将其应用到人员选拔测试时,难免因为受到其他因素的干扰而无法准确预测应聘者的工作潜力。例如,这种效度是根据现有员工的测试得出的,而现在员工所具备的经验、对组织的了解等,是应聘者所缺乏的。因此,应聘者有可能因缺乏经验而在测试中得不到高分,从而错误地被判断为没有潜力或能力。其实,他们若经过一定的培训或锻炼,完全有可能成为称职的员工。

4. 招聘环节的评估

招聘涉及时间、地点、人员、渠道、程序等多个环节,只有每个环节都有较好的效果,才能保证整个招聘工作达到预期目标,产生较好的效用。

1) 招聘需求评估

招聘需求的确定是企业招募、甄选和录用工作得以开展的基础。没有招聘需求,就不会有后续的各项招聘工作。招聘需求评估可以从需求确定的及时性、全面性、科学性等方面进行。

(1) 需求确定的及时性。需求确定的及时性直接影响招募工作的开始时间,最终影响新员工的到岗时间。此外,如果招聘需求确定太晚,也会给人力资源部门带来很大压力,可能会为了在较短时间内完成招聘任务而降低招聘质量。

对招聘及时性的评估,可以从企业规定的时限来考察,也可以从新员工的到岗时间来考察。例如,由于招聘信息确定不及时,企业可能会错过黄金招聘时间或某场重要的招聘洽谈会,或由于招聘需求信息收集时间太长,招聘的后续程序只能简化。

(2) 需求确定的全面性。招聘需求确定的全面性主要体现在两个方面:一是需求信息的采集是否全面,是否通知了各部门;二是各用人部门提交的招聘需求是否全面,是否包括了招聘数量、岗位、任职条件、上岗时间等。

(3) 需求确定的科学性。招聘需求的确定应该建立在长期人力资源规划、本年度人力资源招募计划和企业目前人力资源供给与需求分析的基础上。

2) 对招聘部门工作的评估

招聘部门主要是指人力资源部门和用人部门。招聘部门是招聘工作的主要执行者,招聘能否达到预期效果与招聘部门的工作有很大关系。评估招聘部门的工作是否成功,主要从以下几个方面考虑:

(1) 负责招聘的人员是否花时间与企业其他部门的经理们一起讨论他们对应聘人员的要求。

(2) 对人力资源部门工作的评估可以从以下几个方面进行:第一,人力资源部门的反应是否迅捷,能否在接到用人要求后,短时间内就找到有希望的候选人。真正高效的招聘部门应该了解其他企业中干得出色的人并随时拥有各种候选人的资料。第二,面试的人员数量。第三,企业宣传的质量。第四,人力资源部门推荐的候选人被录用的数量。第五,推荐的候选人中被录用且业绩突出的人员比例。

(3) 对用人部门工作的评估主要从两个方面进行:第一,用人部门是否准确提出本部门的用人数量和任职要求。第二,用人部门的经理们能否及时安排面试。如果不能,就会错过真正优秀的人才,当今的人才竞争异常激烈,许多候选人经常在一周之内决定是否接受新的职位。

3) 招聘时间评估

招聘时间评估也就是招聘的及时性评估,或者叫招聘周期评估。招聘周期是指从提出招聘需求到新聘员工实际到岗之间的时间,也就是岗位空缺时间。一般来说,岗位空缺时间越短,招聘效果越好。但不同类型和层次的岗位,由于劳动力市场上的供求情况不同,其招聘的难易程度和招聘周期也往往有很大差别,需要结合实际情况进行分析。招聘时间评估,是指从提出需求到实际到岗所用时间与用人单位期望到岗时间之比。该指标反映招聘满足用人单位需求的能力。

4) 招聘渠道评估

招聘渠道主要从以下几个方面进行评估:招聘渠道的利用率是多少;招聘渠道的有效利用率是多少;招聘渠道在人才方面的招聘解决率是多少。

5) 招募工作评估

招募工作的成果就是寻找或吸引一定数量和质量的应聘者,对招募工作的评估主要有两方面的评估:数量评估和质量评估。

(1) 数量评估。对人员征召工作量的评估一般利用三组数据作为评估指标:一是在一定时间内前来交谈询问的应聘者人数;二是主动填写或递交求职材料的应聘者人数;三是通过审查求职材料初步合格的应聘者人数。通过这三组数据,便可计算出应聘者数量与需招聘的新员工数量的比率,即应聘比。招募来的应聘者越多,企业就越可能成功。相反,如果前来应聘的人很少，就可能无法完成招聘任务。

（2）质量评估。对招募来的应聘者不仅有数量要求，还有一定的质量要求。对招募工作质量的评估一般采用的指标有：初审合格率、复审合格率、录用比。计算公式为：

$$初审合格率 = 通过求职材料筛选的人数 \div 应聘人数 \times 100\%$$
$$复审合格率 = 通过复审测评的人数 \div 应聘人数 \times 100\%$$
$$录用比 = 录用人数 \div 应聘人数 \times 100\%$$

6）招募工作评估

甄选工作的评估有两个方面的内容：一是效率评估；二是正确率评估。效率评估主要衡量人员选拔工作的进度和每个阶段的产出率。人员甄选工作的进度越快，时间越短，新员工走上工作岗位就越及时，发挥作用也就越快。正确率评估主要是衡量测验方法的效度和信度，这是加强和改进人员甄选工作的重要依据。

8.3 撰写招聘评估报告

企业在对招聘活动进行评估后，需要形成书面的评估报告。招聘评估报告一般包含招聘的整体情况介绍、招聘过程状况、招聘结果状况、改进建议等内容。招聘评估报告要求简明扼要、实事求是，通过数字或图表等说明招聘工作的效果，但评估报告不是数字的简单说明，而是针对招聘最终效果与招聘计划之间的差异进行分析，并提出改进建议。

小专栏8-2

招聘评估报告样例

××公司校园招聘评估报告

一、评估目的

为了不断提升公司校园招聘工作的效率与质量，根据公司招聘管理制度的要求，现对本次校园招聘活动做出评估与总结。

二、评估内容和方法

（一）招聘数量评估

本次招聘会以校园招聘会的形式面向广大毕业生,不仅给毕业生提供了一个就业的平台,有利于其个人目标的实现,而且这些毕业生的入职可以为公司注入新鲜血液,促进公司目标的实现。本次计划招聘的人数相对较多,达到 26 个,因此吸引了不少毕业生前来投递简历,最终收到简历 564 份,从中优选 26 人。

（二）招聘质量评估

本次招聘的最终目的是录用合适人才,根据初审合格率、复审合格率、录用比综合分析招聘效果为相对满意,目前这些新员工基本上都能胜任所在岗位工作。

（三）招聘成本评估

本次招聘成本主要由两个部分构成,一是发生在招聘人员身上的费用,包括住宿费、餐饮费等;二是发生在招聘对象方面的费用,包括宣传海报的费用、设备器材方面的费用等。对此次招聘成本的评估,我们不仅关注这些数字,还考虑到外部经济环境和招聘工作的质量。将招聘成本与预算成本、行业成本和企业历史成本比较,实际成本低于预算成本和行业成本,应该说招聘小组的成本控制还是令公司比较满意的。

（四）招聘时间评估

本次校园招聘会于 4 月 14 至 15 日在中国某著名高校召开,要在两天的时间内招聘到一定数量的合格应聘者,这确实给了招聘小组不少压力。招聘小组充分认识到由于岗位职责的不同,所需的时间也不同,因此花了大量时间在招聘销售经理和服装设计师上。

（五）招聘渠道对比分析

采用外部招聘会的形式,虽然在招聘成本和招聘时间以及招聘的准确度方面不如内部招聘,但是外部招聘面向范围广,招聘数量方面明显处于优势。招聘会虽然是校园招聘会的形式但还是有一大部分社会青年在此期间向我们投来简历,这样一定程度上解决了中高层管理岗位以及一些需工作经验方能上岗的人才空缺问题。

（六）招聘广告分析

招聘广告是企业快速有效发布招聘信息的载体,招聘广告的成效好不好,主要取决于广告媒体的选择和广告内容的设计。此次广告内容由设计部人员设计,由公司高管审核通过再由专业广告公司制作。可见公司对宣传广告的重视,事实也显示公司的宣传广告在一方面确实吸引了更多求职者。

三、甄选工作评估

人员甄选是一个复杂的过程,包括筛选应聘者材料、面试、终审。这个过程对于招聘工作的成效主要体现在两个方面:一是甄选时间,二是甄选质量。所以,对于甄选工作成效的评估从上述两个方面展开。

（一）甄选时间评估

为了使招聘的人员尽早上岗,招聘小组加快了甄选的速度,尽可能快地挑选出符合岗位要求的人员,以便尽快上岗,发挥作用。甄选时间主要用于筛选应聘者材料、知识、技能、经验、人品等,因招聘岗位、甄选对象、甄选人员的不同而花费的时间也不同。小组成员从诸多简历中甄选出面试者保证了后期活动的开展,体现了小组成员对甄选时间的把握。

（二）甄选质量评估

甄选质量体现在人员录用后,新员工进入公司的稳定性、成长性及业绩状况。整体上来看大部分员工都能适应公司的环境,全心地投入工作,在此期间未出现重大违规违纪现象,由此可见本次招聘的质量良好。

四、录用工作评估

录用工作主要包括拟录用人员的背景调查、体检、录用报到手续办理、劳动合同签订、入职培训等。录用工作的评估主要从录用总成本和录用质量两方面展开。

（一）录用总成本评估

录用总成本由录用成本和安置成本组成。录用成本是指公司把通过甄选的合适人员录用到公司中发生的费用。录用成本主要有录用手续的办理费、旅途补助费和违约补偿金等。安置成本是指为了让被录用人员到具体的岗位上好好开展工作而支出的一些费用,主要有行政管理费等。从总体来看本次招聘的录用总成本都在可控范围之内。

（二）录用质量评估

录用质量的高低，直接取决于录用工作的执行情况，即录用候选人的背景审查、体检、录用手续的办理、劳动合同签订和入职培训等。新员工的满意度能反映新员工对工作满意与否的程度，从对部分新员工的调查来看，员工的满意度总体较高。

五、其他评估

略。

六、招聘活动总结

根据公司人员需求协调会决议，公司于 4 月 14 和 4 月 15 日在某高校招聘 26 名不同岗位员工，专门组成招聘小组由公司人事行政部经理全权负责。计划招聘 26 人，实际上岗 26 人，录用人员如期上岗。总体来说招聘工作取得圆满成功。

七、经验总结

本次招聘的成功之处主要在于：招聘工作的说明书做得较为专业，招聘政策的制定符合市场行情，招聘计划具有很好的指导价值；招聘广告效果较好，吸引了大量求职者；应聘者的专业素质都很高；新员工外出培训的组织工作做得好，员工满意度很高。不足之处是：虽然招聘 26 人，但是离公司的要求还有差距，下次应该增加替补人选。

◎ 本章小结

招聘评估是招聘流程中的最后一环，是招聘工作的重要组成部分之一。招聘评估的重要意义在于有利于为企业节省开支，有利于检验招聘工作的有效性，有利于正确评价招聘人员的工作业绩，有利于提高招聘工作质量，有利于发现企业的其他问题。

企业可以就招聘成本与效用、招聘工作流程、某项具体活动、招聘方法、招聘中相关人员表现等方面进行评估，也可以选择其中的几个方面进行系统评估。本章主要从招聘成本、录用人员的数量与质量、招聘方法的信度与效度以及招聘各环节等方面进行了介绍。

招聘评估完成之后,需要形成书面的评估报告,包含招聘的整体情况介绍、招聘过程状况、招聘结果状况、改进建议等内容。

复习与思考

(1) 简述招聘评估的意义。

(2) 招聘评估的内容有哪些?

(3) 如何撰写招聘评估报告?

如何评估招聘的有效性

有效招聘是指组织在招聘的过程中,利用决策、组织、协调等职能来优化招聘过程,合理配置各种资源要素,提高招聘的管理效率和水平,从而通过"有效管理"最大限度地实现招聘目标。

案例1:招聘结果——招聘评估的王道

背景:一家IT公司人力资源部进行了用人部门人才需求调查,共得到35个岗位需求,公司通过招聘网站和当地报纸发布了招聘信息,共收到简历520份,通过简历筛选,公司按照6∶1的比例选定了210个求职者进行笔试,按照3∶1的比例选定了105个求职者进行面试和心理测试,历时25天,共录取了29名合格的求职者,但最终只有24名求职者最后来公司报到并签订了劳动合同,这24名新员工在2007年底的绩效考评中,23名为优秀,1名为良好。

分析:组织的运行需要一定的人力资源作为保障,而组织开展招聘工作正是因为职位有缺口或需要实现一定的资源更替。因此,衡量组织招聘工作成效的最直接体现就是空缺职位填补数量、及时性,新招聘员工与组织、职位的匹配性等。一般认为,通过招聘行为使得组织的职位缺口越少,空缺职位得到填补越及时,新招聘的员工与组织的职位、文化、制度越匹配,招聘工作就越有效。具体来说,可以通过考察如下指标来评价招聘的有效性。

招聘完成比：招聘完成比＝录用人数/计划招聘人数×100%。如果招聘完成比等于或大于100%，则说明在数量上全面或超额完成了招聘计划。

招聘完成时间：职位空缺到填补空缺所用的时间。一般来说，时间越短，招聘效果越好。

应聘比：应聘比＝应聘人数/计划招聘人数×100%。应聘比越大，说明发布招聘信息的效果越好，同时说明录用人员的素质可能较高。

录用比：录用比＝录用人数/应聘人数×100%。录用比越小，相对来说，录用者的素质越高；反之，则可能录用者的素质较低。

录用合格比：录用合格比＝录用人员胜任工作人数/实际录用人数。录用合格比反映当前招聘有效性的绝对指标，其大小反映出正确录用程度。

基础比：基础比＝原有人员胜任工作人数/原有总人数，反映以前招聘有效性的绝对指标。录用合格比和基础比的差反映当前招聘的有效性是否高于以前招聘有效性的平均水平，即招聘有效性是否逐步提高。

案例2：招聘成本——公司能否承受其重

背景：黄龙公司为了加强销售工作，决定招聘一名销售经理。通过层层选拔，采用了笔试、面试、性格测评，还聘请了大学教授设计了情景面试程序，花费将近2万元，终于选拔出了一位合格的销售经理。该销售经理上任后倒也称职，但半年后辞职却带走了公司一半的客户，使公司遭受巨大损失。

分析：人力资源的招聘工作是组织的一种经济行为，必然要纳入组织的经济核算，这就要求组织应用价值工程的原理，即以最低的成本来满足组织的需求。作为一种经济行为，招聘成本应该被列为评价行为有效性的主要内容。应考虑到四大板块的成本：一是招聘的直接成本，它主要是指在招聘过程中的一系列的显性花费；二是招聘的重置成本，它主要是指由于招聘不妥导致必须重新招聘所花费的费用；三是机会成本，它是因离职和新聘人员的能力不能完全胜任工作所产生的隐性花费；四是风险成本，它主要是指企业的稀缺人才流失或招聘不慎，导致未完成岗位招聘目标，给企业管理上带来的不必要花费和损失。招聘的效益往往不是直接体现的,它体现在招聘到的员工为企业做出的贡献上。一般来说,下述是常用的指标:

总成本效用＝录用人数／招聘总成本;

招聘成本效用＝应聘人数／招募期间的费用;

选拔成本效用＝被选中人数／选拔期间的费用;

人员录用效用＝正式录用的人数／录用期间的费用;

招聘收益-成本比＝所有新员工为组织创造的总价值／招聘总成本。

案例 3: 信息发布媒体和招聘方式——适合的就是最好的

背景:小王是高新建筑公司的招聘专员,去年,高新公司共通过网络、现场招聘和熟人推荐等方式共招聘了 40 多名员工。年底,小王通过对招聘工作总结发现,网络招聘中,每 100 份简历才可以找到一两份合适的候选人,并且很多并不是真正想找工作,只是看看,并且大多是文秘、管理类的求职者;现场招聘收到的简历中,具有较强的土木工程经验、求职意愿也较强烈的求职者比较多;熟人推荐的求职者则两极分化比较明显。

分析:目前,企业的招聘渠道是较多的,就招聘信息发布渠道上,有网络、报刊、杂志、户外媒体等,招聘渠道上则可以选择现场招聘、网络招聘、人才猎头、熟人推荐、内部选拔等方式。不同的信息发布渠道和招聘方式表现出来的效率是不同的,一般来说,如下指标是可以考虑的:

招聘媒介有效性分析。分别计算不同招聘信息发布渠道的招聘结果和招聘成本来进行比较分析,从而得出不同招聘渠道的招聘效果。不同的信息发布渠道、信息的覆盖面、吸引的应聘者的人数和结构等都不相同。例如,某公司对机械操作工的招聘媒介进行分析发现,通过网络招聘很难招到合适的电工、木工、机床维修等蓝领工人,而通过当地报纸和户外媒体则效果较好。

招聘方式有效性分析。分析不同招聘方式下招聘结果和招聘成本,从而考察不同招聘方式的招聘效果。在企业招聘的实际过程中,由于企业的行业、招聘岗位、招聘地区和招聘对象的不同,因此在评价不同招聘渠道的区别时,应分开考虑这些变量。某一房地产公司因项目发展迅速,长期招聘项目负责人,他们发现,猎头和熟人推荐方式较为满意,而网络招聘则存在较多的信息不对称现象。

案例4:面试评价方法——八仙过海,各显神通

背景:华强公司人力资源部对近三年来引进的员工的工作绩效与招聘过程中的面试、笔试、心理测试的成绩进行了分析。结果发现,销售类员工的工作绩效与面试评价的正相关程度较高,与笔试成绩的相关程度不高;而专业技术人员的工作绩效与面试成绩没有显著的相关关系,与笔试成绩呈正相关;心理测试结果有的十分准确,有的则不甚准确,甚至与个人表现相反。

分析:随着企业对人力资源管理的重视,越来越多的企业采用了心理测验、情景模拟、无领导小组讨论等新技术。这些技术有其自身的适用性,对于不同的行业,不同的岗位来说,其效果是不一样的。因此,对招聘采用的评价方法也必须进行评价。对招聘评价方法的有效性,可以通过计算招聘方法的信度和效度指标来评价。招聘信度是指招聘的可靠性程度,具体指通过某项测试所得的结果的稳定性和一致性。招聘效度是指招聘的有效性。具体指用人单位对应聘者真正测到的品质、特点与其想要测的品质、特点的符合程度。简单来说,招聘信度反映的是招聘方法是否稳定,即同一招聘对象在不同时候接受这一招聘方法时所得的成绩是否相差不大。以某次招聘所采用的人格测验工具为例,可以通过如下指标考察这一测试方法的信度:

首先是稳定系数,是指用同一种测试方法对一组应聘者在两个不同时间进行测试的结果的一致性,一致性程度可用两次结果之间的相关系数来测定。其次是等值系数,是指对同一应聘者使用两种对等的、内容相当的测试题所得结果之间的一致性程度,它可用两次结果之间的相关程度(即相关系数)来表示。最后是内在一致性系数,是指把同(组)应聘者进行的同一测试分为若干部分加以考察,各部分所得结果之间的一致性程度,它可用各部分结果之间的相关系数来判别。

(资料来源:彭移风,宋学锋.如何评估的有效性[J].人力资源,2008

（02），有删减。）

 思考题

结合上述案例与本章所学谈谈招聘评估的主要内容有哪些?

下篇

实训部分

实训项目 1

制订招聘计划

○ **实训目的**

招聘计划是用人单位对招聘新员工的程序、时间、要求等做出的安排，是具体招聘工作的执行方案。制订好招聘计划，有利于企业有计划地实施招聘工作，避免人员招聘中的盲目性和随意性。实训所要达到的目的：

（1）理解在招聘实施前制订招聘计划的必要性，掌握一份完整的招聘计划书的主要内容。

（2）能够制订一份招聘计划书。

○ **实训步骤**

学生阅读实训资料，进行自由分组与任务分配，准备相关材料，完成实训任务，并提交实训报告。具体操作流程如下：

1）准备阶段

学生分组进行实训，每组 5 人左右。组内成员角色和任务分配自行决定。每组自选 1 名组长，作为小组的负责人。

阅读实训资料，了解公司信息，分析用人需求，并对拟招聘职位进行职位分析。

2）实训阶段

编制招聘计划书。一份完整的招聘计划包含以下内容：

（1）人员需求清单。

（2）招聘信息发布的时间和渠道。

（3）招聘小组人选。

（4）应聘者的考核方案。

（5）招聘的截止日期。

（6）新员工的上岗时间。

（7）招聘费用预算。

（8）招聘工作时间表。

（9）招聘广告样稿。

每个小组分配上述部分实训内容,在规定时间内进行准备、讨论、演示。

3）总结评价

各小组分别进行交流展示,辅以教师讲评。总结并撰写实训报告。

实训报告

结合资料中企业的实际情况,完成招聘计划书的编制,要求包含招聘计划的各项必要内容,实训资料中不齐备的信息可以自行补充,并按照补充的资料进行招聘计划的编制。

【评分要点】

（1）根据学生制作的招聘计划书,对学生是否掌握招聘计划的编制原则、主要内容、方法技巧等进行评价。主要考虑:计划书内容是否全面,可行性如何,经济性如何等。

（2）实训报告必须反映出实训目的、实训要求、实训方法和过程、实训结论等内容。实训报告要求语言流畅、文字简洁、条理清晰。根据报告撰写质量进行考核。

【实训资料】

上海××户外用品股份有限公司成立于 2000 年,专业从事户外用品研发设计、组织外包生产、销售。公司通过品牌塑造与推广、产品自主设计与开发、营销网络建设与优化、供应链整合与管理,以外包生产、加盟与直营销售相结合的品牌经营模式,在全国建立连锁零售网络,向广大消费者提供性能可靠、外观时尚的户外用品。公司的营销网络遍布全国 130 多个大中城市,标准化门店近 500 家。随着业务规模的扩大,现需要招聘电商客服 10 名,企划主管 3 名,绩效薪酬主管 2 名,财务经理 1 名。到岗时间均要求在 2020 年 7 月 1 日。请根据上述资料设计一份招聘计划,如果认为所提供资料不齐备,请自行补充,并按照补充的资料进行招聘计划的编制。

实训项目 2

招聘广告的撰写

实训目的

招募是企业向组织内外发布招聘信息和收集求职者信息，并通过各种方法吸引求职者前来应聘的过程。招募是招聘实施的首要环节，是甄选和录用的前提和基础。本次实训主要模拟招募广告的撰写。

实训所要达到的目的：让学生掌握招聘广告写作的要点与注意事项，能够独立撰写招聘广告。

实训步骤

学生阅读实训资料，了解公司背景与拟招聘的职位信息，进行自由分组与任务分配，准备相关材料，完成实训任务，并提交实训报告。具体操作流程如下：

1）准备阶段

学生分组进行实训，每组 5 人左右。组内成员角色和任务分配自行决定。每组自选 1 名组长，作为小组的负责人。

阅读实训资料，了解公司信息并对拟招聘职位进行职位分析，公司期望招聘到能够胜任工作的人员，即招聘的人员应该能够符合任职资格条件，能够胜任职位规定的工作职责。因此，企业招聘时首先应该分析拟招聘职位的资格条件和职责。其次还需要了解该职位在企业所处的层次、职位重要程度、所属类别、招募的紧急程度、薪酬区间、市场供求状况、活动频繁区域等。

2）实训阶段

按照 AIDA 原则编写招聘广告。具体包括：

（1）撰写招聘广告中的公司介绍。具体包括公司性质、公司产品、公司服务、公司发展、企业文化等，要求语言精练。

（2）撰写招聘广告中的主要职责部分。

（3）撰写招聘广告中的任职资格部分。要求学历、经验、技能等方面都要具体、清晰。

（4）最后注意，不要忘记标明联系方式及报名方法。

上述内容要求在实训资料的基础上编写，具体内容可进行自由发挥，要求广告专业度高、通俗易懂，并鼓励在此基础上有所创新，使招聘广告更具吸引力。

3）总结评价

各小组分别进行交流展示，辅以教师讲评。总结并撰写实训报告。

◎ 实训报告

根据实训资料，制作拟招聘职位的招聘广告，要求遵循招聘广告撰写的 AIDA 原则，要求包含招聘广告的基本内容（公司介绍、职位信息、任职资格、联系方式与报名方法）。实训资料中不齐备的信息可以自行补充，并按照补充的资料进行招聘广告的撰写。

【评分要点】

（1）根据学生制作的招聘广告，对学生是否掌握广告写作技巧进行评价。主要考虑：招聘广告是否清晰地表述了职位的要求，广告用词是否恰当，有无产生歧义或违反相关法律法规，语句是否简洁明了。

（2）实训报告必须反映出实训目的、实训要求、实训方法和过程、实训结论等内容。实训报告要求语言流畅、文字简洁、条理清晰。根据报告撰写质量进行考核。

【实训资料】

北京××管理咨询有限公司，主要是为企业提供全面、系统、高效、个性化管理培训服务的专业机构，汇聚国内百名优秀培训师，服务涉及传统内训、公开课培训及 e-learning 系统解决方案。

专业的培训顾问团队成员均具 5 年以上培训经验及背景,专注于为企业提供个性化的培训解决方案及服务支持,采取"以结果为导向"的项目式特殊培训方式,针对企业问题强化培训,并将其转化为执行力,解决企业实际问题。现因业务发展,需要招聘销售代表 5 名,新媒体运营专员 2 名,行政助理 1 名。

实训项目 3

简历的分析与筛选

甄选阶段的第一项工作是从众多申请者中筛除明显不符合企业招聘意向的求职者,缩小企业甄选的范围。这一工作通常是通过筛选简历或申请表的形式来进行。本次实训主要模拟简历的分析与筛选。

通过实训要求学生理解并掌握简历筛选的程序、方法、技巧,为企业进行有效的人力资源选拔打下基础。

实训步骤

学生首先阅读实训资料,了解企业招聘信息与候选人简历信息,自由分组,以小组(3～5人)为单位完成实训任务,并提交实训报告。实训步骤如下:

1) 对候选人的简历进行分析

(1) 将候选人的简历信息分为两类:一类是客观内容,比如学习经历、工作经历、专业知识、技术经验等;另一类是主观内容,如个人评价、兴趣、爱好等。重点分析客观内容。

(2) 将客观内容分为,常规客观内容与关键客观内容。前者是指普通的客观内容,如学习经历、计算机操作技能等;关键客观内容指的是与拟招聘岗位直接相关的内容,如与岗位相关的知识、技术和工作经验等。

(3) 对关键客观内容进行认真分析,并判断材料的可信度。分析的时候,主要考虑:总体外观、整体布局、经验、证书、参加的组织与活动、发表

251

的作品、证明人等方面。

（4）以最重要的指标对人才进行初步评选。将人才分为三类：A 类，明显合格；B 类，基本合格；C 类，明显不合格。

（5）把握对简历的整体印象，并标出觉得不可信的地方以及感兴趣的地方，面试时可以询问候选人。

2）简历分析结果的应用

（1）形成问询点，补充遗漏信息，对疑点及矛盾点进行确认及印证。

（2）设计面试题，根据问询点设计面试沟通问题，进一步评估判断。

⊙ 实训报告

对实训资料中候选人的简历进行分析，并撰写实训报告，报告要求对简历分析的过程、方法、结果的应用等进行说明。

【评分要点】

（1）学生是否了解简历分析与筛选的正确流程。

（2）学生是根据简历的外观、布局、经验、证书等关键指标准确而迅速地进行分析与筛选。

（3）学生的实训报告必须反映出实训目的、实训要求、实训方法和过程、实训结论等内容，实训报告要求语言流畅、文字简介、条理清晰。

【实训资料】

资料 1：某公司组织发展总监职位说明书

组织发展总监职位说明书

企业类型：民营　　所属行业：制造业

工作地点：上海　　薪酬范围：20 000～25 000/月

岗位职责：

1. 根据公司发展战略及人力资源整体规划，完善公司的组织发展体系框架并推动落实。

2. 根据集团战略，负责集团组织架构的设计、调整、优化、审核及管理工作，推进组织架构的持续优化和规范化。

---

3. 建立并持续完善各级岗位的胜任力模型、人才评估与测评系统。

4. 搭建企业大学平台,负责专项人才培养及其应用体系,构建员工学习地图,打造内部讲师团队。

5. 负责核心员工领导力开发、人才梯队建设及员工职业发展体系建设。

任职要求:

1. 本科以上学历,人力资源管理、工商管理、心理学相关专业优先。

2. 10 年以上人力资源工作经验,5 年以上大型企业组织发展职位相关工作经验。

3. 具有扎实的人力资源理论基础,精通企业组织发展管理的流程和要求,对职位评估、素质模型建立、人才评价与开发、梯队建设等管理方法有丰富的实践经验。

4. 积极进取、勇于创新,善于学习思考,逻辑思维能力强,良好的口头及书面语言表达能力。

5. 有较强的团队领导力及资源整合能力,出色的沟通协调能力、人际理解能力、优秀的洞察力及抗压能力。

资料 2:候选人简历

张××

男|已婚|1984 年 10 月生|现居住于上海|硕士

10 年以上工作经验

138×××××××|××××@163.com

自我评价

具备丰富的人力资源管理、劳动法律法规知识,10 年人力资源管理经验,希望为贵企业的蓬勃发展贡献一份力量。

期望从事行业:金融、制造、快消、多元化集团

期望从事职业:人力资源总监,人力资源经理

期望工作地点：上海

期望薪资：25 000 元/月以上

目前状况：对现有工作还算满意，如更好的工作机会，可以考虑。

工作经历

2019/04 至今：××保险集团 | 人才发展总监

保险 | 合资 | 规模：1 000～9 999 人 | 20 000～25 000 元/月

1. 课程开发：建立集团的课程开发标准、奖励机制，共计整理、开发各类课程 400 余门，并组织开发全套理赔查勘人员资格认证教材、新员工入职培训流程与教材等。

2. 领导力培训的规划与设计：各层级管理人员能力测评、胜任力素质模型建立，设置管理人员学习地图，配置培训方案。

3. 各层级管理培训的组织与实施：决策层战略前瞻培训、青年骨干培养项目、业务条线业绩增长项目、中层管理技能提升项目、通用管理技能普及项目、企业文化专项培训等。

4. 行动学习引进与落地：在系统内推动行动学习项目的开展、推广，共举办各类项目 40 余个，担任 20 余个项目的催化师。

5. 内部讲师：担任《管理沟通》《绩效管理》《行动学习》等课程的讲师，年授课天数 30 天。

2017/09—2019/04：××管理咨询公司 | 人才测评部 | 专业顾问

专业服务/咨询 | 民营 | 规模：20～99 人 | 8 000～10 000 元/月

在一家人才测评公司从事人才测评工作，共参与了 30 多个项目，主要工作内容如下：

1. 人才选拔：参与各类金融机构的每年的校招大学生的选拔，共面试 2 000 余名应聘者。

2. 干部晋升选拔：采用评价中心组织企业内部各级别核心管理岗位的竞聘，并出具人才发展报告。

3. 人才梯队建设：根据企业发展战略和员工能力状况，编制各职级人才储备图。

2015/11—2017/08：北京交通运输集团|集团人力资源部|部门经理

交通/运输|股份制企业|规模：10 000 人以上|10 000～12 000 元/月

1. 人力资源规划：人力成本预算编制及费用审核、组织结构设定、关键岗位人员储备、职务说明书体系的建立、集团管控模式的改进。

2. 招聘与配置：中高端人才的招募、储备与引进，高校招聘，集团管理人员调配。

3. 培训与开发：企业大学的建立、内外部培训师的选聘、培训教材的编排、主讲管理类课程。

4. 绩效管理：事业部总经理经营责任书的签订、兑现，集团总部员工的年中、年终考核。

5. 薪酬管理：子公司工资总额的审核、集团管理人员工资、奖金及福利的发放。

6. 劳动关系管理：劳动合同的审定、劳动争议的处理、劳动关系的改善。

2010/08—2015/08：××铁路工程公司|人事主管

交通/运输|国企|规模：500～999 人|600～8 000 元/月

1. 社会保险管理：负责社会保险的缴纳、人员增减、医疗报销、工伤认定等。

2. 招聘管理：参加每年的校招，每年招聘 40 名大学生。

3. 劳动关系管理：负责员工退休的申报、核定，组织企业内部员工业余文化活动。

教育经历

2007/09—2010/06：××大学|企业管理|硕士

2003/09 −2007/06：××政法大学|法学|本科

培训经历

2018/07—2018/09　上海

培训课程：职业经理人素养的养成

2017/02—2017/04　上海

培训课程：绩效改进与优化

2015/04—2015/09　上海

培训课程：领导力提升训练

2012/01—2012/06　上海

培训课程：目标与计划管理

特殊技能

国家法律职业资格证

语言/技能/证书

证书名称：国家外语六级

证书名称：国家计算机二级

证书名称：二级人力资源管理师

实训项目 4

结构化面试模拟

实训目的

结构化面试是面试的常见类型之一,结构化面试又称标准化面试,指面试前就将所涉及的内容、试题评分标准、评分方法、分数等一系列问题进行系统的结构化设计的面试方式。本次实训主要模拟结构化面试的操作。

实训所要达到的目的:

(1)掌握结构化面试的设计与实施流程。

(2)掌握如何对应聘者的材料进行分析,如何设计面试题目,如何进行面试提问,以及如何对应聘者进行综合评价。

(3)能够组织一场简单的面试。

实训步骤

学生首先阅读实训资料,了解公司背景与拟招聘的职位信息,并进行自由分组与角色分配,准备相关材料并实施面试,面试结束后,根据面试评价量表进行打分,并完成实训报告。具体操作流程如下:

1)准备阶段

学生分组进行实训,每组人数建议 5~7 人,为便于比较和考核,每组的实训任务相同。具体角色的分配由小组成员自行决定,角色安排建议每组 1 名学生为应聘者,其余 4~6 学生组成名面试考官小组。每组自选 1 名组长,作为此次面试工作的主要负责人。

分组和角色分配完成后,进行面试工作的准备。面试考官小组需要首先对拟招聘职位进行职位分析,形成职位说明书,然后设计面试题目和相应的评分表格。应聘者需要准备应聘简历和其他应聘材料。

2)实施阶段

面试的实施是整个模拟面试的主体部分。面试过程包括3个阶段,即导入阶段、正式面试阶段和结束阶段。在整个面试过程中,学生根据各自身份的设定,完成角色的任务,面试考官根据面试问话提纲向应聘者进行提问,并根据应聘者的反应对其素质水平进行了解并加以评定。面试时间一般为30~40分钟。

3)评价阶段

面试结束后,面试考官对应聘者打分。完成评分后,面试考官一起对应聘者的面试情况和各自给出的评分进行简单讨论,给出初步的综合评价,另外,考官小组对刚结束的面试也要给出简要评价,提出改进建议。

⊙ 实训报告

(1)面试考官小组就整场面试的模拟操作撰写实训报告,实训报告的内容应包括面试前期准备、面试实施、面试评分及评价总结等。

(2)扮演应聘者的学生撰写心得体会报告。就自己在面试前的准备、面试中的表现及对模拟面试的考官小组工作人员和面试工作的印象进行总结,形成一份面试心得体会。

【评分要点】

(1)根据学生制作的面试问话提纲和评分表、应聘者的表现及考官对应聘者的综评分过程,对学生是否掌握面试技能进行评价。

(2)实训报告必须反映出实训目的、实训要求、实训方法和过程、实训结论等内容,实训报告要求语言流畅、文字简洁、条理清晰。根据报告撰写质量进行考核。

【实训资料】

资料1:企业简介

创立于1981年的L集团,是一家以家电业制造业为主,涉足照明电器、房地产、物流等多领域的大型综合性现代化企业集团,其在全国各地均设有强大的营销网络,是中国最具规模的家电生产基地之一。L 集团自成立以来,获得了社会较高的评价与认可,连续多年被评为"中国制造业 500 强"。

L 集团重视企业员工的培养与发展,为员工搭建成长平台,提供双通道的发展路线,为人才提供发展空间。建立了内部讲师体系、在职学历教育、岗位轮换等多层次培训体系,提供完善的成长支持系统。此外,L 集团还实行全面薪酬福利体系,为员工提供业内富有竞争力的薪资水平,并提供专项奖励、股票期权等激励措施,以及员工保障计划、员工带薪休假计划等多项福利政策。现因业务发展需要,L 集团上海分公司招聘行政助理 1 名。

资料 2:行政助理职位说明书

行政助理职位说明书

企业类型:民营　　所属行业:制造业

工作地点:上海　　所属部门:行政部

岗位职责:

1. 接听、转接电话,接待来访人员。

2. 归纳整理公司资料,管理文档文件。

3. 负责公司公文、信件、邮件、报刊杂志的分送。

4. 协助组织协调公司内部活动及各种会议,做好会议纪要。

5. 负责办公用品的采购、保管和领用发放,做好台账与各类行政费用的结算。

6. 完成上级交代的其他工作。

任职要求:

1. 本科以上学历,汉语言文学、工商管理及相关专业优先。

2. 具备良好的文字写作能力。

3. 具备良好的交际沟通能力,普通话要求二乙水平及以上。

4. 能够熟练运用各类办公软件。

5. 具备独立思考问题的能力,有较强的组织、协调、沟通及执行力。

6. 良好的团队协作精神,为人诚实可靠、品行端正。

实训项目 5

评价中心模拟——无领导小组讨论

● 实训目的

评价中心技术是一种重要的人员甄选方法和技术,包括无领导小组讨论、公文筐测验、管理游戏、角色扮演、案例分析等评价技术。本次实训主要模拟无领导小组讨论的操作。

实训所要达到的目的:

(1) 掌握无领导小组讨论的测试目的、基本程序、实施技巧。

(2) 掌握无领导小组讨论测试题目的设计,并学会评价小组中每一个成员的表现。

● 实训步骤

学生首先阅读实训资料,了解实训背景,了解拟招聘的职位信息,并进行自由分组,一部分学生扮演测评者,另一部分扮演被测评者。准备并实施无领导小组讨论,讨论结束后,根据无领导小组讨论的评分表进行打分,并完成实训报告。具体操作流程如下:

1) 准备阶段

(1) 学生分组并进行角色和任务的分配。组内成员角色和任务分配自行决定(考官、监督员、考务、被测评者),每组自选 1 名组长,作为此次测评工作的主要负责人。

(2) 准备测评材料。测评者明确招聘职位的特征,构建测评指标,编制或选择讨论题目,设计评价量表。被测评者准备应聘简历和其他应聘材料。

2）实施阶段

无领导小组讨论时间通常为 60 分钟左右。考官主持测试，无领导小组讨论开始。被测评者抽签后对号入座。

无领导小组讨论分为 4 个阶段：准备阶段、个人发言、集体讨论、总结汇报。四份阶段依次连贯进行，最后以汇报并提交汇报报告结束讨论，考务人员收回讨论题目和记录纸，被测评者离开考场。

3）无领导小组讨论评分和成绩汇总

测试结束后，考官给每位被测评者进行打分，评分过程中，要求多名评分者对同一被测评者的不同能力要素分别打分，取其平均值作为被测评者的最后得分。完成评分后，考官对测试情况进行简单讨论，内容包括：被测评者的表现、讨论的总体情况、出现的相关问题等，并做出初步的决策。

◎ 实训报告

（1）测评小组就整场测试的模拟操作撰写测评实训报告，实训报告的内容应包括测试前期准备、测试过程、测试评分以及总结讨论等。

（2）扮演被测评者的学生撰写心得体会报告，就自己在测试前的准备、测试中的表现及对测评小组工作人员和测评工作组织的印象进行总结。

【评分要点】

（1）根据学生编制或选择的无领导小组讨论试题和评分表、被测评者在无领导小组讨论过程中的表现以及考官对被测评者的综合评分过程，对学生是否掌握无领导小组讨论的技能进行评价。

（2）学生的实训报告必须反映出实训目的、实训要求、实训方法和过程、实训结论等内容，实训报告要求语言流畅、文字简洁、条理清晰。根据报告撰写质量进行考核。

【实训资料】

资料 1：企业简介

上海××软件公司是一家专业从事高校教学软件的研究、设计、开发、推广的公司。公司立足于蓬勃发展的教育领域,充分利用高校的学术优势和人才优势,结合中国的教育体制改革,将先进的 IT 技术和现代教育理念注入教学实验软件、教学应用软件之中,从学校的实际出发,以前瞻性和战略性的眼光,在教育系统应用、教学管理软件的开发方面进行一体化专业研究和服务。现因业务发展需要,招聘销售经理 2 名。

资料 2:销售经理职位说明书

销售经理职位说明书

企业类型:民营　　所属行业:计算机软件

工作地点:上海　　所属部门:销售部

岗位职责

1. 负责企业产品市场情况的收集、客源组织和产品销售组织工作。

2. 负责目标客户的拓展及老客户的维护工作,及时处理各类突发问题。

3. 负责向客户进行公司产品的介绍、产品演示及产品功能的培训工作。

4. 参加客户的招投标互动,并负责签约和款项回收工作。

5. 执行本岗位销售计划及费用预算,提出产品价格政策实施方案。

任职要求

1. 本科以上学历,专业不限,3 年以上销售工作经验,有高校教学软件销售经验者优先考虑。

2. 具备较强的学习能力、人际沟通与协调能力、灵活应变能力、机会把握能力,具有比较强的坚韧性,愿意接受重点客户的团队作业。

3. 优秀的统筹、分析、综合、归纳能力,能够熟练使用计算机及办公软件。

4. 能够适应长期出差及较强的工作压力。

实训项目 6

撰写招聘评估报告

实训目的

招聘评估是招聘活动的最后一个阶段，对企业招聘工作的改进和提高具有重要作用。本次实训主要模拟招聘评估报告的撰写。

实训所要达到的目的：通过在具体环境下针对特定招聘活动进行招聘评估，让学生掌握人力资源招聘评估的方法。

实训步骤

1）准备阶段

学生分组进行实训，每组 5 人左右。组内成员角色和任务分配自行决定。每组自选 1 名组长，作为小组的负责人。

阅读实训资料，了解拟评估的招聘活动的基本情况。

2）实训阶段

撰写招聘评估报告。招聘评估报告一般至少包含以下内容：招聘成本效益评估、录用人员评估、招聘工作评估、招聘总结等。每个小组分配上述部分实训内容，在规定时间内进行准备、讨论、演示。

3）总结评价。

总结并撰写实训报告。各小组分别进行交流展示，辅以教师讲评。

实训报告

结合资料中企业招聘活动的实际情况，完成招聘评估报告的撰写。

【评分要点】

（1）根据学生制作的招聘评估报告，对学生是否掌握招聘评估的内容和方法等进行评价。

（2）实训报告必须反映出实训目的、实训要求、实训方法和过程、实训结论等内容，实训报告要求语言流畅、文字简洁、条理清晰。根据报告撰写质量进行考核。

【实训资料】

××集团是大型家电品牌之一，作为最早探索智能制造转型的企业之一，××集团从2011年开始便谋划建设数字化互联工厂。目前，已建成了8大互联工厂，完成了由大规模制造向大规模定制的转变。

2020年，根据集团业务发展需要，面向全国进行招聘。首先，根据集团年度人力资源规划制订了招聘计划，大致内容如下：

（1）招聘总人数280人。分公司总经理5人，各省区负责人25人，高级技术人员60人，储备干部190人。拟选择招聘渠道有猎头公司（招聘预算35万元）、校园招聘（招聘预算55万元）、招聘会（招聘预算18万元）。

（2）招聘时间从2020年5月20日至8月20日。在招聘过程中实际产生的费用如下：校园招聘广告费2万元，招聘会广告费5 000元，校园招聘差旅费16万元，学生笔试、面试、测试等共花费17万元，学生体检、背调、入职等共花费10万元；与猎头公司谈判共花费直接和间接费用2万元，参与猎头公司组织的人员测试共花费5万元，支付猎头公司费用42万元；为新招聘学生准备办公资料等共花费12万元；为分公司总经理准备办公场所和办公资料共花费15万元；参加招聘会共花费17万元；通过招聘会收集简历6 600份，初步筛选花费2.8万元，笔试、面试和测试共花费25万元，最后进入录用程序的为102人，发出录取通知书102份，实际报到人数为85人。最终录用上岗人数为分公司总经理5人，各省区负责人20人，高级技术人员55人，储备干部195人。分公司总经理入职报到时间为2020年10月15日，各省区负责人入职报到时间为2020年9月15日，高级技术人员的入职报到时间为2020年9月15日，储备干部的统一入职时间为2020年7月20日。

参考文献

［1］ 白睿.招聘管理全流程实战方案［M］.北京：中国法制出版社,2019.

［2］ 边文霞.员工招聘实务［M］.第 2 版.北京：机械工业出版社,2011.

［3］ 陈国海,伍江平.员工招聘与配置［M］.北京：清华大学出版社,2018.

［4］ 董克用.人力资源管理概论［M］.第 4 版.北京：中国人民大学出版社,2015.

［5］ 方雪晴.情景模拟教学法在《招聘管理》课程教学中的应用［J］.经贸实践,2017(19)：283.

［6］ 高秀娟,王朝霞.人员招聘与配置［M］.第 2 版.北京：中国人民大学出版社,2016.

［7］ 葛玉辉.招聘与录用管理［M］.北京：清华大学出版社,2014.

［8］ 贺新闻.招聘管理［M］.北京：高等教育出版社,2016.

［9］ 孔凡柱,赵莉.员工招聘与录用［M］.北京：机械工业出版社,2018.

［10］ 李旭旦,吴文艳.员工招聘与甄选［M］.上海：华东理工大学出版社,2009.

［11］ 廖泉文.招聘与录用［M］.第 3 版.北京：中国人民大学出版社,2015.

［12］ 刘艳红,赵永乐.人员素质与能力测评［M］.北京：电子工业出版社,2017.

［13］ 毛少鸣.从招聘、入职到离职管理实操全流程演练［M］.北京：中国铁道出版社,2018.

[14] 彭程远.内部选拔 VS 外部招聘[J].企业家天地,2011(5)：45－46.

[15] 冉斌,李雪松.人是最重要的：员工招聘六步法[M].北京：中国经济出版社,2004.

[16] 任旭林,陈蝉羊.角色扮演法的开发程序与应用[J].中国人力资源开发,2016(10)：30－34.

[17] 任正臣.招聘管理[M].南京：江苏科学技术出版社,2019.

[18] 宋艳红.员工招聘与配置[M].北京：北京理工大学出版社,2014.
孙健敏,彭文彬.无领导小组讨论的设计程序与原则[J].北京行政学院学报,2005(1)：35－40.

[19] 孙宗虎,李艳[M].北京：人民邮电出版社,2009.

[20] 汪艳芳.试论人力资源管理中的录用决策[J].青年时代,2015,(15)：143.

[21] 王丽娟.员工招聘与配置[M].第 2 版.上海：复旦大学出版社,2014.

[22] 王淑红,周新军,彭平根.人员素质测评[M].第 2 版.北京：北京大学出版社,2017.

[23] 吴国华,崔霞.人力资源管理实验实训教程[M].南京：东南大学出版社,2008.

[24] 吴圣奎,张宪芳.开展员工背景调查的必要性和方法[J].华北电力大学学报(社会科学版),2009(4)：42－45.

[25] 吴文艳.论现代企业招聘团队的组建[J].中国人力资源开发,2005(9)：36－37.

[26] 吴文艳.组织招聘管理[M].第 2 版.大连：东北财经大学出版社,2014.

[27] 吴志明.员工招聘与选拔实务手册[M].北京：机械工业出版社.2002

[28] 仵凤清,赵瑞雪.评价中心技术的基本特点和主要方法研究[J].决策与信息,2013(8)：145.

[29] 谢楷洲.浅谈员工录用管理模式探讨——以 A 公司为例的录用管理

探讨[J].商场现代化,2015,(10):91-92.

[30] 张世娟,冯江平.角色扮演测评技术的研究与发展[J].教育研究与实验,2009(3):89-92.

[31] 张四龙.招聘效果评估的实施策略[J].中国人力资源开发,2012(9)42-46.

[32] 张小明.员工招聘:锁定文化与价值标准[J].人事管理,2003(200).

[33] 赵永乐,姜农娟,凌巧.人员招聘与甄选[M].第2版.北京:电子工业出版社,2014.

[34] 周鸿.员工招聘与面试精细化实操手册[M].第2版.北京:中国劳动社会保障出版社,2016.